管 理 学 原 理

主　编　陶　群　夏　韧　胡勇兵
副主编　何　玲　余育新

首都经济贸易大学出版社
·北　京·

图书在版编目(CIP)数据

管理学原理/陶群,夏韧,胡勇兵主编. —北京:首都经济贸易大学出版社,2014.9
ISBN 978-7-5638-2259-1

Ⅰ.①管… Ⅱ.①陶… ②夏… ③胡… Ⅲ.①管理学—高等学校—教材 Ⅳ.①C93

中国版本图书馆 CIP 数据核字(2014)第 160390 号

管理学原理
主　编　陶　群　夏　韧　胡勇兵
副主编　何　玲　余育新

出版发行	首都经济贸易大学出版社
地　　址	北京市朝阳区红庙（邮编 100026）
电　　话	(010)65976483　65065761　65071505(传真)
网　　址	http://www.sjmcb.com
E – mail	publish@cueb.edu.cn
经　　销	全国新华书店
照　　排	首都经济贸易大学出版社激光照排服务部
印　　刷	北京泰锐印刷有限责任公司
开　　本	787 毫米×1092 毫米　1/16
字　　数	233 千字
印　　张	13.25
版　　次	2014 年 9 月第 1 版　2014 年 9 月第 1 次印刷
印　　数	1～3 000
书　　号	ISBN 978-7-5638-2259-1/C·114
定　　价	27.00 元

图书印装若有质量问题,本社负责调换
版权所有　侵权必究

前　言

本教材是"21世纪高等职业教育精品课示范性规划教材"之一。作为高职高专教育的教材，本教材力求突出高职高专教育的特点和要求，按照高职高专教育为生产、建设、管理、服务第一线培养应用型专门人才的要求，以强化基础，突出应用，加强管理实际操作能力的培养为原则，紧密联系管理工作实际，便于教师教学和学生动手实践，以达到培养学生素质和提高管理实践技能之目的。

一、本教材的编写原则

教材是教学的工具，必须服务于教学目标，服务于高职高专教育的培养目标。因此，本教材的编写遵循以下几项原则：

一是坚持以教育部制定的《高职高专教育基础课程教学基本要求》为指导，紧密结合高职教育培养目标的需求，以基层管理岗位技能培养为主线，注重案例分析与实践训练，力求对管理的运作过程作出较为具体的论述，让学生树立正确的管理观念，对管理过程及理论方法有一个全面的了解，掌握各项管理技能和方法，成为社会需要的高技能应用型人才。

二是坚持适用性原则。由于高职高专教育的培养对象是应用型人才，并且要在较短的时间里完成人才培养任务，因此本教材不追求理论的系统性和完整性，以"够用"为基本条件，专业理论简单、明了、适度，与实际应用联系密切。

三是坚持实践性原则。管理学是一门实践性很强的学科。作为以培养一线操作型、技能型人才为目标的高职高专教育，更应加强对学生实际操作能力的培养。可以说，实践性是高职高专教育的精髓。高职高专教材必须理论联系实际，增强教材的针对性和实用功能，注意培养学生的管理素质，强化各项基本管理技能和管理方法的操作性训练。构建实践教学体系，要加大实践教学的课时比例，增加动手实训的教学内容。只有这样，学生才能在毕业后迅速适应工作环境，快速投入到岗位工作中。

二、本教材的章节结构

在教材结构及章节的安排上，本书打破了习惯套用的"学科中心"模式，而是以课程教学需要为线索，以应用能力为主干，并通过知识、技能和实践性教学环节等内容来构建全书的体系框架。全书共设十一章，各章前面有本章学习目标和案例导入栏目，章后设有阅读材料、本章小结、复习思考题、案例分析、实践训练。

三、本教材的特点

本教材以突出适用性为宗旨，努力做到从内容到形式都有所突破。

在内容安排上，注重理论与实践相结合的教学内容，插入大量实际工作的典型案例。这些案例材料内容丰富、资料翔实、具体生动，反映出实际管理活动中的许多现象和问题，具有很强的启发性和探讨性，可以帮助学生了解和认识管理问题，引导学生运用所学管理学知识分析、解决实际问题。

　　本教材紧扣高职高专经济、工商管理类教学的培养目标,特别注意处理好理论与实践的关系,重点突出实践性训练,在每一章都选择应用性的项目供学生练习,培养学生用学过的知识点分析和解决管理问题的能力。

　　本教材既可供高等职业学校、高等专科学校、成人院校及本科院校举办的二级职业技术学院和民办高校开设管理课程的相关专业使用,也可作为工商管理、行政管理、物流管理、人力资源管理、工程管理、市场营销、旅游与饭店管理等管理专业的教材,同时也可供五年制高职、中等职业学校学生参考使用。

　　本教材在编写过程中得到了有关方面的大力支持,我们参阅了许多管理学教材,吸收借鉴了大量国内外学者的理论成果,引用了相关资料和案例,在此一并表示诚挚的谢意!由于时间仓促,难免挂一漏万,如发现疏漏,敬请见谅、指正。

编　者

目 录

第一章　管理总论 ·· 1
　第一节　管理概述 ··· 1
　第二节　管理者 ·· 5
　第三节　管理学的研究对象与研究方法 ··· 9

第二章　管理理论的形成和发展 ·· 17
　第一节　早期的管理实践和思想 ·· 18
　第二节　古典管理理论 ·· 20
　第三节　人际关系学说及行为科学理论 ·· 26
　第四节　现代管理理论 ·· 30

第三章　管理环境与企业文化 ··· 40
　第一节　管理的环境 ··· 41
　第二节　企业文化 ·· 46

第四章　决策 ·· 53
　第一节　决策概况 ·· 53
　第二节　个人 SWOT 分析 ·· 62

第五章　计划 ·· 83
　第一节　计划概况 ·· 84
　第二节　目标和目标管理 ·· 94

第六章　组织 ·· 101
　第一节　组织的基本内容 ·· 102
　第二节　组织结构的基本类型 ··· 110
　第三节　组织变革 ·· 116

第七章　人力资源管理 ··· 124
　第一节　人力资源管理概述 ·· 124
　第二节　员工的招聘与培训 ·· 127
　第三节　绩效评估及薪酬 ·· 130

第八章　领导 ··· 139
　　第一节　领导概述 ··· 139
　　第二节　领导理论 ··· 142
　　第三节　领导艺术 ··· 149

第九章　激励与沟通 ··· 154
　　第一节　激励 ··· 154
　　第二节　沟通 ··· 161

第十章　控制 ··· 172
　　第一节　控制概述 ··· 172
　　第二节　控制的过程 ··· 175
　　第三节　控制的方法 ··· 182

第十一章　创新 ··· 190
　　第一节　创新概述 ··· 192
　　第二节　管理创新的内容和方法 ··· 194
　　第三节　中国企业的管理创新 ··· 200

参考文献 ··· 205

第一章 管理总论

【学习目标】
1. 掌握管理的含义和特征；
2. 掌握管理者应具备的技能；
3. 阐述不同层次管理者的职责；
4. 说明管理学的研究对象和方法。

【案例导入】
某公司工程部经理刘江明吩咐项目经理王宏伟一班人马去安装一套新的计算机系统，而这套计算机系统安装后却出现纰漏，工程部经理刘江明的上司认为，刘江明必须对此负责，哪怕系统安装的时候刘江明正出差在外。同样，刘江明认为王宏伟必须对此负责，哪怕王宏伟从来不拿工具干活。

资料来源：法律咨询www.110.com。

思考题：
作为管理人员，刘江明与王宏伟为什么要对这一纰漏负责？他们究竟该负什么责任？

第一节 管理概述

一、管理的含义

管理，从字面上讲，就是管辖、处理的意思。由于管理涉及面很广，所以一般人大都按照某种需要，从某种角度来谈论管理，看待管理。管理学，简单地说就是研究管理活动的基本规律和方法的科学。虽然管理学的起源比管理要晚得多，直到近代才萌芽，但管理学作为一门独立的科学却是不容置疑的，因为它有自己独特的研究对象，即管理的基本规律。

管理活动千差万别，如一个政府首脑要处理的问题与一个公司的经理要处理的问题可能有本质差别，但他们的管理工作却有共同的基础，即他们都需要通过一定的决策、计划、组织、激励等管理职能来实现组织的目标。在实施这些管理职能时，其内容会有差别，但要遵循的基本原理及原则却是一样的，这就是管理的共性，也就是管理学要研究的内容。

在经济学家看来，管理是生产活动的一个条件，没有管理就没有生产。在现代社会，如同科学技术是生产力一样，管理也是一种生产力。管理出高产，管理出质量，管理出效率。在社会学家的眼里，管理是一种职权系统。从历史上看，管理最初是由少数上层人物来决定普通成员的行动。后来，一些管理部门开始施行家长式的管理。再以后便出现了规章管理。劳动者既是管理对象又是管理主体。关于"管理"的概念。有人认为管理是一门科学，也有人认为管理是一种艺术；有人把管理看成一种职业，也有人把管理看成实践活动。管理可以说是科学与艺术的结合,也可以说是实践活动,难以统一为一个精确的标准解释。在管理科学理论中,各学派对于什么是管理有不同的看法。

古典管理理论的代表人物之一、法国工程师法约尔认为,管理是一种具有特殊职能的活动。它以大企业的整体为研究对象,指出管理是企业经营的六种活动(技术活动、商业活动、财务活动、安全活动、会计活动和管理活动)之一,包括计划、组织、指挥、协调和控制五种职能。

行为科学理论则把管理理解为协调人际关系,激发人的积极性,以求达成共同目标的一种活动。行为科学理论认为人的行为是由动机决定的,动机是由需要引起的,管理就是要解决人的行为、动机和需要这三者之间的关系。

决策理论学派的代表人物、1978年度诺贝尔经济学奖获得者西蒙认为,决策贯穿管理的全过程,管理就是决策。

经验主义学派的代表人物、美国的德鲁克对管理作了比较全面的概述。他认为,管理是一种工作,因此它有其技能、有其工具、有其技术;管理是一门学术,是一门到处均可运用的系统化知识;管理也是一种文化,它包含在价值、风格、信仰与传统之中;管理还是一种任务,它主要不在于"知",而在于"行"。过程学派的代表、美国加州文字管理学院院长孔茨则把管理看做一种技能,是一种通过别人并同别人一道完成工作的技能,是使集体成员互相协作完成工作的技能,是清除障碍和有效地实现目标的技能。

苏联科学院通讯院士阿法纳西耶夫则把管理看做一个过程。他认为,从一般意义上说,管理就是根据一个系统所固有的客观规律,施加影响于这个系统,从而使这个系统呈现一种新状态的过程。所谓管理,实际上就是指人们在认识客观对象的基础上,通过决策、计划、组织、指导和控制,有效地利用人、财、物,以达到共同目标的一种社会活动过程。

斯蒂芬·罗宾斯认为,管理这一术语是指同其他人一起并且通过其他人来有效地完成工作的过程。他把管理视作过程,它既强调了人的因素,又强调了管理的双重目标;既要完成工作,又要讲究效率与效益的平衡。

帕梅拉·刘易斯、斯蒂芬·古德曼和帕特丽夏·范特认为,管理是指有效支配和协调资源,并努力实现组织目标的过程。

普伦基特和阿特纳认为,一个或多个管理者单独或集体通过行使相关职能(计划、组织、人员配比、领导和控制)和利用各种资源(信息、原材料、货币和人员)来制定并实现目标的活动。

国内的学者也对管理的定义有所阐述。

徐国华认为,管理是通过计划、组织、控制、激励和领导等环节来协调人力、物力和财力资源,以期更好地达成组织目标的过程。

杨文士、张雁对管理所下的定义则是:"组织中的管理者通过实施计划、组织、人员配备、指导与领导、控制等职能来协调他人的活动,使他人同自己一起实现既定目标的活动过程。"他们的定义只强调人的作用,而忽视了其他资源的作用。

周三多则将管理定义为:组织为了达到个人无法实现的目标,通过各项职能活动,合理分配、协调相关资源的过程。

二、管理的性质

管理,从最基本的意义来看,一是组织劳动,二是指挥、监督劳动,即具有同生产力、社会化生产相联系的自然属性和同生产关系、社会制度相联系的社会属性,这就是管理的二重性。从管理活动过程的要求来看,既要遵循管理过程中客观规律的科学性要求,又要体现灵活协调的艺术性要求,这就是管理所具有的科学性和艺术性。

(一)管理的二重性

管理的二重性是马克思主义关于管理问题的基本观点。马克思在《资本论》中指出:"一切规模较大的直接社会劳动或共同劳动,都或多或少地需要指挥,以协调个人的活动,并执行生产总体的运动——不同于这一总体的独立器官的运动——所产生的各种一般职能。""凡是直接生产过程具有社会结合过程的形态,而不是表现为独立生产者独立劳动的地方,都必然会产生监督劳动和指挥劳动。"

列宁在《苏维埃政权的当前任务》一文中也指出:"资本主义在这方面的最新成就泰罗制,同资本主义其他一切进步的东西一样,既是资产阶级剥削的最巧妙的残酷手段、又包含一系列的最丰富的科学成就。"这就是说,管理一方面是由于有许多人进行协作劳动而产生的,是由生产社会化引起的,是有效地组织共同劳动所必需的,因此它具有同生产力、社会化大生产相联系的自然属性;另一方面,管理又是在一定的生产关系条件下进行的,必然体现出生产资料占有者指挥劳动、监督劳动的意志,因此,它具有同生产关系、社会制度相联系的社会属性。这两方面的属性就是管理的二重性。

(二)管理的科学性和艺术性

管理的科学性是指管理作为一个活动过程,其间存在着一系列基本客观规律。人们经过无数次的失败和成功,通过从实践中收集、归纳、检测数据,提出假设,验证假设,从中抽象总结出一系列反映管理活动过程中客观规律的管理理论和一般方法。人们利用这些理论和方法来指导自己的管理实践,又以管理活动的结果来衡量管理过程中所使用的理论和方法是否正确,是否行之有效,从而使管理的科学理论和方法在实践中得到不断的验证和丰富。因此,我们说管理是一门科学,是指它以反映管理客观规律的管理理论和方法为指导,有一套分析问题、解决问题的科学的方法论。

管理的艺术性就是强调其实践性,没有实践则无所谓艺术。管理人员必须在管理实践中发挥积极性、主动性和创造性,因地制宜地将管理知识与具体的管理活动相结合,才能进行有效的管理。所以,管理的艺术性就是强调管理活动除了要掌握一定的理论和方法外,还要有灵活运用这些知识和技能的技巧和诀窍。

从管理的科学性与艺术性可知,有成效的管理艺术是以对它所依据的管理理论的理解为基础的,因此,二者之间不是互相排斥,而是互为补充的。没有掌握管理理论和基本知识的管理人员,在进行管理时必然是靠碰运气、靠直觉或过去的经验办事,很难找到对管理问题的可行的、令人满意的解决办法。

管理既是一门科学,又是一门艺术,是科学与艺术的有机结合体。管理的这一特性对于学习管理学和从事管理工作的人员来说也是十分重要的,它可以促使人们既注重管理基本理论的学习,又不忽视在实践中因地制宜地灵活运用,这一点可以说是管理成功的一项重要保证。

三、管理的基本职能

管理作为一个过程,管理者在其中要发挥的作用就是管理者的职能,也就是通常所说的管理的基本职能。对管理的基本职能,国外有多种划分方法。早期的管理理论一般认为,管理有计划、执行、控制三大基本职能。法国的法约尔则认为,管理有五大职能,即计划、组织、指挥、协调和控制。美国的古利克提出管理有七项职能,即计划、组织、人事、指挥、协调、报告、预算。

结合我国管理活动的实践,本书倾向于美国管理学家孔茨的观点,即认为管理包括计划、组织、人员配备、指导和领导、控制五项职能。

管理的基本职能是相同的,即包括计划、组织、人员配备、指导与领导、控制,但由于管理人员在组织中所处的层次不同,他们在执行这些职能时也就各有侧重。组织中的管理人员一般分为三个层次,即上层经理、中层经理和基层经理,根据所处的不同层次,他们将各有侧重地执行其职能。

由于分工的发展和管理工作的专业化,人们在管理活动过程中划分出一系列相对独立的具体活动,这些具体活动、任务(行为)的总和构成了完整的管理职能。所以,绝大多数管理者并不执行管理的全部职能,而只执行部分管理职能。

管理的职能是什么?学者们至今尚无完全统一的看法。法国管理大师亨利·法约尔在1915年提出管理的职能应包括计划、组织、指挥、协调、控制五项。后来,西方许多学者在此基础上做了发展和补充,先后出现了所谓的三职能说、四职能说、五职能说、六职能说乃至七职能说,尽管对管理职能的划分有不同的理解和分类,但是四项基本职能是多数专家所公认的,即计划、组织、领导和控制。

(一)计划

计划是指在一定时间内,对组织预期目标和行动方案所做出的选择和具体安排。简单地说,计划涵盖了组织的目标和实现目标的途径,它是一切管理活动的前提。可以说,离开了计划,其他管理职能就无法行使。有效的计划不仅为组织指明了发展的目标和方向,统一了组织的思想,同时也为组织制定行动步骤提供了衡量的基点,它是名副其实的管理第一职能。在计划职能的各个要素中,决策是计划职能的中心。

决策是管理者为了取得预期的结果,在对管理规律的认识和对管理对象有关信息的分析、预测的基础上,制订与采取活动方案的过程。决策是管理的起点,是当代管理活动最重要的内容和管理者的最基本职责。计划是决策的具体化,它预先决定做什么、如何做和谁去做。计划涉及的问题是要在未来的各种行为过程中做出抉择,在我们所处的地方和要去的地方之间铺路搭桥。虽然准确的计划是很难做出的,但是如果没有计划,结局就会是听天由命。计划是管理的一项基本的职能。

(二)组织

组织职能在于保持完成计划所必需的活动的连贯性和协调一致,保证活动系统内部过程发展的平衡并给予调整。组织职能的任务是设计和维持一种职务结构,使人们明确自己在集体中的位置,了解自己在相互协调中所应起的作用,自觉地为实现集体目标而

有效地工作。组织是从事管理活动的载体,包括对组织结构和组织行为的分析与研究。组织主要完成下述职能:

1. 组织设计。包括组织结构、部门与岗位设置及其相互联系。
2. 人员配备。根据各种岗位活动的需要,解决好人员选聘、考核和培训问题,确保将合适的人选安置在各级组织机构相应的工作岗位上。
3. 组织运行。根据业务活动与环境的变化,维持组织的正常运转,处理好组织中的各种关系,并研究和实施组织结构的调整和变革。

(三) 领导

领导是指在组织确立之后,各级管理者利用组织赋予的权力和自身的影响力,指导和影响组织成员为实现组织目标而努力的过程与艺术。有效的领导工作是组织任务完成的关键因素,在日常的管理活动中发挥着指挥、协调、监督、相互沟通以及对员工的激励等必不可少的作用。领导是指挥、引导活动者的实际工作,使之顺利通向共同目标的过程,它直接涉及管理者和管理对象之间的关系。领导是十分必要的,即使计划、组织等方面的工作都做得很好,在实际工作中也还必须辅之以对活动者的指导,进行良好的沟通以及有效的激励,引导活动者有效地领会和出色地实现集体的既定目标。

(四) 控制

控制是指为了确保系统按预期目标运作,对其发展过程不断地调整和施加影响的过程。世界上任何事物的发展都需要有效和适当的控制,管理控制尤其必不可少。管理控制的手段虽然多种多样,但其目的都在于使组织适应环境的变化,限制偏差的累积,以保证计划目标的实现,或根据客观环境的变化适时地做出调整。管理活动的控制职能是对管理客体的工作进行评估和调节,以确保集体的目标及为此而拟订的计划得以实现。在管理活动中,一旦决策方案和活动计划通过组织付诸实施,就需要立即对活动加以控制。它通过监督、衡量计划执行的进度,揭示计划执行中的偏差,找出偏差的部位、性质和原因,并采取积极措施加以调节;或者把不符合要求的活动拉回到正常的轨道上来,使之按照原来的决策和计划发展;或者重新决策,修正计划。因此,控制工作的职能在很大程度上是使管理工作成为一个闭环系统。

第二节 管理者

一、管理者的含义

多年以来,人们想当然地认为,管理工作就定义而言是非生产性的。亚当·斯密将经济活动划分为两个领域:生产性劳动与非生产性劳动。鉴于此,许多经济学家将管理者、企业家和资本家归入后一类。管理者自己不会创造财富,而是创造条件以使创造财富的生产性劳动繁荣发展。此外,美国科学管理流派对管理者和员工作出了明显区分:前者的任务是计划、组织和指导,后者则按照管理指令执行劳动任务。这个模型强调了管理的首要性,并暗示管理者从事非生产性工作,他们的工作是告诉他人如何提高或尽可能具备生产力。

然而，事实的真相是，管理者的职责并不仅仅限于支持一线工作，而更需要创造条件保持一线的运转，并为激发一线员工开展高效的工作提供动力。德鲁克认为："管理者是每个企业里具有活力并赋予生命的元素。如果没有管理者的领导，'生产资源'只能是资源，永远无法转化成生产力。"

最早对管理者的定义是："负责部属工作的人。"换句话说，管理者就是"老板"，代表高位和权力，直到今天，许多人提到管理者和管理时，脑海里呈现的还是这些定义。后来，管理者的定义变为："负责员工绩效的人。"现在，我们知道这种定义仍是狭隘的，管理者正确的定义应该是："负责知识的应用和绩效的人"。那些只在意自己付出多少努力，只注重该有什么权力的人，就算称职、就算职位再高，也不过是部属罢了。但是，专注贡献并为成效负责的人，不管资历多浅，都可以称为"管理高层"，因为他让自己为整体的绩效负责。

二、管理者的分类

管理者按照层次可分为以下三个方面：

一是高层管理人员，是指对整个组织的管理负有全面责任的人。他们的主要职责是制定组织的总目标、总战略，掌握组织的大政方针，并评价整个组织的绩效。

二是中层管理人员，是指处于高层管理人员和基层管理人员之间的一个或若干个中间层次的管理人员，他们的主要职责是贯彻执行高层管理人员所制定的重大决策，监督和协调基层管理人员的工作。

三是基层管理人员，亦称第一线管理人员，是组织中处于最低层次的管理者，他们所管辖的仅仅是作业人员而不涉及其他管理者。他们的主要职责是给下属作业人员分派具体工作任务，直接指挥和监督现场作业活动，保证各项任务的有效完成。

按照所起的作用及肩负职责，管理者可分为以下五个方面：

一是业务管理人员，对组织目标的实现负有直接责任，负责组织日常业务活动的计划、组织和执行。

二是财务管理人员，从事资金的筹措、预算、核算、投资和使用等有关活动的管理。

三是人力资源管理人员，从事人力资源管理，如对人员的招聘、选择、培训和使用、评估、奖惩等工作的管理。

四是行政管理人员，负责后勤保障工作。

五是其他管理人员，组织中从事其他管理工作的人员。

三、管理者的素质与技能

(一)管理者的素质

"科学管理之父"泰罗曾提出一位"全面"的工长应具备的九种品质；法约尔也从身体、智力、知识、经验等方面提出来作为一名管理者应具备的素质。我们认为，管理者的基本素质至少应该包括品德和知识两个部分。

1. 品德。品德体现了一个人的世界观、人生观、价值观、道德观等，是他对待现时的态度和行为方式的指导。作为一名管理者，应具备的品德包括良好的精神素质和强烈的管理意愿。

(1) 良好的精神素质。具体包括:①奉献精神。管理者要有服务于社会、造福于人民的奉献精神,对事业执着追求,并愿意为此牺牲个人利益。②实干精神。在组织发展过程中会遇到各种困难,会遇到强大的竞争对手,甚至遭受挫折和失败,这就要求管理者具有百折不挠的拼搏精神和吃苦耐劳、艰苦奋斗的实干精神。③合作精神。管理者的任务是带领下属努力工作,管理主要是对人的管理,管理者要有与人合作共事的精神,善于团结人、依靠人。④创新精神。面对复杂多变的管理环境,管理者要有创新精神,勇于开发新产品,开拓新市场,引进新技术,起用新人,采用新的管理方式;要勇于冒风险,没有一定的风险承受能力是管理不好企业的。

(2) 强烈的管理意愿。管理意愿是决定一个人能否学会并运用管理基本技能的主要因素。现代行为科学研究认为,缺乏管理欲的人是不可能敢作敢为、敢于承担工作责任的,因此也就不可能在管理工作的阶梯上捷足先登。只有树立一定的理想,有强烈的事业心和责任感,人才会有干劲,才会渴望在管理岗位上有所作为,从而有所贡献。

2. 知识。知识是提高科学管理水平和管理艺术的基础与源泉。由于管理是一门综合性的科学,涉及的学科知识很广,因此,管理者必须掌握以下几方面的知识。

(1) 政治、法律知识。要掌握所在国家和执政党的路线、方针、政策,国家的有关法律、条例和规定,以便及时把握组织发展的方向。

(2) 经济学、管理学知识。要懂得按经济规律办事,了解当今管理理论的发展情况,掌握基本的管理理论与方法。

(3) 心理学、社会学知识。要善于协调人与人之间的关系,积极调动员工的积极性。

(4) 工程技术方面的知识。不管是谁,无论管理什么行业,都应具备一定的专业基础知识。

(二) 管理者的技能

一般而言,管理者的技能主要包括以下几个方面。

1. 认知技能。认知技能是指综观全局、把握关键、认真思考、扎实谋事的能力,也就是洞察组织与环境及其之间相互影响以及复杂性的能力,包括理解事物的相互关联性,从而找出关键性影响因素的能力;确定和协调各方面关系的能力;权衡不同方案优劣和内在风险的能力等。这种概括是从原来的"概念技能"发展起来的。

必须强调的是,创新是认知技能的集中体现。在社会化大生产不断发展、知识经济初见端倪的今天,管理者能否创造新的适应环境的管理模式、方式、体制和机制,是衡量其认知技能高低的重要标志。创新是现代管理者素质的核心,包括管理者的创新意识、创新精神、创新思维与创新能力。管理者要有创新理念,真正认识到创新对组织生存与发展的决定性意义,善于通过科学的创新思维来完成创新构思,并在管理实践中坚持创新;要有创新精神,在工作过程中敢于创新,勇于突破常规,求新求是;要有创新能力,在管理实践中把创新理念和创新精神变成现实。创新能力是由相关的知识、经验、技能与创造性思维综合形成的,是现代管理者最重要的素质。

2. 人际技能。人际技能是指把握与处理人际关系的有关技能,即理解、动员、激励他人并与他人共事的能力。"世事洞明皆学问,人情练达即文章。"要成为一个好的管理者,离不开良好的人际关系，包括同上级、下属、同行及他人的关系等，即在管理活动中调节人际关系的艺术，其中主要是协调同上级的关系、协调同级关系和协调与下属的关系，包括其他方面的公共关系。

协调同上级的关系，首先必须正确认识自己的角色地位，努力做到到位而不越位，奋争而不添乱，即不该决断的时候不擅自决断，不该表态的时候不胡乱表态，不该干的工作不执意去干，不该答复的问题不随便答复，不该突出的场合不"抢镜头"等。其次，要适当调整期望、节制欲望，学会有限度地节制。但这并不是说唯上级和领导者之命是从，关键要看政策导向和领导决策是否正确合理，如有不当或者严重失误之处，也要坚持原则。要加强与上级的信息沟通和反馈，尽可能了解事情的真相，以免出现判断失误。

公正、民主、平等、信任地处理与下级的关系，对搞好管理工作具有重要的意义。下级是管理者行使权力的主要对象，要讲究对下级的平衡艺术、引力艺术和弹性控制艺术。平衡艺术是在公正、平等的基础上建立与下级的平衡、和谐关系，实现心理的可接受性和利益的相容性，达到行为的一致性。引力艺术是努力缩小自己与下属的距离，使之舒畅地与自己一道工作。也就是说，管理者应该是一个引力场，具有"场效应"，上下级之间在目标、情感、心理、态度、利益等方面具有一致性，这样的管理者才有能力和水平。弹性控制艺术是管理者通过有一定弹性空间或范围的标准控制，检查组织成员的行为，既要使下属感到有相应的自由，又能使之遵守必要的约束。这是管理者的重要能力与艺术。

协调好与同级之间的关系是影响管理者个人发展的重要方面，也是保证整个团队积极向上、健康发展的重要因素。管理者首先要增进与同级的感情。感情是人际关系的"协调器"，同级之间的关系应当融洽，没有"心理防线"，大家都工作顺当，心情愉快。其次是竞争与合作共存。要处理好与同级之间的关系，需要心胸开阔，放眼未来，把握分寸，控制情绪，不做井底之蛙或自大夜郎。同级之间的竞争是磨砺自身的良好环境，正确把握同级之间既竞争又合作的关系是成功管理者的本事。

3. 沟通技能。沟通技能是指管理者具有收集和发送信息的能力，能通过书写、口头与肢体语言的媒介，有效与明确地向他人表达自己的想法、感受与态度，亦能较快、正确地解读他人发出的信息，从而了解他人的想法、感受与态度。

沟通技能涉及许多方面，如简化运用语言、积极倾听、重视反馈、控制情绪等。虽然拥有沟通技能并不意味着成为一个有效的管理者，但缺乏沟通技能又会使管理者遇到许多麻烦和障碍。

对组织沟通中可能遇到的偏差，需要从多方面采取改进措施，除了改善沟通信息本身的质量，还需要改进对他人信息沟通的理解。改进组织沟通的主要途径是增强沟通技能。在各类组织日益全球化、员工队伍日益多样化的今天，开放式沟通成为最重要的管理技能之一。据研究，成功的高层经理约有80%的时间花在谈话和倾听意见上；在几乎所有管理层次，约有75%的工作日花在各类沟通中，而在商务沟通中，大约70%的沟通没能达到目的。这些都说明，沟通技能对于组织管理具有特殊的重要性。

4. 技术技能。技术技能是指从事自身管理范围内的工作所需的基本技术和具体方法。例如，高校教师必须熟练掌握本专业的教学内容与教学方法；企业的部门主管需要熟悉各种设备的性能、使用方法、操作程序，各种材料的用途、加工工序，各种成品或半成品的指标要求等。技术技能对基层管理者来说尤为重要,因为他们的大部分时间都是指导、训练、帮助下属人员或回答下属人员的有关问题,因此必须熟悉下属人员所做的各种工作,具备技术技能方能更好地指导下属工作,更好地培养下属,成为受下级成员尊重的有效管理者。人们通常所说的"懂行""一技之长""才重一技""隔行如隔山""不熟不做"都是这个意思。

一般情况下,基层管理者主要需要的是技术技能与人际技能;中层管理者更多地需要人际技能、沟通技能和认知技能;高层管理者尤其需要较强的认知技能和沟通技能。

第三节 管理学的研究对象与研究方法

一、管理学的研究对象

管理学的研究对象又称为管理的客体,它是指管理过程中管理者所作用的对象。

(一)从管理的二重性出发对管理研究对象所做的分类

从管理的二重性出发,我们着重从以下三个方面研究管理学。

1. 生产力方面。管理学主要研究生产力诸要素之间的关系,即合理组织生产力的问题;研究如何合理配置组织中的人、财、物,使各要素充分发挥作用的问题;研究如何根据组织目标的要求和社会的需要,合理地使用各种资源,以求得最佳的经济效益和社会效益的问题。

2. 生产关系方面。管理学主要研究如何正确处理组织中人与人之间的相互关系问题;研究如何建立和完善组织机构以及各种管理体制等问题;研究如何激励组织内成员,从而最大限度地调动各方面的积极性和创造性,为实现组织目标而服务的问题。

3. 上层建筑方面。管理学主要研究如何使组织内部环境与其外部环境相适应的问题;研究如何使组织的规章制度与社会的政治、经济、法律、道德等上层建筑保持一致的问题,从而维持正常的生产关系,促进生产力的发展。

(二)从管理资源的角度对管理学研究对象的分类

从管理资源的角度,管理学的研究对象又可做以下划分。

1. 人力资源。人是人造系统中最重要的要素,因此,在管理系统中,人是最重要的管理对象。现代管理倡导管理要以人为本,以人为中心。因为在一个组织中,对人力资源管理效率如何,组织成员热情是否高涨,直接决定着组织的目标能否实现。管理的首要任务就是要充分开发、利用组织内的人力资源,争取组织外的人力资源。不过要指出的是,人力资源的开发利用不仅是指对人的劳动能力的简单运用。人力资源是一个有相当弹性的变量,其大小受人的思想、意识、行为动机、组织内的人际关系等多种因素的影响。开发、利用组织的人力资源就是要做好上述几方面的工作,使组织内投入的人力资源达到最高的产出。

2. 物力资源。物力资源是人们从事社会实践活动的物质基础。对物力资源管理的基本任务就是:遵循客观事物发展规律的要求,根据组织目标和组织的实际情况,对各种物力资源进行最优配置和最佳利用,开源节流,物尽其用。

3.财力资源。在市场经济中财力是各种经济资源的价值表现。人类自进入文明社会以来,无论从事哪类实践活动,都离不开对所使用的物质资源价值的正确认识与合理使用。市场经济中,财力作为经济资源的价值形态,有着特殊的地位和作用。财力的使用和分配是否合理,直接决定着物力资源、人力资源的使用和分配是否合理。当代经济学研究证明,市场经济中是货币运动支配着商品运动。这一原理在管理实践中的体现就是,对组织的财力资源的认识和运用决定着其他资源应用的效率。所以,任何一个组织的效率都可以从其财力资源的运用效率上来考察、衡量,在经济组织中,财力资源的管理更是居于显著地位。管好财力资源就是要做到财尽其力,通过聚财、用财而不断生财。

4.信息资源。信息是物质属性和关系的表征。宇宙中的万事万物都是通过各自的信息来显示其固有特征的。在一个社会组织中,信息更是不可缺少的构成要素。没有信息的传递,组织就会死亡。在管理过程中,管理者的决策、计划、指令都要以种种形式的信息传递到被管理者一方去;被管理者执行决策、计划的情况也要借助于各种信息形式和传递渠道反馈到管理者那儿去。并且,一个组织同外部交换的不仅是组织的各种有形产出,也包括各种形式的信息。

二、管理学的研究方法

(一)观察、总结的方法

按照理论联系实际的要求,学习、研究管理学,必须掌握观察管理实践,总结管理经验,抽象地提炼概括,使其上升为理论的方法。人们的管理实践,特别是众多优秀管理者的管理经验蕴藏着深刻的管理真理、原理和方法。学习、研究管理学,应培养如同文学家观察社会那样的敏感意识来观察管理实践,并运用综合、抽象等逻辑方法总结实践经验,这样就会收到事半功倍的效果。

(二)比较研究的方法

有比较才有鉴别。当今世界各国都十分重视管理和对管理的研究,各自都形成了有特色的管理科学。借鉴、应用他国的管理理论与方法,不能简单地照搬,这就要求我们学会比较研究的方法,对他国的管理实践与管理理论通过比较分析,分辨出一般性的东西和特殊性的东西,可为我借鉴的东西和不可为我借鉴的东西,真正做到兼收并蓄,丰富我国管理学的内容。

(三)历史研究的方法

历史研究方法就是运用管理理论与实践的历史文献,考察管理的起源、历史演变、重要管理思想家的理论以及重要的管理案例,并从中找出规律性的东西;寻求对现在仍有意义的管理原则、方式和方法。无论是中国的历史,还是外国的历史,都有大量关于管理的文化典籍,有许多仍值得研究和发展。只要我们坚持正确的指导思想,细致的工作方法,深入研究前人留下的管理精华,将会是大有收获的。

(四)案例分析方法

案例分析方法指的是在学习、研究管理学的过程中,通过对典型的管理案例进行分析、讨论,从中总结出管理的经验、方法和原则,加强对所学管理理论的理解与方法的运用。案例分析是当代管理科学比较发达的国家在管理学教学中广为推行的方法,效果甚佳。学习、研究管理学，必须掌握案例分析法，使自己在学习过程中置身于模拟管理的情境，学会应用所学的原理、原则和方法。

（五）实验研究的方法

实验研究的方法是指有目的地在设定的环境条件下认真观察研究对象的行为特性，并有计划地变动实验条件，反复考察管理对象的行为特征，从而揭示管理的规律、原则和方法。实验研究不同于案例分析，后者是将自己置于已发生过的管理情境中，一切都是模拟的，而前者则是在真实的管理环境中对管理的规律进行探讨，这是十分有用的学习、研究管理学的方法。只要设计合理，组织得当，通过实验方法是能够得到很好的结果的。

（六）唯物辩证法

马克思主义的辩证唯物主义和历史唯物主义是研究和学习管理学的总的方法论指导。根据唯物辩证法，管理学产生于管理的实践活动，是管理实践经验的科学总结和理论概括。为此，研究和学习管理学必须坚持实事求是的态度，深入管理实践，进行调查研究，总结实践经验并用判断和推理的方法使管理实践上升为理论。在学习和研究管理学时还要认识到一切现象都是相互联系和相互制约的，一切事物也都是不断发展变化的。因此，必须运用全面的、历史的观点去观察和分析问题，重视管理学的历史，考察它的过去、现状及其发展趋势，不能固定不变地看待组织及组织的管理活动。

（七）系统方法

要进行有效的管理活动，就必须对影响管理过程的各种因素及其相互之间的关系进行总体的、系统的分析研究，才能形成管理的可行的基本理论和合理的决策活动。总体的、系统的研究和学习方法就是用系统的观点来分析、研究和学习管理的原理和管理活动。所谓系统，是指由相互作用和相互依赖的若干部分组合成的、具有特定功能的有机整体。系统本身又是它所从属的一个更大系统的组成部分。根据这个定义，管理过程是一个系统，管理的概念、理论和技术方法也是一个系统。这样，从管理的角度来看，系统有两个含义：一是指系统是一种实体；二是指系统是一种方法或手段，二者既有区别，又有密切联系。

系统作为一种方法、手段或理论，要求在研究和解决管理问题时必须具有整体观点、"开放的"与相对"封闭的"观点、反馈信息的观点、分级观点、等效观点等有关系统的基本观点。学习管理的概念、理论和方法也要用系统的观点来进行指导。通过管理过程中管理职能的展开来系统研究管理活动的过程、规律、原理和方法的问题，这是一种对主管人员来说比较切合实际的研究和学习的方法，而且易学、易懂、易用。因此，学习管理学，绝不能把各项职能工作割裂开来，而应把它们当作整个管理过程的有机组成部分来系统地分析和思考，从而真正认识到作为一个主管人员应该做些什么工作，怎样把工作做好，以及相关的知识有哪些。

（八）理论联系实际的方法

理论联系实际的方法，具体来说就是案例的调查和分析、边学习边实践，以及带着问题学习等多种形式。通过这种方法，有助于提高学习者运用管理学的基本理论和方法去发现问题、分析问题和解决问题的能力。同时，由于管理学是一门生命力很强的建设中的学科，因而还应以探讨研究的态度来学习，通过理论与实践的结合，使管理理论在实践中不断地加以检验,从而深化认识,发展理论。

理论联系实际还有一个含义,就是在学习和研究管理学时,要注意管理学的二重性,既要吸收工业发达国家管理学中科学性的东西,又要去其糟粕;既要避免盲目照搬,又要克服全盘否定;要从我国国情出发加以取舍和改造,有分析、有选择地学习和吸收。在学习和研究外国的管理经验时,至少要考虑到四个不同,即社会制度的不同,生产力发展水平的不同,自然条件的不同,民族习惯和传统的不同。我们要从我国实际出发吸取外国的科学成果。

总之,学习和研究管理学,要以马克思主义唯物辩证法为总的方法论指导,同时综合运用各种方法,采用多种学科的知识,从系统的观点出发,理论联系实际,实事求是,这样才能真正掌握和发展管理学,为提高我国管理学水平做出有益的贡献。

【阅读材料】

春秋航空:弱者的生存之道

2009年,对民营航空公司来说,天空绝对是暗淡的,不过也有另类的表现。春秋航空不到年底就高调地宣布赢利过亿元。在外界看来,它好像还活得挺滋润,但是春秋航空董事长王正华却不敢认同这个说法,"我们是战战兢兢呀",王正华很清楚,虽然前路可以让人乐观,但他们在做的事情是挑战中国人长期的消费习惯——让民众接受吃饭都要付钱的航班。

一、成本中抠盈利

临近2009年年底的时候,春秋航空的"空中商城"惹毛了部分乘客。面对汹涌的舆论,反应迅速的春秋航空召开了新闻发布会。按照春秋航空董事长王正华的说法,"飞机上卖东西是不得已而为之",因为低价票使春秋航空不得不寻找一些弥补成本的措施,春秋航空希望乘客能抱着理解的态度来对此予以接受。受益于春秋航空良好的危机公关,他们的"空中商城"获得了大多数乘客的谅解,众多收费服务项目引起的争议也在减少。

事实上,这些对乘客而言需要反复解释才能接受的举措,在王正华看来却还远远不够。他表示,春秋航空的辅助性收入仅占到总收入的6%左右,而在国外,比如马来西亚的亚航,他们的辅助性收入比例达到了15%。王正华觉得自己跟国外相比差距很大,仍需继续努力。最新的消息说,春秋航空正在同房地产商和汽车厂商谈判,希望未来能在机舱内卖房子、卖汽车,春秋航空还有意开发座椅后背、机身等位置的广告展位。类似的让乘客难以接受的举措可能还会层出不穷,因为春秋航空有一个专门负责对辅助性收入进行研发的部门。

尽管春秋航空以平均95%的上座率成为国内最高客座率的航空公司,但是它的盈利点却不在此。除了辅助性收入之外,春秋航空更多的是靠从成本中"抠"利润。在成本控制上,春秋航空通过网上售票、单一机队等模式,把每一项支出都"抠"在最基本的投入上。媒体的报道中可以经常看到记者被邀请去王正华的办公室访问的案例,他办公室里面堪称"寒酸"的摆设往往会惹得记者们一片惊叹,连国家民航局局长李家祥前来视察时都为之感动。

据春秋航空新闻发言人张武安介绍，为应对金融危机的冲击，春秋航空成立了六个降成本委员会，公司高层还自动降薪以提升员工的凝聚力，"省掉了1亿出头的成本"。加上今年油价没有走高，这都为春秋航空创造高额利润提供了条件。

11月底，春秋航空对外宣布，预计今年的利润在1.2亿元左右。

二、全力推广廉价航空

王正华认为，春秋航空之所以能取得现在的业绩，最重要的原因就是准确的市场定位。王正华很清楚自己应该怎么干，而春秋航空也是航空业内公认的正确选择了市场方向的民营航空公司。王正华曾经透露，他用了十年时间考察市场，学习国外的经验，最后才看准了廉价航空公司。

但实践中，廉价航空的推广并非一路顺风。廉价航空的最大的特色就是低票价，这在王正华领导下的春秋航空身上体现得最为彻底。2006年，春秋航空就曾因为售卖1元机票被济南市工商局罚款15万元，此事最后不了了之，春秋航空因此而彻底打响了名气。但是在中国人将乘坐飞机看作贵族消费的习惯下，王正华的廉价航空之旅还有很长的路要走。

同样在2009年底，社会各界再次为王正华喊出"只要政府批准我就敢卖站票"的宣言而哗然。王正华接受《时代周报》采访时表示，飞机卖站票不是炒作，春秋航空是在很认真地做这个事情。为了卖站票，春秋航空有着具体的设想，比如，在机舱内固定类似酒吧的高脚椅，乘客系着安全带半坐半立，这样可以使飞机座位从180个增加到240个，比原来增加1/3的旅客量，机票也可以在特价的基础上再降15%。春秋航空还强调，这一切都是建立在安全第一的原则上，甚至为此还和飞机制造商空客公司进行联系并获得了支持。

如今，卖站票的争论正在散去，王正华也对《时代周报》表示，不希望外界再过多关注这个事情。不过他也在反思自己是否操之过急。春秋航空新闻发言人张武安在事后对记者表示："我们的很多乘客都是第一次坐飞机或者自掏腰包的，他们上了飞机发现跟航空公司传统的服务不一样，所以一时难以接受。"

春秋航空执行的是低票价下的差异化服务，他们需要对抗的是中国消费者长期以来形成的固有消费观念。

三、蛰伏以待良机

王正华拥有多个外界送给他的形容词，如"滚地雷的人""吃螃蟹的人"等，但这都不是说他的勇敢，而是指王正华正在从事的是一个别人没有尝试过同时前途充满艰险的事业：一方面是中国民营航空公司首批上天，一方面是廉价航空的概念被首次引进中国市场，小心谨慎的王正华既要不停吆喝推广自己独特的经营模式，又要随时保护自己不被吃掉。

王正华认为，"公平永远是相对的"，他承认以民营航空公司的生存条件没办法在国有航空公司面前强调公平，就像他做旅游时的经验，民营公司总是排在政策照顾的最后面。"第一桶金抢不着，能盈利的时候我也挤不进去，只有都亏损了才让我入局，实际上到最后，我发现在大家都亏损的环境下，我也能挣到钱。"

不过从长远来看，王正华还是相信自己的判断，包括贯穿了2009年的"国进民退"现象。王正华坚持认为，长远来看还是"民进国退"，因为中国政府的政策没有变化，开发的步伐也在加快，对民营航空公司的支持也是一如既往。

已经逐渐站稳脚跟的春秋航空,如今等到了发展的良机。廉价航空自20世纪80年代在美国应运而生,随后即席卷全球航空市场,成为全球航空业中发展最快的一个领域。2010年之前,廉价航空公司每年的增长速度都在30%左右,并逐渐把传统的大型航空公司挤出曾给它们带来丰厚利润的短途市场。金融危机之后,这种趋势更加明显。而目前亚洲廉价航空的市场份额还不足10%!这显然给王正华提供了更多闪转腾挪的空间。

王正华还准备把春秋航空送进资本市场经受磨炼。此前,他透露春秋航空有意在2011年完成上市,不过在接受《时代周报》采访时,王正华表示上市准备再往后推迟,他还要等待更好的时机。

资料来源:时代周报,www.time-weekly.com2009-12-24。

【本章小结】

管理是现实世界普遍存在的现象,每一个社会成员都要同管理打交道,或者从事管理,成为管理者,即管理主体;或者接受管理,成为管理对象,即管理客体。而更多的时候是一身二任,既是管理主体又是管理客体。人本身就是具有组织和管理自己活动能力的社会动物。整个社会就是一个通过管理而正常运行的有机体。

管理活动作为人类最重要的一项活动,广泛地存在于现实的社会生活之中,大至国家、军队,小至企业、医院、学校等,凡是一个由两人以上组成的、有一定活动目的的集体都离不开管理,管理是一切有组织的活动中必不可少的组成部分。因此,在社会生活中,特别是在组织的活动中,就有必要了解什么是管理,为什么要进行管理活动,怎样才能有效地进行管理活动。本章的内容就是介绍管理的基本概念及其二重性;管理学的研究对象和内容;管理学的研究与学习方法。

【复习思考题】

1. 什么是管理?
2. 如何理解管理的二重性?
3. 管理与领导有何区别?

【案例分析】

有这样一种人,天资聪明,在生存竞争中,往往趋利避害,而且还能帮助领导谋划计策,并且算无遗策,有半仙之能。有些人成功是必然的,因为他们懂得利用时势,把握机会,在每一场角逐中都能稳操胜券,步步莲花。

在东汉末年与三国时代,有一个谋士叫贾诩。贾诩年轻的时候并不知名,是个默默无闻之辈。只有汉阳有个叫阎忠的欣赏他的才能,说贾诩有张良、陈平的能力,评价相当高。贾诩进入公务员队伍,因身体有病,便辞了职。当他与其他人结伴而行至道中,碰到叛乱的少数民族氐,所有人都被劫持。贾诩灵机一动撒了个谎,说他是太尉段颎的外孙,请求别杀害他,段家会出大笔财物赎买人质。段太尉曾经久为守边关的主要军事将领,威信与威望比较高,氐族是敬畏段太尉的,因此礼待贾诩,还释放了他,而其他的人质都处死了。贾诩用自己的聪明救了自己一命。

第一章 管理总论

董卓祸乱京都，贾诩这时是董氏集团的讨房校尉，跟着董卓的女婿中郎将牛辅屯兵在陕这个地方。董卓被王允、吕布除掉后，董氏集团余孽都惊恐万分，校尉官李傕、郭汜、张济等欲解甲归田，散伙。贾诩煽动正想解散的董家军们说，如果大家散伙，那些敌对势力灭我们易如反掌；如果不散伙，我们杀进长安，还有条活路，一能为董卓报仇，二能控制朝政，讨伐不臣。如果行不通的话，我们还能保存实力，留条退路。这番话一语惊醒梦中人，得到了董氏集团残余分子的赞同。杀进长安后，董氏集团打跑了吕布他们。贾诩任职左冯翊行政长官。李傕想要封贾诩侯爵，被推却了说：此救命之计，何功之有。此后，贾诩又被董家军将领委任尚书仆射、光禄大夫、宣义将军等要职，深受器重。

董家军内讧。在汉献帝与大臣们逃难期间，贾诩在保护皇帝与其亲随大臣们方面尽了功劳。后又投靠军阀段煨旗下，因贾诩是著名人物，为段煨的属下部将所爱戴。段煨害怕权力被贾诩夺去，外表尊敬，内心提防。贾诩知道主子的内心变化，惶恐不安起来。

张绣在南阳，贾诩密谋跳槽，另谋高就。派人与张绣沟通，跳到张老板的集团里谋事。有人不理解他为什么要跳槽，贾诩解答说，段老板嫉贤妒能，虽说待遇优厚，但是我在他那儿待久了，他会阴谋算计我。我离开他，他就会很高兴，更会以为我结了个外援同盟帮他，段老板对我的妻儿老小就会优待加厚待。张老板这边没有参谋顾问，我的加入，他是很高兴的。我这样做，既保全了自己的生存与事业，还保住了自己的妻子儿女。跳槽的结果跟贾诩算计的不差毫厘。

张绣与曹操敌对，曹操故意退兵。张绣傻乎乎地想要追击，贾诩劝道说，不要追，追必败。张绣对于参谋的建议和提醒是不会全信的，因为他并不了解贾参谋的预测能力与判断能力。一意孤行的结果是，大败。回军后，贾谋士劝张绣追击。张绣这次听从了计谋，果然大胜而归。但是，他不知道是什么原因造成这种结果。贾诩分析了原因：张将军与曹操对比起来，曹操是军事天才，两军对阵不是曹操敌手，曹操退兵亲自断后，所以不是他的对手。曹操打赢了将军，但是并没有尽最大的力量，还在撤退，这证明曹操国内一定有什么事情发生，所以急促退兵。胜了将军后，就会加紧行军，断后的就不是他本人，而是其他将官，所以再追就能胜利。张绣从内心里佩服得五体投地了。

在官渡之战时，袁绍与曹操对垒。袁绍想要招降张绣作为外援，一起对付曹操。张绣想要投靠袁绍，贾诩故意抢先发话对袁绍使者说："归谢袁本初，兄弟不能相容，而能容天下国士乎？"这番话使张绣措手不及。最后，张绣听从贾诩的话，再次投降曹操。贾诩一生漂泊，总算遇到明主了，曹操高兴极了，表贾诩为执金吾，封都亭侯，迁冀州牧。因还未平定袁绍，贾诩留在曹军营里当高级参谋。后又为曹操在对付割据军阀战中出过三策：一策是对付袁绍时，因曹军军粮将尽时，劝曹操集中兵力攻击袁绍，大胜。二策是在曹操征讨荆州胜利时，乘胜进攻东吴孙权，贾诩劝告曹操先在荆州安民，收获人心，巩固胜利成果后，再对付东吴势力。但是曹操没采纳他的计策，在赤壁之战中，曹军大败。三策是在对付韩遂与马超军阀势力时，假装接受马超的求和，用离间计破坏韩遂与马超的同盟，大败韩、马。

在曹氏阵营确定接班人之前，曹操两个优秀的儿子曹丕与曹植为了能成为继承人，使出浑身解数。曹丕工于心计，但善于求援且尊重元老重臣。曹植才华横溢，文学精湛是三国时期最著名的"建安才子"之一。本来曹操内心更喜欢曹植些，毕竟自己也是文学家,觉得曹植类己。如果曹丕不向贾诩求援的话,曹丕是接不到位子的。就是贾诩的关键话起了决定性的作用。贾诩要曹丕夹着尾巴做人,把本职工作干好,尽一个儿子的孝道。曹操把贾诩当作亲信与朋友,经常问他,该选那个儿子为继承人?贾诩总是装宝,笑而不答。最后,被吊起胃口的曹操忍耐不住,问他为什么不讲答案?贾诩曰:"思袁本初、刘景升父子也。"————(三国志卷十,魏书十,荀彧荀攸贾诩传第十)

曹操听了贾诩的话,为了基业的稳定还有集团内部的团结,只好确立曹丕为继承人与接班人。贾诩为了明哲保身,不交结朋友,不结党立派。儿女娶亲嫁人都不跟权贵攀附。曹丕当上皇帝后,封贾诩为太尉,晋爵魏寿乡侯,同时,还封他的儿子贾访为列侯,贾穆为驸马都尉。在曹丕想要进攻吴国与蜀国时,贾太尉力劝审时度势,相机行事,先文后武。但是急于求成的曹丕,听不进忠言了。急功近利的军事行动使曹军有江陵之败。贾诩老死是 77 岁,他一生谋划,不但善终,而且子孙世代高官厚禄。

启示:

一是要善于环境扫描。审时度势与主动创造机会,利用机会,要对自身内部条件、内部环境与外部条件、外部环境进行扫描,确定机会与威胁,优势与劣势。只有这样才能利用机会,回避威胁;发挥优势,降低劣势。SWOT 是个不错的环境扫描管理工具,建议管理者用 SWOT 来扫描环境。

二是确定个人在职业中的正确位置。每个人都要有职业生涯设计来规划好自己的工作人生,做一个职业精英与社会精英。不要混日子过,做一天和尚,撞一天钟的庸碌型职业生涯只会给个人的人生带来空虚与被动。成功的人生是主动的、积极的、进取的、乐观的。

三是管理者需要导师、参谋、顾问。导师给管理者教授知识,传道解惑,指点迷津。参谋与顾问给管理者出谋划策、分析情势、运筹帷幄。这些特殊人才对管理者的事业有举足轻重的作用与影响,能使管理者如虎添翼、锦上添花。

四是在企业中信任是重要的心理契约。信任由五个维度构成:正直、能力、一致性、忠诚、开放。要在企业组织中建立信任,同时要有如下活动使你成为成功的管理者:作风开放、公正不阿、说出感受、讲实话、表现一致、信守承诺、保持信心、展示能力。对组织中的成员不要进行猜疑,猜疑会让信任消失,冲突诞生。

五是遵守企业道德与商业伦理。企业在追求利润最大化的同时要兼顾社会责任。一般生存力强势与优秀的企业,是注重社会责任的,这就是为什么有些企业存在 3 到 5 年就消失了,而有些企业却长盛不衰,存在几百年还朝气蓬勃的原因。

六是对组织后继者的计划要有脚本。管理者要仔细思考一下,你管理的企业,总经理、经理有没有后继者方案。如果哪一天,总经理或者其他各级管理人员突然离职、生病、死亡,有没有其他员工马上接替?如果有,那证明企业是有后继者接班计划的。如果没有,那么,就要从人力资源的角度来审视与诊断,重新规划后继者计划。有后继者,企业组织就不会群龙无首,各个部门与各项工作就不会出现混乱、无序。

资料来源:李文斌. 中华品牌管理网,www.cnbm.net,2009 - 07 - 06。

【实践训练】

利用课余时间,参与企业的经营活动,作为旁观者,研究企业的管理及其特点。

第二章 管理理论的形成和发展

【学习目标】

1. 了解管理学发展的历史过程；
2. 熟悉主要管理学家(或管理学派)的管理理论的主要内容；
3. 了解现代管理理论的发展特点及趋势。

【案例导入】

明基集团:留住员工大脑的知识管理

知识管理就是对企业内外的显性和隐性知识进行统一处理和管理,通过传播、共享等方式,最大限度地积储和组织企业的智力资源,为知识工作者提供支持,促进企业形成知识持续创新的管理机制。明基集团通过自身知识管理系统中的三个阶段,让知识管理成为企业文化的一部分,从而达到留住员工大脑的知识管理目标。

第一阶段:塑造竞赛中学习的企业文化。自2000年明基大学成立起,它所肩负的重要使命之一,就是帮助企业塑造更好的员工风格,使员工更快地融入明基的企业文化氛围。而明基一直在内部倡导在竞赛中学习,这种氛围对一个快速发展的企业来说非常重要。第二阶段:让知识管理成为习惯。在平时的工作中,给老板汇报、文档都是通过知识管理系统上传到公司资料库中,然后再由系统推荐给老板,这样一来,所有的报告文档都留了下来,同时,老板还会表扬平时资料上传多的员工,以期鼓励大家分享自己的知识。第三阶段:实现人和脑袋分开管理。管理员工只能管理人在明基的时候,即使希望尽量留住员工,但是事实上往往很难做到。所以,创造学习氛围、把知识分享作为习惯,对员工可以采取人和脑袋分开管理,即员工每创造一项价值,都要求他把知识分享出来,等于这就把他的脑袋留住,然后再鼓励他创造更多的价值,鼓励他继续学习。

这样的管理目标实现后,可以弥补大多数员工的流失对公司造成的无形损失,并把这种损失降到最低。再加上公司已经形成的学习氛围和分享氛围,任何新进员工都将马上融入公司,创造价值。

资料来源:新浪财经,finance.sina.com.cn,2005-09-14。

思考题:

从明基集团的知识管理实践中,你得到了哪些启示?

人类管理活动源远流长,在漫长的管理实践中,人们在宗教、国家、经济、军队等方面对管理进行了自觉或不自觉的探求和研究。经过长期的历史积累,到19世纪末,逐渐形成了初步的管理思想。此后,伴随着资本主义生产方式的发展,管理的重要性进一步提高,从而推动了管理思想的研究向深入发展。经过管理学者的不断观察、实验和不懈的研究，人们对管理学的认识进一步深化，并在此基础上经过抽象和概括，形成了管理理论，管理学终于成为一门科学。可见，管理学是在人类长期管理实践的基础上，经过理论概括和抽象升华而形成的新兴学科，它是系统研究管理过程的普遍规律、基本原理和一般方法的科学，它有特定的研究对象和范畴，和其他学科一样，管理学也有其自身的特点。

至今为止，人类管理思想的发展历史可以划分为：早期管理思想阶段、古典管理思想阶段、现代管理思想阶段三大阶段。早期管理思想发展阶段基本上是以调整人与人之间的关系为主的管理思想，是辅佐君王以获取个人政治上的地位，并以此取得统治者恩宠为目的的一种管理思想。早期管理思想由于只是对管理的零碎研究，还没有形成比较完整的管理理论体系，因此只能说是管理理论的萌芽。古典管理思想是以工业化大生产为主要背景，以市场经济中组织协调发展为主要研究对象的管理思想。而现代管理理论是在资本主义社会通过第二次世界大战以后的政治、经济格局的重新调整过程中所形成的管理理论，其学派林立且彼此盘根错节、争相竞荣，被称为"管理理论的丛林"。

第一节 早期的管理实践和思想

人类的管理实践从古老的原始社会就已经开始，迄今为止已有6 000多年的历史。早期的管理实践有的已湮没在历史长河中，有的留在了史籍和文献中，也有的留在了历史遗迹中。在管理实践活动的基础上，早期管理思想开始萌芽。

一、中国早期的管理实践和思想

历史上四大文明古国的治理是管理实践不朽的杰作，其中，中国从夏、商、周时期就建立了官制，实行对国家的治理，到汉朝，中国的官制已十分发达，建立了世界上颇为完备的官制系统。中央置丞相、太尉、御史大夫，分掌行政、军事、监察，构成了行政、军事、监察三大系统鼎立的格局。此外，中国为后世留下了大量珍贵的历史遗迹，世界七大古建筑之一的万里长城就是人类管理的奇迹之一。

我国古代在管理思想方面也有一些精彩的记述。早在3 000多年前的奴隶社会，姜尚就著有《六韬》《三略》，论述了治理国家和管理臣民的思想。春秋战国时期，著名的军事理论家孙武在享誉后世的《孙子兵法》一书中提出了"多算胜，少算不胜"的计划管理思想。此外，《孙子兵法》中所阐述的"为将之道""用人之道""用兵之道"以及在复杂环境中克敌制胜的各种战略、策略，对今天的管理工作，尤其是企业间的竞争，具有深刻的警醒和指导作用。

我国早期管理思想主要可以从三大主流学派之中进行提炼。

第一，以孔子为代表的儒家学派。"王者之道，仁政德洁。"儒家提出人性善的假设，依此相应提出施仁政、德治礼制的管理方式，用礼制规范和道德感化的手段实现治国的目的。

第二，以韩非子为代表的法家学派。"霸者之道，法制刑治。"法家与儒家相反，提出人性恶的假设，因而力主推行法制，并以刑治为手段，通过严刑重罚推法护法，实现治国的目的。

第三，以老子为代表的道家学派。"王霸杂合之道，无为而治。"道家提出人性自然的假设，认为"道法自然""无为而万物化"，主张以弱小胜刚强，以反求正，以实现至德之世的理想境界。

二、西方早期的管理实践和思想

西方文化起源于古希腊、古罗马、古埃及、古巴比伦等文明古国，他们在公元前6世纪左右即建立了高度发达的奴隶制国家。这些文明古国在国家管理、生产管理、军事、法律等方面都曾有过许多光辉的实践。埃及金字塔、罗马水道、巴比伦"空中花园"等古代建筑工程堪与中国的长城并列为世界奇观。公元3世纪后，随着基督教的兴起，这些古文化逐渐被基督教文化所取代。《圣经》中包含的伦理观念和管理思想对以后西方封建社会的管理实践起着指导性的作用。

随着资本主义的发展和工厂制度的形成，旧的基督教教义与资本主义精神发生了冲突，于是产生了基督教新教。在基督教新教义的鼓励下，经商和管理日益得到社会的重视，有越来越多的人来研究社会实践中的经济与管理问题。

亚当·斯密（1723—1790年）在1776年出版了《国民财富的性质和原因的研究》一书，系统阐述了劳动价值论及劳动分工理论。亚当·斯密认为，劳动是国民财富的源泉，劳动创造的价值是工资和利润的源泉，并经过分析得出了工资越低、利润越高，工资越高、利润越低的结论。亚当·斯密对劳动分工能带来劳动生产率的提高作了全面分析。他认为，劳动分工之所以能大大提高生产效率，可以归纳为以下三个原因：①增加了每个工人的技术熟练程度；②节省了从一种工作转换为另一种工作所需要的时间；③发明了许多便于工作又节省劳动时间的机器。此外，亚当·斯密还认为，经济现象是由具有利己主义的人的活动产生的。人在经济行为中追求的完全是私人利益。但是，每个人的利益又为其他人的利益所限制，由此就产生了相互的共同利益，进而产生和发展了社会利益。社会利益是以个人利益为基础的。这种认为人都要追求自己的经济利益的"经济人"观点正是以"看不见的手"为标志的资本主义生产关系的反映。

英国的查尔斯·巴贝奇（1792—1871年）是一位精通数学、机器制造的经济学家，1832年他出版了《论机器与制造业的经济》一书。巴贝奇系统地研究了专业化的问题，劳动分工可以缩短掌握操作所需的时间，节约变换所浪费的时间，而且简单操作的重复有利于熟练化和产生技巧。他认为要提高工作效率，必须仔细研究工作方法，同时还提出了一种工资加利润的分配制度，为现代劳动工资制度的发展和完善做出了重要贡献。

罗伯特·欧文（1771—1858年）是英国的空想社会主义者。他曾在自己经营的一家大纺织厂中做过试验。他提出要缩短工人的劳动时间、提高工资、改善住房。他的改革试验证明：重视人的作用，尊重人的地位，可以使工厂获得更大利润。从一定程度上可以说，欧文是人事管理的创始者。

从18世纪末到20世纪初这段时间里，管理学基本上处于积累实际经验的阶段，这为后来泰罗等人创立科学管理体系打下了良好的基础，因而开始了从经验管理向科学管理的过渡。

第二节 古典管理理论

在社会经济发展和前人管理思想的基础上，从19世纪末到20世纪初，欧洲和美国都相继有人提出比较系统的管理理论。产业革命后，资本主义先进国家的生产力发展已达到一定的高度，科学技术也有了较大的发展。资本主义经济的发展不仅使生产进一步社会化，企业的规模不断扩大，而且促使企业所有者与管理者加速分离，从而对企业管理提出了新的要求。当时的管理一般是建立在经验和主观臆断的基础上，远不能适应社会化大生产的要求，也不能适应复杂的企业组织的要求。为了适应生产力发展的要求，美国、法国、德国及其他一些西方国家都掀起了科学管理运动，从而形成了各有特色的古典管理理论。在美国表现为泰罗创建的科学管理理论；在法国表现为法约尔创建的一般管理理论；在德国表现为韦伯创建的行政管理理论。

一、泰罗的科学管理理论

(一)科学管理之父——泰罗

弗雷德里克·温斯洛·泰罗是科学管理理论的创始人。泰罗(1856—1915年)出生在美国费城一个富裕的律师家庭，中学毕业考上哈佛大学法律系，但不幸因眼疾而被迫辍学。1875年(19岁)，泰罗进入一家小机械厂当学徒工，1878年进入费城米德瓦尔钢铁厂当机械工人，在该厂一直工作到1897年。在此期间，泰罗因工作努力，表现突出，很快先后被提升为车间管理员、小组长、工长、技师、制图主任和总工程师，并通过业余学习获得了机械工程学士学位。

在米德瓦尔钢铁厂工作期间，泰罗发现许多工人"故意偷懒""磨洋工"，工作效率很低；虽然实行计件工资制度，但由于雇主在提高生产后就降低计件单价，导致工人不愿多做工作，生产效率难以提高。实践中，他感到当时的企业管理当局不懂得用科学方法来进行管理，不懂得工作程序、劳动节奏和疲劳因素对劳动生产率的影响，而工人则缺少训练，没有正确的操作方法和适用的工具，这都大大影响了劳动生产率的提高。因此，为了改进管理，他进行了各种试验。后又在伯利恒钢铁公司继续从事管理方面的研究。1901年以后，泰罗大部分时间用于咨询、写作、演讲等，宣传他的企业管理理论——科学管理，即通常所说的泰罗制。

反映泰罗的"科学管理"思想的著作主要有：《计件工资制度》(1895)、《车间管理》(1903)、《科学管理原理》(1911)。1911年，他的代表作《科学管理原理》出版，标志着管理科学理论的正式形成。1915年3月21日，泰罗于费城去世，墓碑上写着：科学管理之父——泰罗。

(二)科学管理理论的主要内容

1. 工作定额原理——制定科学的工作标准。科学管理的中心问题是提高效率。泰罗认为，最高的工作效率是工厂主和工人共同达到繁荣的基础。它能使较高的工作效率和较低的劳动成本结合起来，从而使工厂主得到最大的利润，工人得到最高的工资，进一步提高他们对扩大再生产的积极性，促进生产的继续发展和工厂主、工人的共同富裕。

因此,提高劳动生产率是泰罗创建科学管理理论的基本出发点,是确定各种科学管理原理与方法的基础。为此,泰罗主要做了以下三项研究工作:第一,对工人"磨洋工"的原因进行研究;第二,时间研究;第三,动作研究。泰罗认为,工人之所以"磨洋工",是由于雇主和工人对工人一天究竟能做多少工作心中无数,而且工人工资低,多劳也不多得。为了发掘工人的劳动潜力,就要制定有科学依据的工作定额,即"合理的日工作量"。为此,他进行了工时和动作研究,其中一项很有名的试验就是铸铁装运试验,以工资由每天1.15元提高到1.85元为诱因,按着秒表指挥一位工人搬运生铁,"现在搬起一块生铁走吧……现在坐下休息……现在走……现在休息……"最后,这位工人按计划将47.5吨生铁装上了车,工作定额提高了近三倍,工人的工资也有所提高。

2. 合理用人——科学地选择和培训工人。为了提高劳动生产率,必须为工作挑选"第一流的工人",即能力与工作相适应。所谓第一流的工人,是指该工人有能力且最适合干这项工作,而且该工人必须愿意做这项工作。泰罗的做法是:根据人的能力和天赋把他们分配到相应的工作岗位上,同时还要对他们进行培训,教会他们科学的工作方法,激发他们的劳动热情。

3. 标准化——制定标准化的操作方法。要使工人掌握标准化的操作方法,使用标准化的工具、机器和材料,并使作业环境标准化,以利于提高劳动生产率。在这方面,泰罗也做过一个试验——工具标准化实验。泰罗研究了铲运工人的铲子规格与生产效率的关系,根据不同的物料设计不同规格的铲子,小铲用于铲运重物料,如铁矿石等,大铲用于铲运轻物料,如焦炭等,这种做法大大提高了生产效率。泰罗认为,必须用科学的方法对工人的操作方法、工具、劳动和休息时间的搭配、机器的安排和作业环境的布置等进行分析,消除各种不合理的因素,把各种最好的因素结合起来,形成一种最好的方法,他把这叫作管理当局的首要职责。他实行的合理化操作运动就是在此基础上发展而来的。

4. 实行差别计件工资制。泰罗认为要在科学地制定劳动定额的前提下,采用差别计件工资制来鼓励工人完成或超额完成定额,即计件工资率按完成定额的程度浮动,例如:如果工人完成或超额完成定额,则按比正常单价高出25%计酬,且超额和定额内的部分都按此价计酬;如果完不成定额,则按比正常单价低20%计酬。他指出,这种工资制度既能克服消极怠工的现象,又会大大提高工人们的劳动积极性,雇主的支出虽然有所增加,但由于利润提高的幅度大于工资提高的幅度,因此对雇主也是有利的。现在有些企业仍在采用的计件工资制、工时定额制定法都是在泰罗的差别计件工资制基础上加以发展和改进。

5. 计划职能与执行职能相分离。为了提高劳动生产率,泰罗认为应该用科学的工作方法取代经验工作方法,把计划职能和执行职能分开。所谓经验工作法,是指每个工人用什么方法操作、使用什么工具等,都由工人根据自己的或师傅等人的经验来决定。泰罗主张明确划分计划职能与执行职能。泰罗的计划职能实际上就是管理职能,由专门的计划部门来从事调查研究,为定额和操作方法提供科学依据;比较"标准"和"实际情况",进行有效的控制等工作。至于现场的工人,则只能从事执行的职能,即按照计划部门制定的操作方法和指示使用规定的标准工具从事实际操作,不得自行改变。

6. 实行职能工长制。泰罗主张实行"职能管理",即将管理工作予以细分,使所有的管理者只能承担一种管理职能。他设计出8个职能工长,代替原来的一个工长,其中4个在计划部门,4个在车间,每个职能工长负责某一方面的工作。各工长在其职能范围内可以直接向工人发出命令。

事实证明,这样的管理方式容易造成一个工人受多个人领导的现象,从而导致管理混乱,所以职能工长制没有得到推广,但这种职能管理思想为以后职能部门的建立和管理的专业化提供了参考。

7. 在管理上实行"例外原则"。泰罗主张在组织机构的管理控制上实行例外原则。他认为,规模较大的企业不能只依据职能原则来组织管理,还需要实行例外原则,即企业的高级管理人员把处理一般事务的权限下放给下级管理人员,自己只保留对例外事项的决定和监督权,如企业基本政策的制定和重要人事的任免等。这种以例外原则为依据的管理控制原理以后发展成为管理上的分权化原则和事业部制管理体制。

(三)"科学管理"理论的其他代表人物

泰罗的科学管理理论在20世纪初得到了广泛的传播和应用,影响很大。因此,在他同时代和他以后的年代中,有许多人也积极从事管理实践与理论的研究,丰富和发展了"科学管理"理论。其中比较著名的有以下几个人。

1. 卡尔·乔治·巴思,美籍数学家。他是泰罗最早、最亲密的合作者,为科学管理工作做出了很大贡献。巴思是个很有造诣的数学家,其研究的许多数学方法和公式为泰罗的工时研究、动作研究、金属切削试验等研究提供了理论依据。

2. 亨利·甘特,美国管理学家,机械工程师。甘特是泰罗在创建和推广科学管理时的亲密合作者。他与泰罗亲密配合,使"科学管理"理论得到了进一步的发展。特别是他的"甘特图",是当时计划和控制生产的有效工具,并为当今现代管理方法PERT(计划评审技术)奠定了基础。他还提出了"计件奖励工资制",即除了按日支付有保证的工资外,额外部分给予奖励;完不成定额的,仅可以得到原定日工资,这种制度补充了泰罗的差别计件工资制的不足。此外,甘特还很重视管理中人的因素,强调"工业民主",更重视对人的领导方式,这对后来的人际关系理论有很大的影响。

3. 吉尔布雷斯夫妇。美国工程师弗兰克·吉尔布雷斯与夫人(心理学博士莉莲·吉尔布雷斯)在动作研究和工作简化方面做出了特殊贡献。他们采用两种手段进行时间与动作研究:一种是采用动作摄影技术。他们发明了一种瞬时计,把它置于要拍照的研究现场,以决定工人在每个动作上花费的时间,从而辨认出被肉眼忽略的浪费动作并将其省去。另一种是将手的动作分解,设计出一种分类体系,这套体系能够以更精确的方式分析任何操作者手中的运动包含的动作要素。吉尔布雷斯致力于提高效率,即通过减少劳动中的动作浪费来提高效率,被人们称为"动作专家"。与泰罗不同的是,他们在工作中开始注意到人的因素。他们强调,在应用科学管理原理时,必须首先看到工人,并且要了解他们的个性和需要,要把效率和人的关系结合起来。

尽管泰罗的追随者在许多方面不同程度地发展了"科学管理"理论和方法,但总的来说,他们和泰罗一样,研究的范围始终没有超出劳动作业的技术过程,没有超出车间管理的范围。

【阅读材料】

丰田倡导精益生产管理模式

在制造业的众多领域中，还没有哪一个比得上汽车行业对科学管理的发展有更重大的贡献。汽车行业以其管理实践中的复杂性为现代管理的发展贡献了一个又一个具有里程碑意义的管理方法与理论，其中比较典型的就有丰田的精益生产管理模式。

精益生产管理是使公司达到低成本经营状态的一系列技巧与手段（如适时管理法和全面质量管理法等），最先由丰田汽车公司推出。

精益生产建立在三个简单原则的基础之上。第一，准时生产（Just-in-time）。在盲目预期顾客需求的情况下，生产汽车或其他任何产品都是没有用的，生产必须与市场需求紧密联系。第二，每个人都对质量负责，一旦发现质量缺陷，应尽快纠正。第三，"价值流"（Value Stream）。强调不要把企业看作一系列互不相关的产品和过程，而应将其看作一个连续的统一整体，一个包括了供应商和顾客的价值流。

丰田的精益生产管理模式主要包括以下三项内容：一是重新设计每一个生产步骤，使每一个步骤都成为一个持续的流程中的一部分；二是在企业中设立兼有多项职能的工作团队；三是持续不断地对生产流程进行改进，改进的内容既包括提高产品质量，也包括降低产品成本。

丰田的精益生产管理模式给许多制造行业的管理者树立了学习的榜样。

二、法约尔的一般管理理论

就在泰罗以探讨工厂中提高效率为重点进行科学管理理论研究的同时，法约尔则以管理过程和管理组织为研究重点，着重研究管理的组织和管理的活动过程。法约尔是西方古典管理理论在法国的杰出代表，他所提出的一般管理理论对西方管理理论的发展具有重大的影响，成为后来管理过程学派的理论基础。1916年，法约尔出版了他的代表作《工业管理和一般管理》，该书是他一生管理经验和管理思想的总结。法约尔认为，他的管理理论虽以大企业为研究对象，但除了可应用于工商企业外，还可应用于政府、教会、慈善机构、军事组织和其他各种事业。所以，法约尔被公认为是第一位概括和阐述一般管理理论的管理学家，被后人誉为"现代经营管理理论之父"。

法约尔位居企业高层领导，担任总经理达30年之久，有着长期管理大企业的经验。他还担任过法国陆军大学和海军学校的管理学教授，并对法国的许多公共机构如邮政、烟草等部门的管理做过调查和研究。因此，他的管理理论以大企业的整体为研究对象，管理原则和方法带有普遍意义，这就不同于以车间、工厂的生产管理为研究对象的泰罗科学管理理论。法约尔的一般管理理论概括起来大致包括以下内容。

（一）企业的基本活动

法约尔认为，任何企业都存在六种基本活动，分别是：技术活动（生产、制造、加工等活动）、商业活动（购买、销售、交换等活动）、财务活动（资金的筹措与运用等）、安全活动（设备维护和人员的安全等）、会计活动（货物盘存、成本统计、核算等）以及管理活动（计划、组织、指挥、协调、控制），管理活动在六项基本活动中处于核心地位。

(二) 管理的五项职能

法约尔第一次对管理职能做了明确划分，提出了五项管理职能，即计划、组织、指挥、协调和控制。

1. 计划，即管理人员要尽可能准确地预测企业未来的各种事态，确定企业的目标和完成目标的步骤，既要有长远的指导计划，也要有短期的行动计划。法约尔认为，计划是管理的首要职能。

2. 组织，即确定执行工作任务和管理职能的机构，由管理机构进一步确定完成任务所需的设备、物资和人员。

3. 指挥，即对下属的活动给予指导，其目的是根据企业的利益，使本单位中所有职工能做出最大贡献。

4. 协调，即让企业人员团结一致，使企业的所有活动和努力得到统一与和谐，使企业的经营顺利进行。

5. 控制，即检查每一件事情是否同所拟订的计划、发出的指令和确定的原则相符合，其目的是发现、改正和防止重犯错误。像其他管理要素一样，控制要素在执行时需要有专心致志的工作精神和高超的艺术。

(三) 管理原则

法约尔认为，管理是工商企业、政府甚至家庭中所有涉及人的管理的共同活动，因而他提出了著名的14条"一般管理原则"。

1. 分工。法约尔认为，劳动专业化是各种机构、团体、组织进步和发展的正常的方法。借助分工，可以降低每个人的工作目标，提高工作效率。

2. 权力与责任。权力是发布命令和强迫别人服从的力量。责任和权力是互为因果的，责任是权力的必然结果和重要的对等物。行使权力就必然产生责任；委以责任而不授以相应的权力就是组织的缺陷。

3. 纪律。纪律是以企业同雇员之间的协定为依据的服从、勤勉、积极、规矩和尊重的表示。纪律对企业是绝对必要的，没有纪律，企业就难以发展。同时，纪律松弛必然是领导不善的结果。严明的纪律产生于良好的领导、管理当局同工人之间的关于规则的明确协议和奖罚的审慎应用。

4. 统一指挥。一个下属只应接受一个领导者的命令。双重指挥经常是混乱和冲突的根源。

5. 统一领导。对于同一目标的集体活动，只能在一个领导和一项计划下进行。

6. 个人利益服从整体利益。在一个企业里，一个人或一个部门的利益不能置于整个企业利益之上，它有赖于领导者的坚定性、良好榜样以及签订公平的协定和经常的监督。

7. 人员报酬。报酬与支付方式要公平合理，尽可能使职工和公司双方都满意。

8. 集中。企业的集权与分权的程度不是千篇一律、固定不变的，它要根据企业的规模、条件和经理个人的个性、道德、品质以及下属人员的可靠性等因素来确定。

9. 等级链。"等级链"是指从企业最高领导到最基层的各级领导人所组成的链条。这个链条是权力执行的路线和信息传递的渠道。一般情况下，不要轻易打破这个链条，但在特殊情况下应该适当变动(即"跳板"形式,又称"法约尔桥")。

10. 秩序。法约尔的"秩序"是指人与物各得其所。要做到有"秩序",必须做到职位要适合于职工,职工要适合于职位。每个职工都必须处在他能做出最大贡献的岗位上。

11. 公平。公平即亲切、友好和公平。为了鼓励雇员能全心全意、无限忠诚地执行职责,企业领导应以公平的态度对待已经建立的规则和职工。企业领导应该对各级领导灌输公平意识。

12. 人员的稳定。如果人员不断变动,工作将无法取得良好的效果。一般来说,成功企业的管理人员都是稳定的。

13. 首创精神。法约尔认为,首创精神是事业发展的巨大源泉,必须大力提倡,充分鼓励首创精神。

14. 集体精神。集体精神是企业的重要保证,应努力在企业内部建立和谐与团结的气氛。

法约尔认为,上述14条原则只是管理理论的一些"灯塔",并不是固定不变的。"原则是灵活的,是可以适应于一切需要的,问题在于懂得使用它,这是一门很难掌握的艺术,它要求智慧、经验、判断和对尺寸的注意。"

法约尔认为,人的管理能力可以通过教育来获得。为此,他提出了一套比较全面的管理理论,首次指出管理理论具有普遍性,可以用于各个组织之中。法约尔在管理的范畴、管理的组织理论、管理的原则方面提出了许多开创性的观点,对后来的管理理论研究具有非常深远的影响。

三、韦伯的行政组织理论

马克斯·韦伯(1864—1920年)是德国古典管理理论的代表人物。韦伯是德国著名的社会学家,对法学、经济学、政治学、历史学和宗教都有广泛的兴趣,曾担任教授、政府顾问、编辑、作家等。韦伯对管理理论的主要贡献是提出了"理想的行政组织体系"理论,主要反映在他的代表作《社会组织和经济组织》一书中。由于韦伯是最早提出一套比较完整的行政组织体系理论的人,因此,他被称为"组织理论之父"。所谓理想的行政组织体系理论,是指通过职务或职位而不是通过个人或世袭地位来管理,他所讲的"理想的",并不是指最合乎需要的,而是指现代社会最有效和合理的组织形式。

韦伯提倡行政组织理论与当时的社会背景有关,主要是针对19世纪德国社会的企业大多是一些家族式的企业提出来的。在家族式的企业中,大多数职务或职位由与企业所有者具有血缘关系或某种个人情感关系的人担任,并不是因为他们具有担任该职务的能力,而是因为他们与所有者的关系。他们不是按照理性、制度和规范来进行管理,而是凭个人的知识、经验、兴趣和爱好,从而导致企业的效率十分低下。雇员受命于雇主多于企业本身,结果是企业所赚取的利润往往被用来满足雇主个人的欲望,而企业本身的目标反被忽略。因此,韦伯提出企业的管理应该是非个人化而理性化的。

韦伯指出,任何组织都必须有某种形式的权力作为基础,才能实现目标。只有权力,才能变混乱为秩序。韦伯认为,存在三种纯粹形态的权力:理性—合法的权利、传统的权力、超凡的权力。在这三种纯粹形态的权力中,传统权力是世袭得来而不是按能力挑选的,其管理单纯是为了保存过去的传统,传统权力的效率较差。超凡的权力则过于带感情色彩,并且是非理性的,不是依据规章制度而是依据神秘或神圣的启示。只有理性、合法的权力才宜于作为理想组织体系的基础,才是最符合理性原则、高效率的一种组织结构形式。

韦伯的理性行政组织体系具有以下特点:

1. 明确的分工。即组织内每个职位的权力和责任都应有明确的规定。

2. 自上而下的等级系统。组织内的各个职位按等级原则进行法定安排,形成自上而下的等级安排。

3. 人员的使用。组织中人员的使用完全根据职务上的要求,通过正式考试或教育训练来实现。

4. 职业管理人员。管理人员有固定的薪金和明文规定的升迁制度,是一种职业管理人员。

5. 遵守规则和纪律。管理人员必须严格遵守组织中的规则和纪律。组织要明确规定每个成员的职权范围和协作形式,避免感情用事,滥用职权,以便正确行使职权,减少摩擦和冲突。

6. 组织中人与人之间的关系。组织中人与人之间的关系完全以理性准则为指导,不受个人情感的影响。这种关系不仅适用于组织内部,而且适用于组织同外界的关系。

韦伯认为,理性的行政组织体系最符合理性原则,是达到目标、提高劳动生产率的最有效的形式,在精确性、稳定性、纪律性和可靠性等方面都优于其他组织。所以,它适用于各种管理工作和各种大型组织,如教会、国家机构、军队和各种团体。韦伯对完善古典管理理论做出了重要的贡献。

第三节 人际关系学说及行为科学理论

古典管理理论虽然得到广泛的流传和应用,但古典管理理论沿袭亚当·斯密的思想,只将人当成"经济人",主张用严格的科学方法和规章制度进行管理,较多地强调科学性、精密性、纪律性,而对人的因素注意较少,把工人当成机器的附属品,不是人在使用机器,而是机器在使用人,这就引起了工人的强烈不满。

20世纪20年代前后,一方面是工人日益觉醒、工会组织日益发展,工人组织起来对雇主进行反抗和斗争;另一方面,经济的发展和周期性危机的加剧,以及科学技术的发展和应用,单纯用古典管理理论和方法已不能有效地达到提高劳动生产率和增加利润的目的。一些管理学家和心理学家也注意到社会化大生产的发展,需要与之相适应的新的管理理论。他们开始从生理学、心理学、社会学等方面出发研究企业中有关人的一些问题,如人的工作动机、情绪、行为与工作的关系等。他们还研究如何按照人的心理发展规律去激发其积极性和创造性。于是行为科学便应运而生。行为科学的管理学家们将管理学的研究课题由"经济人"转向"社会人",这是继古典管理理论之后管理学发展的一个重要阶段。行为科学研究基本可分为两个时期,前期被称为人际关系学说(或人群关系学说),开始于20世纪20年代末30年代初的霍桑试验;后期是于1949年第一次提出,并于1953年正式定名的行为科学,这也是行为科学理论真正发展的年代。

一、人际关系学说

(一)三位先驱者

雨果·孟斯特伯格,德国人,工业心理学的重要创始人,被后人称为"工业心理学之父"。玛丽·福莱特虽属于古典管理理论时代的人,但她很早就开始了行为管理理论的研究,在古典管理理论和行为科学理论之间架起了一座桥梁。她特别注意研究成年人的教育和业余指导,她认为一个组织应该给职工和管理人员以更多的民主。她的主要著作有《作为一种职业的管理》和《创造性的经验》等。莉莲·吉尔布雷斯是动作研究之父弗兰克·吉尔布雷斯的妻子,她结婚后开始把学术兴趣转向心理学。

(二)梅奥及霍桑试验

乔治·梅奥,原籍澳大利亚,后移居美国,是美国哈佛大学教授,他受过心理学和社会学方面的系统训练,对古典管理理论做了重要的补充和发展。梅奥的主要著作有《工业文明的人类问题》和《工业文明的社会问题》。1924—1932年间,美国国家研究委员会和西方电气公司合作,由梅奥负责进行了著名的霍桑试验,即在美国芝加哥西方电气公司的霍桑工厂进行了一连串的试验,目的是研究工作环境和生产力之间的关系。霍桑试验分四个阶段。

第一阶段:工厂照明试验。此项试验旨在证明工作环境与生产率之间有无直接的关系。研究人员将接受试验的工人分为两组:一组采用固定照明,称为控制组;另一组采用变化的照明,称为试验组。研究人员原以为试验组的产量会由于照明的变化而发生变化。但结果是,两组的产量都大为增加,而且增加数量几乎相等。由此得出结论,照明度与生产率之间并无直接关系,工厂照明灯光只是影响员工产量的因素之一。两组产量都得到提高的原因,是因为被测试人员对测试发生了兴趣。

第二阶段:继电器装配试验。试验的目的是企图发现各种工作条件变动对生产率的影响。研究人员将装配继电器的6名女工从原来的集体中分离出来,成立单独小组,同时改变原来的工资支付办法,以小组为单位计酬;撤销工头监督;工作休息时间免费供应咖啡;缩短工作时间,实行每周5日工作制,等等。结果发现工人产量增加了。接着,又逐渐取消这些待遇,恢复原来的工作条件,但生产率并没有因此而下降,反而仍在上升。据此梅奥推测,由于督导方法的改变,使员工的态度改善,产量提高。

第三阶段:谈话研究。在上述试验的基础上,梅奥用两年多时间对公司2万多名员工进行了调查。被访问者可以就自己感兴趣的问题自由发表意见。研究者由此得出结论:任何一位员工的工作成绩都受到周围环境的影响,即不仅取决于个人自身,还取决于群体成员。

第四阶段:观察试验。为搞清楚社会因素对激发工人积极性的影响,研究人员选择了一个由14名工人组成的生产小组进行观察试验。这个小组以集体产量计算工资,根据组内人员的情况,完全有可能超过他们原来的实际产量,可是,进行了为期5个月的统计,小组产量仍维持在一定水平上。经过观察,发现组内存在着一种默契:往往不到下班时间,大家已经歇手;当有人超过日产量时,别人就会暗示他停止工作或放慢工作进度;

不向上司告密等。梅奥等人由此得出结论:实际生产中,存在一种"非正式组织",并决定着每个人的工作效率。

通过上述四个试验,梅奥等人得出的结论是:人们的生产效率不仅受到生理方面、物理方面等因素的影响,而且还受到社会环境、心理因素的影响。相对于"科学管理"只重视物质条件,忽视社会环境、心理因素对工人生产效率的影响的观点,这是一个很大的进步。

(三)人际关系学说

在霍桑试验的基础上,梅奥创立了人际关系学说,提出了与古典管理理论不同的新观点、新思想。人际关系学说的主要内容包括以下几个方面。

1. 人是"社会人",而不是"经济人"。

2. 满足工人的社会欲望,提高工人的士气(所谓士气,就是指工作积极性、主动性、协作精神等结合成一体的精神状态),是提高生产效率的关键。

3. 企业中存在非正式组织。企业的经营结构是由"技术组织"和"人的组织"所构成的,而"人的组织"又可分为"正式组织"和"非正式组织"两种。正式组织是为了实现企业目标所规定的企业成员之间职责范围的一种结构,如工厂、车间、小组等,是有一定的目标和组织结构形式,并由一套规章制度等规定成员之间相互关系的群体。正式组织对个人具有强制性,这是古典管理理论所研究和强调的。梅奥认为,组织中还存在非正式组织,是人们在共同工作的过程中建立起一定的感情,形成某种共识和不成文规矩的非正式团体,这种无形组织有它特殊的感情、规范和倾向,左右着成员的行为。非正式组织与正式组织有重大的区别,正式组织以效率为导向,非正式组织以感情为导向。非正式组织与正式组织相互依存,对生产效率的提高有很大的影响。

人际关系学说的出现开辟了管理理论研究的新领域,纠正了古典管理理论忽视人的因素的不足。同时,人际关系学说也为以后行为科学的发展奠定了基础。

二、行为科学理论

行为科学的含义有广义和狭义两种。广义的行为科学是指包括类似运用自然科学的实验和观察方法,研究在自然和社会环境中人的行为的科学。已经公认的行为科学的学科有心理学、社会学、人类学等。狭义的行为科学是指对工作环境中个人和群体的行为进行研究的一门综合性学科。20世纪60年代以后,为了避免同广义的行为科学相混淆,出现了组织行为学这一名称,专指管理学中的行为科学。

梅奥等人创立了人际关系学说以后,从事这门学科研究的人大量出现。一些行为科学家进行了更加细致而深入的研究,其侧重点是有关需要、动机和激励、组织中的人性、非正式组织和群体行为等,其中最主要的有马斯洛的需要层次理论、双因素理论和X理论与Y理论。

(一)马斯洛的需要层次理论

亚伯拉罕·马斯洛是美国著名的心理学家和社会学家,他于1954年出版的《激励与个性》一书中提出了最著名的激励理论——需要层次理论。这一理论的创建是基于两个假设:人是有需要的动物,人的需要是有层次的。

马斯洛提出了人类需要的五个层次,由低到高依次是:

1. 生理需要:包括维持生活所必需的各种物质,如衣、食、住、行等,是人的最基本的需要。

2. 安全需要:包括免除危险和威胁的需要,如生活有保障、不失业、老有所养等。

3. 社会需要:包括友谊、感情、群体归属感等的需要,如和同事保持良好关系,给予和得到友爱,成为某个组织的成员等。

4. 尊重需要:包括要求受到别人的尊重和自己有内在的自尊心,如能力、成就、名誉地位得到别人的承认等。

5. 自我实现需要:指通过自己的努力,实现自己对生活和工作的期望,并从中得到满足,特别是成就感。

这五种需要有层次且逐级上升。马斯洛还把它们划分为高低两级,生理和安全需要为较低级的需要(从外部使人满足),后三种为较高级的需要(从内部使人满足),只有当较低级的需要得到满足以后,才能产生较高级的需要。从动机的角度来看,马斯洛认为,需要层次中的每一步必须得到满足,下一层次的需要才会被激活;一旦某种需要被充分满足,它就不再对行为产生激励作用。

(二)赫茨伯格的双因素理论

20世纪50年代后期,美国心理学家赫茨伯格和他在匹兹堡的心理研究所的研究人员根据一项对满足需求的研究以及就这些需求满足的激励效果进行调查,在1959年提出了著名的双因素理论。这一理论认为,有两种不同的因素在管理中起着作用,即保健因素和激励因素,又称"激励—保健理论"。

1. 保健因素,包括公司政策与行政管理,监督,与上级的关系,与同事的关系,与下级的关系,工资,工作安全,个人生活,工作条件,地位等。这类因素对职工行为的影响类似卫生保健对人们身体的影响。当卫生保健工作达到一定的水平时,可以预防疾病,却不能治病。同理,当保健因素低于一定水平时,会引起职工的不满;当这类因素得到改善时,职工的不满就会消除。但是,保健因素对职工起不到积极的激励作用。

2. 激励因素,包括工作上的成就感,受到重视,得到提升,工作本身的性质,个人发展的可能性,工作责任等。当这类因素具备时,可以起到明显的激励作用;当这类因素不具备时,也不会造成职工的极大不满。

通过对上述两类因素的分析可以知道,激励因素是以工作为中心的,即对工作本身是否满意,工作中个人是否有成就,是否得到重用和提升;而保健因素则与工作的外部环境有关,属于保证工作完成的基本条件。研究中还发现,当职工受到很大激励时,他对外部环境的不利情况能产生很大的耐性;反之,就不可能有这种耐性。

(三)麦格雷戈的X理论与Y理论

美国学者麦格雷戈在马斯洛理论的基础上对人性加以分析,发展了行为科学,他在1960年出版的《企业的人的方面》一书中提出了两种管理理论模式,称为"X理论"和"Y理论"。他认为,管理人员所实施的管理方法取决于他对下属的一般性假设,这些假设分别于X理论和Y理论中反映出来。

简单地说,X理论和Y理论就是:一种是基本上消极的X理论,一种是基本上积极的

Y 理论。如表 2-1 所示。

表 2-1 X 理论和 Y 理论的比较

X 理论	Y 理论
• 员工好逸恶劳 • 员工欠缺进取热诚不想承担责任 • 员工不想出现重大改变,喜欢安稳	• 员工视工作为生活的重要部分 • 员工有能力提出建设性的意见帮助达到企业目标 • 员工有自律及自觉性 • 员工有发展自我的潜能

简单地说,X 理论假设人们缺乏雄心壮志,不喜欢工作,总想回避责任,以及需要在严密的监督下才能有效地工作,它基本上是一种关于人性的消极观点。而 Y 理论提出了一种积极观点,它假设人们能够自我管理,愿意承担责任,以及把工作看作像休息和玩一样自然。

麦格雷戈认为 X 理论对人的本性所做的假设是错误的。那些错误的观点导致在管理实践中强调集中控制、依靠发号施令和滥用奖罚措施来提高效率。他主张 Y 理论最恰当地抓住了工人的本质,对管理实践具有指导意义。

如果用需要层次理论解释的话,X 理论假设较低层次的需要支配着个人的行为,Y 理论则假设较高层次的需要支配着个人的行为。麦格雷戈认为 Y 理论的假设比 X 理论的假设更实际和有效,因此他建议让员工参与决策,为员工提供富有挑战性和责任感的工作,建立良好的群体关系,这会极大地调动员工的工作积极性。

总之,从霍桑试验开始的人际关系的研究到行为科学理论的研究,都很注意人的需要、领导的方式、人际关系以及动机、激励、个性这些心理方面的问题,从此管理就不但是一门科学,更是一门艺术了。

第四节 现代管理理论

第二次世界大战以后,随着现代科学技术日新月异的发展,生产社会化程度的日益提高,引起了人们对管理理论的普遍重视,研究也日臻深入。在许多国家,特别是美国,从事管理理论研究的人越来越多,背景也越来越丰富。除了从事实际管理工作的人和管理学家,一些社会心理学家、经济学家、数学家等也开始从不同的背景和角度研究管理问题。于是出现了许多新的管理理论和学说,形成了大大小小许多学派。美国著名的管理学家哈德罗·孔茨将管理理论的各个流派形象地描述为管理理论的"丛林"。1961 年,他提出了 6 个学派;到 1980 年,孔茨又认为,这一"丛林"枝叶繁生,至少可划分为 10 个学派。尽管各学派彼此相互独立,但他们的基本目的是相同的。

孔茨认为,形成管理理论"丛林"的主要原因有以下几点。

第一,"语义上的丛林",是指对组织、领导、管理、决策等术语在用法和意义上的不同。

第二,由于在不同的环境和各种各样的情境下使用这些术语,造成对作为一门知识整体的"管理"在解释上的分歧。

第三,"先验的假设",或某些人倾向于抛开过去进行观察和分析,因为他们的理论在性质上是先验的。

第四,对原则的误解,当某一项原则不符合实际时,就试图否定整个原则的框架。

第五,"管理理论家之间无能力或不愿意相互了解",其原因是学科或个人之间的职业之"墙",以及维护个人意见或职业的愿望。

孔茨认为,只要这些问题得到解决,是有希望走出管理理论"丛林"的。因此,他和同时代的许多管理学家为解决这些问题做了许多努力,但始终未能成功。下面介绍一些具有代表性的学派及其观点。

一、现代管理理论的各大学派

(一)社会系统学派

社会系统学派(或社会合作系统学派)是从社会学的角度来研究管理,把企业组织及其成员的相互关系看成是一种协作的社会系统。美国的切斯特·巴纳德是该学派的创始人,他早在20世纪30年代就孕育了组织是一个开放系统的思想,但他的见解被人们广泛接受仅持续了30年时间。总体看来,该学派有如下一些主要观点。

1. 组织是一个社会协作系统。

2. 组织作为一个协作系统能否生存取决于三个条件:协作的效果,即能否顺利完成协作目标;协作的效率,即在达到目标的过程中是否使协作成员损失最小而心理满足较高;协作目标能否适应协作环境。

3. 正式组织作为一个协作系统具有以下三要素:协作的意愿、共同的目标、信息沟通,这三个要素都是不可或缺的。因此,管理者在管理过程中要围绕这三个要素尽可能地创造一个适宜组织发展的协调环境。

巴纳德认为,组织要生存,必须保持两个平衡:对内平衡,即组织成员的个人目标同组织目标的平衡;对外平衡,即组织同外部经济、技术、社会环境之间的平衡。

巴纳德采用行为科学和系统的方法,把正式组织的要求同个人的需要连接起来。到20世纪60年代,以美国学者卡斯特为首的学者把系统理论全面运用于企业管理,形成了系统管理学派。

(二)系统管理学派

系统管理学派产生于20世纪60年代初,它是在一般系统理论的基础上建立起来的。系统管理学派应用系统理论的原理,全面分析和研究企业与其他组织的管理活动和管理过程,重视对组织结构和模式的分析,并建立起系统模型以便于分析。该学派的代表人物有卡斯特、罗森茨威克和约翰逊等。其理论要点有:

1. 组织是一个系统,是由相互联系、相互依存的要素构成的。

2. 系统在一定的环境下生存,与环境进行物质、能量和信息的交换。从这一意义上讲,系统是开放的。系统从环境输入资源,通过转换过程把资源转换为产出物,一部分产出物为维持系统而消耗,其余部分则输出到环境中。系统在投入—转换—产出的过程中不断进行自我调节,以获得自身的发展。

3. 运用系统观点来考察管理的基本职能,可以提高组织的整体效率,使管理人员不至于只重视某些与自己有关的特殊职能而忽视了大目标,也不至于忽视自己在组织中的地位和作用。

(三)经验学派

经验学派(或案例学派)的代表人物是美国的德鲁克、戴尔、纽曼、斯隆等人。他们主张通过分析管理者的实际管理经验或案例来研究管理问题。通过分析、比较,研究各种各样的成功和失败的管理经验,抽象出某些一般性的管理结论或管理原理,从而有助于学生或从事实际工作的管理人员来学习和理解管理学理论,使他们更有效地从事管理工作。

经验学派在管理的组织结构设计、领导方法等方面都有较深入的研究。该学派主张从实际出发研究管理经验,并在一定情况下将经验上升为理论。但在更多情况下,它只是为了将这些经验传授给实际工作者,向他们提出有益的建议。不少学者认为,从严格意义上讲,经验学派所谓的经验实质上是传授管理学知识的一种方法,即"案例教学"。实践证明,这是培养学生分析和解决问题能力的一种有效途径。事实上,美国等一些国家的很多大学都采用"案例教学"法来培训工商管理学院的学生。

(四)管理过程学派

管理过程学派的创始人是亨利·法约尔。古典组织理论学派的厄威克、古利克等都属于这一学派的前期代表人物。该学派的主要代表人物是美国的孔茨和奥唐奈。孔茨和奥唐奈合著的《管理学》是战后这一学派的代表作。其理论要点如下:

1. 管理是设计并保持一种环境,以期有效地达到既定目标的过程。管理人员要完成许多相互关联的管理职能,其中被该学派共同认可的管理职能有计划、组织和控制职能。

2. 将各项管理职能,特别是计划、组织和控制职能作为分析研究管理问题的框架。将原有的和新的管理概念、原则、理论和技术都归于其中,做到了结构规整、内容广泛又易于理解。

3. 强调管理职能的共同性。任何组织机构以及各级组织的管理人员所履行的基本管理职能是相同的,只是花在每项管理职能上的时间可能有差别。

孔茨为管理理论树立了一个标志,在他的鼓励和引导下,管理过程学派这种按照管理职能对管理进行分类的方法得以推广,越来越成为一种可行的统一框架,并为世界各地所广泛采用。

(五)管理科学学派

管理科学学派又称数理学派,是对泰罗的科学管理理论的继承和发展,形成于第二次世界大战战初。战后,像杜邦那样的大工业企业开始采用军队中用来调动军队、设备和发展潜艇方面的技术来解决管理决策问题。事实上,就是用科学技术来解决管理的实际问题并进行决策。具体地说,就是运用正式的数学模型和计算机技术来进行管理决策,以提高经济效益。

管理科学学派的代表人物是伯法等人。这一学派认为,管理就是应用各种数学模型和特征来表示计划、组织、控制、决策等合乎逻辑的程序,求出最优的解决方案,以达到企业的目标。其主要观点是:

1. 生产和经营管理的各项活动都要以经济效益的好坏作为评价标准。

2. 组织是由"经济人"组成的追求经济利益的系统,同时又是一个由物质技术和决策网络组成的系统。要建立一套决策程序和数学模型,通过电子计算机求解,并应用于管理,以提高决策的科学性。

3. 依靠电子计算机进行管理。随着企业生产经营范围的扩大、决策问题的复杂化、方案选择的定量化,使企业管理活动中影响某一事物的因素变得错综复杂。建立模型后,计算任务极其繁重,要求及时处理大量数据并提供准确信息,而这些只有依靠电子计算机才成为可能。

4. 强调现代科学管理方法的应用,如运筹学、系统分析、概率论等。

管理科学学派开辟了管理学的一个广阔的研究领域,使管理从定性描述走向定量分析,为现代管理决策提供了科学的方法,对管理水平和效率的提高有很大帮助。但是,管理科学学派把管理工作看作数学过程、概念符号和模型,只依靠定量的分析而忽视定性的分析,特别是忽视了人的因素,这是它的不足之处。

(六)决策理论学派

决策理论学派是在以巴纳德为代表的社会系统学派的基础上发展起来的。其代表人物是赫伯特·西蒙,他因决策理论方面的突出贡献而获得了诺贝尔经济学奖。西蒙的代表作是《管理决策新科学》。决策理论学派把决策看作研究管理活动的出发点,把系统理论、运筹学、计算机科学等综合运用于管理决策问题。其理论要点如下:

1. 突出决策工作在管理活动中的地位。该学派认为,管理的关键在于决策,决策贯穿于管理的全过程,"管理就是决策"。

2. 决策是个复杂的过程,大致可分为四个阶段:①确定目标、搜集资料,即提出所要决策的问题,针对影响决策的主要因素搜集、整理资料;②提出备选方案,即在确定目标的基础上,依据所搜集到的信息,制订可能采取的行动方案;③对备选方案进行论证,选出最佳或最满意方案;④评价阶段,即实施方案,对执行情况进行监督与反馈,以检验决策的正确性。这四个阶段的每一个阶段本身都是一个复杂的决策过程。

3. 以"令人满意"的行为准则作为决策标准。由于受各种变动的环境、因素的影响,人们在进行决策时很难求得最佳方案,"最优化"准则几乎无法实现。因此,人们往往只考虑与问题有关的情况,制定出一套令人满意的标准,只要达到或超过了这个标准,就可以做出令人满意的决策。

4. 一个组织的决策根据其活动是否反复出现,可分为程序化决策和非程序化决策。西蒙认为,这两种决策就像一个光谱的连续统一体,一端为高度程序化的决策,另一端为高度非程序化的决策,沿着这个光谱,可以找到不同色度的各种决策。

决策理论学派以社会系统论为基础,强调运筹学、计算机等新学科、新技术的应用,综合了行为科学与管理科学的许多优点。因此,西蒙的大部分思想被人们认为是现代企业经济学和管理学的基础。

(七)权变理论学派

权变理论是继系统理论之后,于20世纪70年代在西方出现的另一个试图综合各个管理学派的理论。其代表人物是卢森斯、伍德沃德、菲德勒等人。该学派认为,管理实务取决于环境,在管理中要根据内外条件随机应变。其主要观点为:

1. 突破了传统理论把组织看成是静止的、相对封闭的系统的局限,认为环境是不断变化的,不存在一成不变的、普遍适用的、理想的组织管理模式,要把环境对组织的作用具体化,把管理理论与管理实践紧密联系起来。

2. 环境变量和管理变量之间存在函数关系,这种函数关系就是权变关系,这是权变管理理论的核心内容。环境可分为外部环境和内部环境。外部环境又可分为两种:一种由社会、技术、经济、政治和法律等组成;另一种由供应者、顾客、竞争者、雇员和股东等组成。内部环境基本上是正式组织系统,包括组织结构、决策程序、交流与控制以及技术状况等。内部环境的各个变量与外部环境的各个变量之间是相互联系的。管理变量指的是各种管理观念和技术。组织应根据不同的关系采取适当的管理方法。

3. 为了使问题得到很好的解决,要进行大量的调查研究,然后把组织的情况进行分类,建立模式,据此选择和调整有效的组织方式。建立模式时应考虑如下因素:组织的规模、工艺技术的复杂性、管理者位置的高低、管理者的权力、下级个人之间的差别、环境的不确定性等。

权变理论学派试图通过"权宜应变"融各学派学说于一体。权变理论学派并不排斥哪一个学派,而是认为每个学派的理论和方法都是可取的,管理过程学派、行为科学学派、管理科学学派、系统管理学派等的理论和方法都是权变关系中的管理变量,对权变理论都能做出贡献。

权变管理理论强调随机应变,主张灵活运用各派学说的观点,为管理学的发展做出了一定的贡献。这个学派在美国等地风行一时。20世纪70年代以来,世界科技、经济、政治发展变化很快,企业组织也有了很大变化,使权变理论具有很高的实用价值。

二、管理理论的发展趋势

进入20世纪六七十年代以来,西方管理学界出现了许多新的管理理论,这些理论思潮代表了管理理论新发展的趋势。

(一)战略管理思想

20世纪70年代前后,世界进入科技、信息、经济全面飞速发展时期,企业所处的技术、市场、社会、政治、经济环境都发生了翻天覆地的变化。于是,管理学界开始重视充满危机和动荡的外部环境的变化,谋求企业的长期生存与发展,注重构建竞争优势,形成了较为系统的战略管理理论。

1965年,安索夫(Ansoff)《公司战略》一书的问世开创了战略规划的先河。1976年,安索夫的《从战略规则到战略管理》出版,标志着现代战略管理理论体系的形成,并第一次提出了"战略管理"一词。安索夫认为,战略是"企业高层管理者为保证企业的持续生存和发展,通过对企业外部环境与内部条件的分析,对企业全部经营活动所进行的根本性和长远性的规划与指导"。劳伦斯与罗斯奇合著的《组织与环境》(1969)一书系统论述了企业组织与外部环境关系,提出公司要有应变计划,以求在变化及不确定的环境中得以生存。卡斯特(F. E. Kast)与罗森茨韦克(J. E. Resenzweig)在其合著的《组织与管理——系统权变的观点》(1979)一书中主张,在企业管理中要根据企业所处的内外条件随机应变,组织应在稳定性、持续性、适应性、革新性之间保持动态的平衡。迈克尔·波特(M. E. Porter)是美国哈佛大学商学院的教授,兼任许多大公司的咨询顾问。1980年,他的著作《竞争战略》把战略管理理论推向了顶峰。该书的重要贡献是提出了分析技术的综合结构,有助于一个公司对产业进行总体分析,预测产业未来的变化,理解竞争对手以及自身的地位,并根据具体业务类型将这种分析转化为一种竞争的战略。

（二）企业文化

企业文化是20世纪80年代以来企业管理科学理论"丛林"中分划出来的一个新理论。企业文化理论发源于美国,而企业文化的实践却首先在日本得到较快的发展。第二次世界大战后,日本一方面抓紧引进、消化吸收西方先进的科学技术和管理制度,另一方面精心研究中国的传统文化,并结合日本的民族特点,融东西方文化为一体,形成了一套以忠诚、孝顺、智慧为核心的价值观体系。这种价值观念经过长期的宣传、教育、灌输、渗透和优秀人物的身体力行,终于潜移默化,形成了以培养员工精神文化素质为中心内容的企业文化,使企业员工焕发出极大的积极性、创造性和智慧,企业的凝聚力得到极大增强,这种力量保持经久不衰,为日本战后的经济起飞提供了强有力的精神支柱。

进入20世纪七八十年代,尽管美国在技术设备、经济实力、人员素质、管理水平等各个方面均超过日本,但其竞争力却很难超过日本企业。美国学术界人士在研究中逐渐意识到:日本之所以能在"战后"一片废墟上迅速发展,起主导作用和关键作用的是日本培养并充分利用了自己独特的企业文化。这种企业文化使企业很好地顺应了国内外的变化和发展,在企业内部也形成了巨大的凝聚力,从而产生了极强的竞争力。他们对美日两国的管理模式进行全面比较后,发现两国不同管理模式的背后是企业文化的差异,正是企业文化的差异导致经济效益的差异。

日本的经济成就极大地震动了美国。美国企业界和理论界经过研究,终于认识到:没有强大的企业文化,即价值观和信仰等,再高明的经营战略也无法获得成功。使日本企业产生巨大生产力、取得优异产品质量和强劲竞争力的,不仅有发达的科学技术、先进的机器设备等物质因素,而且还包括社会历史、文化传统、心理状态等文化背景的因素,正是这诸多因素融合而成的日本企业独具的特色造就了日本与众不同的企业精神。企业文化是企业生存的基础,发展的动力,行为的准则,成功的核心。

企业文化是企业在长期的生产经营和管理活动中创造的具有本企业特色的精神文化和物质文化,它包括企业精神、制度文化和物质文化三部分。企业文化的功能主要体现在:对企业员工的思想和行为起着导向作用;对企业员工具有凝聚和激励作用;对员工行为具有约束和辐射作用。

（三）学习型组织

1990年,美国麻省理工学院斯隆管理学院的彼得·圣吉教授出版了他的享誉世界之作——《第五项修炼——学习型组织的艺术与实务》,引起了全世界管理界的轰动。这本书于1992年获得世界商学院最高荣誉奖——开拓者奖。从此,建立学习型组织、进行五项修炼成为管理理论与实践的热点。为什么要建立学习型组织?因为世界变化得太快。企业环境的变化要求企业不能再像过去那样被动地去适应,企业只有主动学习才能适应迅速变化的市场环境。美国壳牌石油公司总裁卡洛说:"应变的根本之道是学习。"

所谓学习型组织,是指通过培养弥漫于整个组织的学习气氛、充分发挥员工的创造性思维能力而建立起来的一种有机的、高度柔性的、扁平的、符合人性的、能持续发展的组织。这种组织具有持续学习的能力，具有高于个人绩效总和的综合绩效。也可以说，学习型组织是指那些能认识环境、适应环境、进而能动地作用于环境的有效组织。

彼得·圣吉提出了学习型组织的五大要素，中译本译为"五项修炼"，即自我超越、心智模式、共同愿景、团队学习和系统思考。其中，系统思考是灵魂，它渗透于各项修炼之中。

（四）企业再造

企业再造是20世纪80年代末、90年代初发展起来的又一企业管理新理论。1993年，迈克尔·海默和杰姆斯·钱皮合著了《企业再造工程》一书，该书总结了过去几十年来世界成功企业的经验，阐述了生产流程、组织流程和企业决胜于市场竞争中的决定作用，提出了应对市场变化的新方法——企业流程再造。1995年，迈克尔·海默与詹姆斯·昌佩（J. Champy）出版了《再造管理》。海默与昌佩提出应在新的企业运行空间条件下，改造原来的工作流程，以使企业更适应未来的生存发展空间。这一全新的思想震动了管理学界，企业再造的思潮迅速在美国兴起，并快速传到日本、欧洲乃至全世界。

企业再造，按照海默与昌佩所下的定义，是指"为了改善成本、质量、服务、速度等重大的现代企业的运营基准，对工作流程作根本的重新思考与彻底翻新"。这也就是为适应新的世界竞争环境，企业必须抛弃已成惯例的运营模式和工作方法，以工作流程为中心，重新设计企业的经营、管理及运营方式。企业再造理论的最终构架是：现代企业普遍存在"大企业病"，应变能力极低；企业再造的首要任务是业务流程重组，它是企业重新获得部分优势与生存活力的有效途径；业务流程重组的实施又需要两大基础，即现代信息技术与高素质的人才，以业务流程重组为起点的"企业再造"工程将创造出一个全新的工作世界。

（五）创新型组织

人类的历史在进入21世纪时发生了比以往历史上任何时期都无法与比拟的变化：一方面，贸易壁垒正在逐步打破，全球经济正在融为一体，强权主义和反强权主义成为当今社会的主流。另一方面，经济的发展和革命改变了每一个人的生存方式。从纳米到基因，人类的科技显示出巨大的发展动力。

在这样一个大环境下，企业、组织包括政府与政府、国家与国家之间的竞争越来越激烈。所有的成功已成为过去，企业的创新一日之内就可能成为守旧，就像那句老话所说："只有变才是唯一的不变。"彼得·圣吉在其《第五项修炼——学习型组织的艺术与实务》一书中预言会有一种新的修炼方式——第六项修炼在某个时期会出现。2003年，皮特斯·T出版了《第六项修炼——创新型组织的艺术与实务》一书。皮特斯·T是一位多年从事企业再造研究的专家，也曾是彼得·圣吉的合作伙伴之一。

在《第六项修炼——创新型组织的艺术与实务》一书中，作者认为学习只是手段，创新才是目的，并重新界定了创新的含义，认为创新是一种"组织功能"，而非创意活动或脑力激荡。组织应该使创新成为例行性的流程并能持续产生新价值。创新的观念、行为应该像瀑布一样倾泻到每个部门，使整个组织发挥出犹如爵士乐队般"即兴演奏"的效果。

【阅读材料】

海尔:革物流的命

以前,海尔集团下属的各个生产厂都是各自采购各自的原材料和零部件。当时向海尔供货的企业大大小小就有 2 236 家。客观地说,这种多头采购、多家小分供方同供一种原材料的现状已难以与飞速发展的海尔集团相适应。因为每个分供方的供货能力、技术实力和质量保证体系都参差不齐,肯定会影响海尔集团市场反应的速度、产品质量的稳定和成本的有效控制。

基于此,1999 年初,海尔的革命首先在这里开始。33 岁的海尔集团副总裁梁海山担起了组建物流推进本部的重任。物流整合是海尔流程再造的重要一环。其做法就是借助网络的优势,按照优胜劣汰的原则,在全球范围内对原有的分供方进行资格排队,保留、吸收有国际供货经验的"正规军",淘汰不上档次、小打小闹的"游击队"。三年来,海尔的分供方从以前的 2 236 家优化到现在的 840 家。国际化大公司的分供方的比例就占71.3%,其中,世界 500 强企业就有 50 家。物流整合不仅保证海尔能采购到高质量的零部件,还给海尔带来了巨大的经济效益。仅 1999 年当年降低的采购成本就达 5 亿元,到2001 年降低了 10 亿元。

资料来源:智囊,finance.sina.com.cn,2005 - 09 - 11。

【本章小结】

管理理论的发展大致经历了早期管理思想阶段、古典管理思想阶段、现代管理思想阶段三大阶段。早期的管理思想阶段基本上是以调整人与人之间的关系为主的管理思想,由于只是对管理的零碎研究,还没有形成比较完整的管理理论体系,因此只能说是管理理论的萌芽。古典管理理论主要有三大流派:一是以泰罗为代表的科学管理理论,以现场管理为重点,以提高劳动生产率为中心;二是以法约尔为代表的一般管理理论,以组织管理为重点,着重研究企业的整体活动;三是以韦伯为代表的行政组织理论,以组织管理为重点,着重研究构建理性组织行政体系。现代管理理论初期主要有两大流派:一是着重研究人的性质的人际关系学派;二是着重研究人的行为的行为科学流派。现代管理理论后期的发展出现了"管理丛林"、各学派林立的现象。比较典型的学派有社会系统学派、系统管理学派、经验学派、管理过程学派、管理科学学派、决策理论学派、权变理论学派等。进入 20 世纪六七十年代以来,管理理论出现了一些新的发展新趋势:战略管理思想、企业文化、学习型组织、企业再造、创新型组织等。

【复习思考题】

1. 管理理论经过了哪些发展阶段?各阶段的代表人物有哪些?
2. 泰罗科学管理理论的主要内容有哪些?
3. 法约尔提出了哪些管理职能和哪些管理法则?
4. "管理理论的丛林"有哪些主要学派?其主要内容是什么?
5. 哪些当代管理思想代表了管理理论发展的新趋势?

【案例分析】

四人争论引发的思考

小张、小李、小王、小赵四个人都是美国西南金属制品公司的管理人员。小张和小李负责产品销售,小王和小赵负责生产。他们刚参加过在大学举办的为期两天的管理培训班学习。在培训班里主要学习了权变理论、社会系统理论和一些有关职工激励方面的内容。他们对所学的理论有不同的看法,现正展开激烈的争论。

小李首先说:"我认为社会系统理论对我们这样的公司是很有用的。例如,如果生产工人偷工减料或做手脚的话,如果原材料价格上涨的话,就会影响到我们的产品销售。系统理论中讲的环境影响与我们公司的情况很相似。我的意思是,在目前这种经济环境中,一个公司会受到环境的极大影响。在油价暴涨期间,我们当时还能控制自己的公司。现在呢? 我们在销售方面每前进一步,都要经过艰苦的战斗。个中的艰辛你们大概都深有感触吧?"

小王插话说:"你的意思我已经知道了。我们的确有过艰苦的时期,但是我不认为这与社会系统理论之间有什么必然的内在联系。我们曾在这种经济系统中受到过伤害。当然,你可以认为这是与系统理论是一致的。但是我并不认为我们就有采用社会系统理论的必要。我的意思是,如果说每个东西都是一个系统的话,而所有的系统都能对某一个系统产生影响的话,我们又怎么能预见到这些影响所带来的后果呢? 所以,我认为权变理论更适用于我们。如果你说事物都是相互依存的话,系统理论又能帮我们什么忙呢?"

小张对他们这样的讨论表示有不同的看法。她说:"对社会系统理论我还没有很好地考虑。但是,我认为权变理论对我们是很有用的。虽然我们以前亦经常采用权变理论,但是我却没有认识到自己是在运用权变理论。例如,我有一些家庭主妇顾客,听到她们经常讨论关于孩子和如何度过周末之类的问题,从他们的谈话中我就知道他们要采购什么东西了。顾客也不希望我们'逼'他们去买他们不需要的东西。我认为,如果我们花上一二个小时与他们自由交谈的话,那肯定会扩大我们的销售量。但是,我也碰到一些截然不同的顾客,他们一定要我向他们推荐产品,要我替他们在购货中做主。这些人也经常到我这里来走走,但不是闲谈,而是做生意。因此,你可以看到,我每天都在运用权变理论来对付不同的顾客呢。为了适应形势,我经常都在改变销售方式和风格,许多销售人员都是这样做的。"

小赵显得有些激动地插话说:"我不懂这些被大肆宣传的理论是什么东西。但是,关于社会系统理论和权变理论问题,我同意萨利的观点。教授们都把自己的理论吹得天花乱坠,他们的理论听起来很好,但是他们的理论却无助于我们的管理实际。对培训班上讲的激励要素问题我也不同意。我认为泰罗在很久以前就对激励问题有了正确的论述。要激励工人,就要根据他们所做的工作付给他们报酬。如果工人什么也没有做,则用不着付任何报酬。你们和我一样清楚,人们只是为钱工作,钱就是最好的激励。"

资料来源:MBA 智库,doc.mbalib.com,2011-12-19。

思考题：

1. 你同意哪一个人的意见？他们的观点有什么不同？
2. 如果你是小李，你将如何使小王信服系统理论？
3. 你认为小赵关于激励问题的看法怎样？他的观点属于哪一种管理理论？

【实践训练】

实训目标：使学生能够用管理的主要理论分析解决现实管理问题。

实训内容与方式：在老师的带领下，到某一企业了解企业管理的内部制度和实际操作情况，看看体现了哪些管理理论，并试着提出相应的改革措施。

实训成果：写一份调查报告。

第三章 管理环境与企业文化

【学习目标】
1. 正确理解管理的环境；
2. 掌握企业文化的概念；
3. 理解企业文化的功能；
4. 掌握企业文化的构成。

【案例导入】

雅虎面临危机

一场无法预料的技术革新打乱了塞梅尔的媒体战略。

在经过数个业绩不佳的财季之后，雅虎终于进行了一场大刀阔斧的变革，但其剧烈程度远不像媒体之前预测得那么大。12月5日，雅虎宣布对公司进行重大机构重组和高层人士变动的计划。据雅虎发布的公告显示，从明年1月1日起雅虎将缩减为三大运营部门：广告与出版部门、用户服务部门和技术部门。在高层人士变动方面，苏珊·德克将辞去CFO一职，转而执掌雅虎最核心的广告及出版部门；COO 丹·罗森维格（Dan Rosensweig）则宣布将在明年第一季度离职。而此前被传可能出局的CEO 塞梅尔仍然继续掌控雅虎。

虽然这次调整堪称塞梅尔上任5年来最激烈的动作，但此次重组也许并非战略方向的调整，更强的执行力也许是雅虎最需要的。一个明显的信号就是CEO 塞梅尔依然掌控全局，而被视为塞梅尔接班人的苏珊·德克辞去CFO一职，全心投入雅虎最核心的广告及出版部门。

塞梅尔2001年上任之时为雅虎制定的战略是从一个互联网公司转型为一个媒体公司。公平地说，这个战略在当时来说是个绝佳的选择：雅虎已经是当时无可争议的门户之王，无论是收入规模还是媒体号召力都遥遥领先。雅虎以这样的气势和底蕴向媒体公司转型完全是明智之举。实际上现在来看这个战略本身也被证明是一个正确的方向。不只是雅虎，Google 也在做同样的事情：看似不务正业地提供各种服务以及越来越多地和传统媒体相结合。

所有的问题都在于搜索引擎横空出世，而雅虎搜索没有获得成功。这个突如其来的变故彻底打破了雅虎的既定战略。Google 的搜索引擎技术颠覆了网络广告的格局，使雅虎在短短几年之内从一个网络广告市场的领先者变成了一个追随者。更为重要的是，搜索引擎所搭建起来的广告营销平台也是革命性的——与品牌广告不同，搜索广告营销平台能够提供更加精准的广告效果和更合理的广告资源配置。毫无疑问，整个市场环境同几年之前相比发生了翻天覆地的变化，虽然雅虎的战略方向没有问题，但是在战略实施的步骤上雅虎得重新考虑了。

雅虎必须在搜索上取得成功,才能继续推进自己的整体战略。最致命的一点是雅虎似乎在搜索的执行力和技术上都没有跟上整个战略节奏。第三方调查机构comScore的数据整理显示,2006年7月,Google占整体搜索请求量的比例为43.7%,而雅虎的比例为28.8%,雅虎获得的搜索流量大概是Google的60%。根据二者第三季度的财报数据,雅虎整体收入15.80亿美元也大概占到Google整体收入26.9亿美元的60%。但如果考虑到Google收入几乎全是搜索广告,而雅虎收入中有相当比例的品牌广告,实际上雅虎搜索部分的收入并没有获得与其流量相称的规模。这意味着雅虎搜索业务在技术和执行力上还有很多工作要做,而这也正是被视为CEO接班人的苏珊·德克专职广告和出版部门的主要目的。

实际上,之前雅虎已经意识到这一问题,其原计划在今年推出一种叫作Project Panama(巴拿马计划)的软件,但最终推迟到明年第一季度推出。这种软件仿效的是Google模式,被认为可帮助雅虎获得更多的搜索广告收入。美林证券的分析师Justin Post称,"巴拿马计划"可改进雅虎发布网络搜索广告的技术,并在明年下半年增加1.15亿美元的收入。

如果明年雅虎依然无法挽回在搜索上的颓势,那么,雅虎也许真的该考虑收购或被收购了。

资料来源:ITAT教育网,www.itatedu.com,2006-12-11。

思考题:

在面对技术和竞争对手的变化时,你认为雅虎应该怎么做?

第一节 管理环境

组织是一个开放的系统,都需要与外界环境进行各种信息和资源的交换,组织中的任何管理活动都是在一定环境中进行的,这个环境就是管理环境。任何组织都无法忽略环境对其的影响力,也无法忽略其本身对环境所造成的影响。因为随着管理环境的变化,相应的管理内容、方式、方法、手段等都要随之调整。因此,如何正确地认识、预测环境变化,进而应对环境变化,对每一个管理者来说都具有重要的意义。

一、环境的含义

环境,斯蒂芬·P.罗宾斯把管理的环境定义为对组织绩效起着潜在影响的外部机构或力量。管理的环境是组织生存发展的物质条件的综合体,它存在于组织界限之外,并可能对管理当局的行为产生直接或间接影响。

一般来说,管理的环境可以从两个层面来分析:外部环境和内部环境。

二、外部环境

外部环境是指在组织之外客观存在的影响组织生存和发展的各种影响因素的总和,它是管理者必须面对的重要影响因素。对组织而言,绝大部分的外部环境因素是无法掌控和左右的,只能是去适应。达尔文的"适者生存"法则早已向我们表明,能够生存下来的并不是那些最强壮的,也不是那些最聪明的,只有那些对环境的变化能做出快速的反应,并有很强的应变和驾驭能力者,才能最终生存下来。

(一)宏观环境分析

宏观环境又称为一般环境,是指在某一特定社会中对所有企业或其他组织都会发生影响的外部影响因素,一般包括政治法律环境(Politics)、经济环境(Economics)、社会文化环境(Society)和科学技术环境(Technological)。所以,对宏观环境的分析也称为PEST分析。

1.政治法律环境。政治法律环境是指那些制约和影响企业的各种政治要素和有关法律、法规系统。政治环境包括国家的政治制度、体制、国家的方针政策、政治形势等因素;法律环境包括国家制定的一切与企业有关的法律、法规、法令等因素。政治的稳定和法律的保障是企业生产经营活动必不可少的前提条件,虽然在市场经济下,政府不应当直接干预企业具体的生产经营和管理活动,但政府作为社会秩序的管理者,可以通过各种政策和法律法规对企业活动进行间接的控制和调节。

例如,国家政权的动荡无疑会给当地企业的经营活动造成直接的冲击,如在伊拉克、阿富汗等国家,企业想要生存下去可能都会很艰难。在国际方面,国际关系的变化也会对企业国际化战略产生重大的影响,例如,中国台湾国民党主席连战的大陆之行促进了台湾水果在大陆市场上的畅通;美国出于对本国企业的贸易保护主义而对进口的中国纺织品实行配额限制等。

此外,近年来中国在保障员工合法权益、环境保护等方面也有了较大的发展。例如,国务院办公厅发布的《关于限制生产销售使用塑料购物袋的通知》规定,从2008年6月1日起,在全国范围内禁用一次性超薄塑料袋,在所有超市、商场、集贸市场实行塑料购物袋的有偿使用制度,一律不免费提供。而新《劳动法》的出台在很多方面对员工的合法权益进行了明确的规定,这些都给企业的决策带来了新问题。

总之,政治和法律环境通常是不可控制的,具有很强的刚性和约束力,它规定了企业什么可以做,什么不可以做,对于企业来说,只能是去适应。

2.经济环境。经济环境一般是指构成企业生存和发展的社会经济状况以及国家和地区的经济政策,如经济结构、经济发展水平、经济体制、宏观经济政策等要素。相对于其他方面而言,宏观经济环境的变化对组织行为所产生的影响更直接、更重要,其主要是通过国内生产总值、国民收入、经济发展速度、储蓄情况、购买力、利率、汇率、通货膨胀、通货紧缩等方面来体现。

例如,2006年我国人均国内生产总值达到2 042美元,从以往各国的经验来看,人均GDP达到2 000美元后,人们对经济发展的信心增强,对经济前景普遍看好,投资也会保持良好的态势。这时,企业通常也面临着更多的发展机会,竞争环境也不会太紧张,企业可以追加投资,扩大生产或经营规模,发展势头良好。

此外,城乡居民的储蓄速度和消费习惯也对企业的发展产生制约。受传统观念的影响,我国大部分人口的投资方式仍是储蓄,改革开放30多年来,我国城乡居民的储蓄速度有了很大的增长,这些储蓄通常是购买贵重商品的资金来源,而城市和农村居民对此的用途却有较大的差异,城市居民的储蓄主要用于购买高档耐用的消费品,如房子、汽车、人身保险等;而农村居民则主要用于住宅建设和购买农用生产资料、设备等。再如,国家为对抗通货膨胀,央行决定加息,这在一定程度上会导致企业融资成本增加,流动资金紧张,投资难以实施;而政府支出的增加则可能会给许多企业带来良好的销售前景。

因此,对于企业来说,应密切关注这些因素的变化,因为这些因素决定着企业目前和未来的市场大小,企业应敏锐地从这些指标中寻求发展的契机,找准位置,加速发展。

3. 社会文化环境。社会文化环境主要包括:人口状况、家庭结构、生活方式、文化教育程度、社会风俗习惯、宗教信仰、价值观念等。这些因素的变化会影响社会对企业的产品和服务的需求,影响企业战略的制定。例如,随着城镇人口比重的不断上升,必然会为建筑业、房地产业以及交通运输业带来更多的发展机会;而人口老龄化程度的提高也会给医疗、保险、家政、保健品等行业带来积极的影响,同时也对以后劳动力的数量、工作时间、强度、内容等带来深远的影响。此外,生活方式的转变,如离婚率的上升、"丁克"一族的出现,可能会对一些特殊的产品和服务产生新的需求,如餐饮业、心理咨询、保健等行业;文化水平的高低在某种程度上也会影响居民的需求层次,如受教育水平的提高会加大对精神类产品和服务的需求;现代工作生活的压力在不断增大的同时,也催生了大批休闲健身行业的发展;随着生活水平的提高和传统观念的转变,也带动了我国乳制品行业近十几年的迅速发展,大多数消费者不仅形成了每天喝牛奶的习惯,而且企业也采取了一定的措施,生产出更适合个性需求的多种口味的奶制品。对企业来说,其所制定的决策、所提供的产品和服务必须适应这些社会文化环境的变化。

4. 技术环境。在今天,技术的寿命周期不断缩短,更新速度可谓是日新月异。技术的发展改变了人们的生活、工作和学习的方式,带动了新产品和新服务的产生,也改变了产品生产和运输的方式,甚至创造了全新的行业,给我们的世界带来了深远的影响。

如今,一场以电子技术和信息处理技术为核心的新技术革命正在迅猛发展,互联网的出现使信息的获取更便捷,成本更低;同时也促进了全球化,改变了竞争的格局,使不同国家的企业可以成为合作者或组成联盟,也可以成为对手。例如,戴尔凭借其加载于互联网的直销模式在PC领域迅速超越了惠普和IBM两大巨头;电子商务的出现也正在颠覆传统的营销观念,使企业面临着更多的机遇和挑战,消费者也面临着更多的选择,更高的价格弹性和更低的品牌忠诚度。

技术环境的变化正日益影响着企业的生产、经营、管理等活动,作为企业来说,应随时预测技术的发展及转化更新的趋势,重视新产品和新技术的研发工作,以使企业立于不败之地。

(二)行业环境

由于宏观环境的可变因素范围广泛、数目众多,因此不可能对其所有的因素进行全面、细致的分析,这样不仅会导致信息量过大,也会增加不必要的成本开支,并且宏观环境的改变对组织的影响往往也是通过具体行业环境对组织所产生的作用力表现出来的。因此,我们对企业外部环境的分析应是在宏观环境的分析下找出其变化对行业环境所造成的影响,把两者结合起来共同确定企业进行行业选择的范围和风险。

与宏观环境相比较而言,行业环境对企业的影响更直接、更具体。行业,或者产业,是指向某个市场供给产品或劳务的一群同类企业的总和。它们所提供的产品和劳务具有众多的相同属性和可替代性，使它们在争取同一买方市场时展开激烈的竞争。

美国哈佛商学院的迈克尔·波特教授提出了五力模型，指出在任何一个行业中都存在五中基本的竞争力量，即潜在进入者的威胁、替代品的威胁、购买者的讨价还价能力、供应者的讨价还价能力、现有的竞争者之间的竞争。这五种基本力量决定着行业内部的竞争强度和赢利能力。

1. 潜在进入者的威胁。当某一行业获得高额利润时，必然会吸引行业外企业的进入，新进入者不仅要对现有企业的市场份额进行瓜分，而且会引起行业内的激烈竞争，使产品价格下跌，生产成本升高，导致行业的利润降低。因此，分析行业外新企业进入的可能性非常重要。

潜在进入者可以是与行业有技术、市场关联的企业，也可以是完全没有关联的企业，其进入行业的可能性取决于该行业现有的进入壁垒以及现有企业的综合反应，主要的影响因素有：规模经济、产品差别化、资本需求、转换成本、分销渠道、政府政策等。

2. 替代品的威胁。替代品是指那些与本产业产品有相同功能，可以相互替代的产品。所有的产业都面临着被替代的威胁，如人造皮革代替天然皮革、棉绸布料代替丝绸布料、潘婷洗发水代替沙宣洗发水、电动车代替摩托车、联想计算机代替惠普计算机、大众汽车代替本田汽车等。替代品的出现限制了产业中企业可能获利的最高价格，影响本产业的销售额和利润，并且替代品的价格越有吸引力，其影响越大。因此，作为行业内的企业来说，应分析有哪些产品可以替代本企业提供的产品，以及有哪些替代品可能对本企业造成威胁。决定替代品威胁的因素有：替代品的价格、转换成本、客户对替代品的使用倾向等。

3. 购买者讨价还价的能力。购买者通过压低价格、讨价还价以争取更高的产品质量或更多更好的服务，甚至迫使供应商之间互相竞争，降低企业的赢利能力。影响购买者讨价还价能力的因素主要有：购买量的大小和集中度、产品的性质、产品的重要性程度、买方对各种信息的了解程度、买方后向一体化的能力等。

此外，购买者对产品的需求总量还决定着行业市场的潜力和市场的容量，从而影响行业内企业发展的边界。因此，对行业内的企业来说，购买者是一个不可忽视的重要竞争力量。

4. 供应者讨价还价的能力。供应者讨价还价的主要手段有：提高供应价格；降低供应产品或服务的质量，以使自己获得更高的收益，而使下游行业的利润下降。影响供应者讨价还价能力的主要因素有：供应者所在行业的集中度、交易量的大小、产品的性质、转换供货单位的费用大小、供应者前向一体化的能力、信息的掌握程度等。

5. 现有竞争者之间的竞争。现有竞争者之间的竞争主要表现在对市场占有率的争夺，这种竞争通常集中在价格战、广告战、新产品的研发以及增加对消费者的服务等方面。行业内现有企业之间的竞争程度决定着整个行业的赢利水平，对现有竞争对手的研究主要包括：卖方的集中度、行业的增长速度、产品差别化和转换成本、固定成本和库存成本、行业的历史和企业战略的不同诉求、退出障碍等。

三、内部环境

内部环境是指组织履行基本职能所需的各种内部资源和条件。在组织的管理过程中,不仅要考虑尽量充分地从外部环境获得资源和支持,还必须对组织自身内部的资源、能力以及核心能力等加以正确的分析,其目的就在于根据组织现有的资源、能力状况,明确组织的优势、劣势、未来发展的潜力和发展的重点,使组织的战略目标得以实现。

内部环境的研究一般包括组织的经营条件和组织文化两个方面。

(一)组织的经营条件

任何组织的活动都需要借助一定的资源来进行,组织的经营条件是指组织所拥有各种资源的数量、质量状况和利用情况,包括组织的人力资源状况、财力资源状况、科研技术水平、厂房设备等物力资源状况等。这些资源的状况不仅影响到组织目标的制定、组织活动的效率和规模,还影响着管理者的管理行为。

1. 人力资源状况。人力资源状况的分析主要是研究组织所需不同类型人员的数量、素质、开发和使用状况。

2. 物力资源状况。物力资源状况的分析主要是指在组织活动过程中需要运用到的物质条件的数量和使用状况。如厂房、基础设施、机械设备、原材料、技术状况、技术储备、技术改造、技术开发等。

3. 财力资源状况。财力资源状况分析主要是指组织活动过程中所需的资金拥有状况、构成情况、筹措渠道、可利用情况、是否有足够的财力资源开发新业务、资金可利用的潜力、对投资者的吸引力等。

(二)组织文化

组织文化是指组织在长期生产经营和管理活动中确立的,被组织全体成员普遍认可和共同遵循的,具有本组织特色的理想信念、价值观念和行为规范的总称。组织文化不仅对组织全体成员的行为产生直接的影响和约束,积极向上的组织文化还能够有效激励组织成员形成共同的目标、理想和追求,增强组织的内在凝聚力。

组织文化的相关内容将在本章的第二节进行具体探讨。

四、环境的不确定性

环境总是处在不断变化的过程中,而且大多数变化都是管理者无法预测和控制的,因此说环境具有一定的不确定性。通常我们根据环境不确定的程度,把环境分为动态环境和稳态环境。动态环境是指组织环境要素大幅度改变的环境,反之,组织环境要素确定性较强则称为稳态环境。我们可以从以下两个角度来衡量环境的不确定性,即环境的复杂性和环境的多重性。

(一)环境的复杂性

复杂性程度是指组织环境中的要素数量和种类,在一个复杂的环境中,通常有多个外部因素对组织产生影响,外部因素越多,环境就越复杂,不确定性就越大。作为组织来说,应尽量降低其所处环境的复杂性,进而降低环境的不确定性。

(二)环境的多变性

环境的多变性是指组织环境中的变动是稳定的还是不稳定的,它不仅取决于环境中各种构成要素是否发生变化,还与这种变化的可预见性有关。例如,生产冷饮的企业一般在每年的第二、三季度是销售旺季,而到了第四季度营业额便急剧下降。对这种消费需求变化,是管理可以预见的,不会使生产冷饮的企业的环境具有不确定性。通常所指的环境多变性是指不可预见的变化,它有时威胁着一个组织的成败,作为管理者,应尽量降低这种不确定性。

第二节 企业文化

一、企业文化的含义

企业文化是伴随着企业共同出现的一种客观现象,无论国内还是国外,实际上它早就存在了。但直到20世纪80年代初,企业文化才作为一种概念和理论被提出来。企业文化理论最初发源于美国,而企业文化的实践却首先在日本得到较快的发展。

第二次世界大战以后,美国一直处于世界经济霸主的地位。美国的企业界一片兴旺,企业规模迅速扩大,劳动生产率也得到极大提高,工业产量、出口贸易额、国民生产总值等都居于世界首位。但随着20世纪70年代初爆发的石油危机,使连续增长了近20年的美国经济陷入了停滞状态,美国的许多企业也受到了沉重的打击。

另一个令人惊奇的现象是,从20世纪的60年代后期开始,作为战败国的日本从一片废墟中迅速崛起,其产品迅速向欧美市场扩张,在某些领域甚至超过了美国,这一现象引起了美国各界的震惊和深刻的反思。于是,一些美国学者到日本去研究企业管理机制。通过对两国的经济、技术和管理的对比研究,他们发现促使日本企业成功的关键在于其把现代技术、管理方法与本国的传统文化很好地结合起来,并由此形成员工的价值观,激发员工的积极性。与美国企业过于注重管理的硬件方面,强调理性和科学不同的是,日本企业还重视员工的价值观、群体意识、行为规范、工作作风、对企业的向心力、良好的人际关系等软件方面。研究结果使美国学者认识到,文化是企业管理中的重要因素,对企业的成功与否起到重要的影响作用。

在上述研究的基础上,美国学者提出了对企业文化理论和模式的研究,并在日本的企业界和理论界引起了强烈反响。20世纪80年代,美国哈佛大学教授特伦斯·狄尔和管理顾问艾伦·肯尼迪合著出版了《公司文化——企业生存的习俗和礼仪》一书,被看作企业文化理论正式诞生的标志。自此,全世界兴起了一股研究企业文化的热潮。

对于企业文化的概念,各国学者都有自己的理解。本书认为,企业文化是指企业在长期生产经营和管理活动中确立的,被企业全体成员普遍认可和共同遵循的,具有本企业特色的理想信念、价值观念和行为规范的总称。

二、企业文化的结构

企业文化的结构一般可以分为三个层次,即精神文化层、制度文化层和物质文化层。

(一)精神文化层

精神文化层也被称为深层的企业文化,是企业在长期的实践活动中形成的,并为全体员工共同认同和遵守的价值观、理想和信仰等。精神文化层是企业文化的核心层,也是物质文化层和制度文化层的基础。一般来说,企业的精神文化包括:企业价值观、企业精神、企业经营哲学、企业道德和企业风气等。

1. 企业价值观。企业价值观是指企业的决策者对企业性质、目标、经营方式的取向所做出的选择,是为全体员工所接受的共同观念。

企业价值观是企业文化的核心和灵魂,是把所有员工联系到一起的精神纽带,它也是企业生存和发展的内在动力,对企业的兴衰具有决定性的作用。无数的例子证明,企业价值观建设的成败决定着企业的生死存亡。因此,成功的企业往往都拥有优秀的价值观。例如:海尔公司把自身的核心价值观表述为"创新";IBM 提出"最佳服务精神",把为顾客提供世界上第一流的服务作为最高的价值信念;中国移动的价值观是"正德厚生、臻于至善"等。

2. 企业精神。企业精神是指企业在长期的实践活动中所精心设计和培养而形成的企业成员所共同信守的基本信念和意识。

企业精神是一个企业的精神支柱,是不断推动和激励企业所有成员共同奋斗的精神源泉,它反映了企业员工的精神风貌。企业精神也是企业文化的核心,在整个企业文化中起着支配的地位。企业通常用简洁明快、富有哲理的激励性语言来表述自己的企业精神。例如:海尔公司的"产业报国、追求卓越";本田科研的"用眼、用心去创造";日本松下电气公司的"工业报国,光明正大,团结一致,奋发向上,礼节谦让,适应形势,感谢报恩"。

3. 企业经营哲学。企业经营哲学是指企业在长期的经营管理过程中所形成的世界观和方法论,是企业处理各种活动、各种关系的指导思想。

企业的经营哲学指导着企业的一切行为活动,并体现着企业的历史使命感和社会责任感。对任何一个企业来说,有效的经营哲学的重要性甚至远远超过技术、资源、组织结构等要素。许多优秀的企业都有自己成熟的、独到的经营理念。例如,世界零售业巨头"沃尔玛"靠着"天天平价"和"满意服务"这样朴素简单的经营理念登上世界零售业霸主的宝座;我国著名企业海尔公司的经营哲学是"先谋事,再谋利""先卖信誉,再卖产品"。

4. 企业道德和企业风气。企业道德是指用来调整企业内部员工之间、各部门之间、个人与企业之间和企业与社会之间关系的行为规范的总和。企业风气是指企业员工在长期的生产经营活动中形成的一种精神状态和精神风貌,它是企业文化的外在直接表现。良好的企业道德和企业风气不仅能够在社会上树立良好的形象,也能够在企业内部形成一种积极向上的企业氛围,促进企业的健康发展。

(二)制度文化层

制度文化层即企业文化的中间层,是指为保证企业生产经营活动的正常运行,要求企业组织和员工共同遵守的一切规章制度、行为准则和道德规范。它是企业精神文化和物质文化的中介,同时也为企业精神文化和物质文化的实现提供保证。一般来说,制度文化包括一般制度、特殊制度和企业风俗。

1. 一般制度。一般制度是指所有企业中都存在的、带有普遍意义的各种工作制度和管理制度。例如,厂纪、厂规、岗位责任制度、人事管理制度、生产管理制度、产品销售管理制度等。

2. 特殊制度。特殊制度是指企业自身所特有、区别于其他企业的一系列制度。例如,有的企业有职工民主评议干部的制度、企业高层干部定期走访重要客户的制度、培训制度等。与一般制度相比,特殊制度更能体现一个企业的管理风格和文化特色。

3. 企业风俗。与民俗类似,企业风格是企业长期沿用、约定俗成的仪式、典礼、行为习惯、节日活动等。例如,企业中的体育比赛、歌咏比赛、集体婚礼、厂庆、升旗仪式等。与一般制度和特殊制度不同的是,企业风俗不用明文规定,也不用强制执行,它完全是依靠习惯和偏好来维持。企业风俗由精神文化层来主导,同时它又反作用于精神文化层。企业风俗可以自然形成,也可以人为开发,我们可以在自然形成的基础上,利用倡导和宣传的手段,形成良好的企业风俗。

(三)物质文化层

物质文化是企业文化的表层,是指以物质形态表现出来的,通过人的感觉器官能直接体察得到的外在文化形象。物质文化层是企业文化的载体,是形成精神文化层和制度文化层的条件。物质文化层主要包括以下几个方面:

1. 企业的标志、名称、标准色、标准字。

2. 厂容、厂貌,包括企业的自然环境、建筑风格、办公室和车间的设计和布置、厂区的绿化美化情况等。

3. 产品的品牌设计、特色、造型、包装、产品质量。

4. 厂旗、厂徽、厂歌、厂服。

5. 企业的文化、体育、生活设施。

6. 企业的文化宣传媒体和沟通方式,包括网络、广播、电视、杂志、报纸、宣传栏、广告牌、张贴画、自办的报纸等。

企业的物质文化往往是一个企业的重要识别标志,例如,麦当劳醒目的黄色"M"标志很容易让人一眼就识别出来是哪家企业。

综上所述,企业文化的三个层次之间是紧密联系的。其中,精神文化是企业文化的核心和灵魂,也是形成制度文化和物质文化的思想基础;制度文化则约束和规范物质文化和精神文化,是企业文化的重要组成部分;物质文化是企业文化的外在表现和载体,它从多方面反映了企业文化的特点,也是制度层和精神层的物质基础;三者之间是密不可分、相互作用、相互影响的,共同构成企业文化的完整体系。

三、企业文化的功能

(一)导向功能

所谓导向功能,是指通过建立合适的企业文化,使员工在潜移默化中认可并接受企业的共同价值观,从而引导和塑造员工自身的价值、取向、态度和行为,并自觉地把个人的目标融入企业目标上来,为实现企业的目标而努力奋斗。

(二)凝聚功能

企业的员工通常都来自五湖四海,每个人都有不同的文化背景和技能知识,都有各不相同的需求。然而一个优秀的企业文化,一旦其内在的企业目标、价值观念、行为准则、道德规范等得到员工的广泛认可和强烈认同,就会对员工产生巨大的黏合作用,把企业成员凝聚在一起。此外,优秀的企业文化还能培养员工的归属感、使命感和安全感,满足员工情感上的归属需求,以企业为家,以企业为荣,与企业构成一个统一的整体,自觉维护企业的形象和利益。

（三）约束功能

企业文化的约束功能主要表现为在以下方面：一是企业的中层文化即制度文化中,各种规章制度和厂规厂纪对员工的行为会起到重要的约束作用,通常把这种外在的、强制性的约束称之为"硬"约束；二是企业的精神文化通过对员工潜移默化的心理的引导,使员工自觉自愿地按照企业的价值观来约束和规范自己的行为,这种约束通常被称为"软"约束。

（四）激励功能

优秀的企业文化能激励员工积极、主动、创造性地工作,这是因为：一方面,企业文化是一种以人为中心的管理,强调尊重、信任、理解、关心、爱护每一个成员,让员工感受到企业的温暖和赏识,产生一种主人翁的责任感,从而激励员工的高度自觉性和极大的工作热情。另一方面,优秀的企业文化还注重形成企业共同价值观,使其转化为员工内在自我激励的动力,自觉自愿地为企业的发展而努力工作。

（五）塑造企业形象的功能

企业形象是企业文化的外在表现,是企业在社会公众和消费者心目中的总体印象,也是企业的无形资产。优秀的企业文化通过企业及成员与外界的接触,向外传播,展示企业成功的管理风格、积极的精神风貌等,有助于树立企业形象、扩大对社会的影响、提高企业的知名度。

良好的企业文化能够给企业带来很大的益处。例如,海尔公司的"真诚到永远""敬业报国、追求卓越"等,可以说,海尔公司不仅是靠其过硬的产品质量和良好的售后服务赚钱,也是靠其优秀的企业文化在赚钱。

【阅读材料】

网络企业文化研究——以阿里巴巴为例

随着中国经济的发展,中国企业逐渐的壮大,它们在借鉴美国企业和日本企业的成功之后,得出它们取得巨大成功的秘密是企业文化建设对企业发展具有重要的作用。阿里巴巴的成功也是离不开它成功、独特的企业文化的。

阿里巴巴对企业文化的重视程度非比寻常,它每年要花50%的精力在其文化的管理上。团队提及阿里巴巴,首先想到的是阿里巴巴在中国创造的B2B的网上交易市场和C2C的淘宝网。它们的成功不仅来源于填补了市场的空白,还来源于阿里巴巴独特的企业文化。当世人把阿里的成功归于马云时,马云却对大家说："企业文化和价值观才是阿里巴巴保持快速稳健发展的重要原因之一。"早在2000年的时候,阿里巴巴就推出了"独孤九剑"的价值观体系,随着公司的发展和中国市场的发展,阿里巴巴的企业文化也有所修改，但其宗旨和核心是不变的。现在，阿里巴巴的文化分别为：客户第一、团队合作、拥抱变化、诚信、激情、敬业，被尊为"六脉神剑"。阿里巴巴企业文化的最大特点是在它的公司中仿佛自己身在江湖，而不是现实中，它们的员工每一个人都有一个属于自己的独一无二、耳熟能详的武侠花名，并一起用青春捍卫自己的名号。段誉、语嫣、乔峰、胡斐、小龙女等来自金庸小说的"武侠人士"出没周围，大家往往忽略其真名而只记住其花名。在阿里巴巴，员工讨论公司大小事，不是聚首"光明顶"，就是笑傲"侠客岛"，因为这里所有的会议室也都是以金庸武侠小说里的地名来命名的。"光明顶"是比较重要的会议室，"侠客岛"则是比较轻松的会议室。每逢盛会，所有员工都是根据自己的花名加入不同帮派，争夺"天下第一帮"称号。阿里巴巴一直主张：企业文化要做到"润物细无声"，不要挂在墙上，而要印在员工心里；不依靠任何大张旗鼓的宣传，而是于细节处施以点点滴滴的影响，浸润每一个员工。比如，关心员工的生活起居，策划员工的集体婚礼、趣味运动会、单身舞会，建立 STAFF CLUB，创办内部邮件杂志"感动阿里"，内刊"阿里人"等。在招聘新人时，公司就注重选择那些价值观符合公司标准的人。它们要的是那种个人价值观能够与公司价值观相一致或相近的人。它们认为，只有这样的人才是阿里巴巴需要的人才，做事之前要先学会做人，这是阿里巴巴一贯的形式作风。一个成长型的企业，处于一个新兴的行业里，思想的统一性与文化的统一性是必需的。阿里巴巴在人员培训方面，与其说是在培训，还不如说是在努力为阿里巴巴创造一个满足员工多元需求、充满活力与趣味的立体学习环境。在这个立体学习环境中，阿里巴巴根据员工的层级、职能，将笼统的学习细分为：阿里党校、阿里夜校、阿里课堂、阿里.2.夜谈和组织部。另外，针对庞大的销售队伍，还组建了专门的销售培训部门，"送课下乡"项目确保了培训学习资源到达一线员工。

　　阿里巴巴为了让员工有一个很好的工作氛围，打造了一个轻松又有活力的集体。每一个阿里人都可以在公司自发成立兴趣小组，开展自娱自乐的活动，阿里巴巴称之为"兴趣派"。其中最有名的是"阿里十派"，囊括了羽毛球、篮球、足球、乒乓球、音乐、"杀人"游戏、摄影、宠物、车友、电影十个兴趣派，在这里，大家玩得不亦乐乎。员工关系部不放弃每个节日、纪念日，充分利用一切可利用的资源，让员工快乐起来。为了继承和发扬阿里巴巴员工在经历 SARS 考验时所体现出的积极乐观、互助互爱的精神，每年的 5 月 10 日被打造成阿里精神纪念日。阿里集体婚礼、亲友见面都被安排进去，从写字楼办公室，把文化和精神的感悟辐射到员工的亲属、家庭、朋友，共同体会造就共同的理想。愚人节、儿童节、感恩节、圣诞节、中秋节则无一例外成为大家互送祝福、互相找乐的好机会。只有员工快乐生活，才能快乐工作，才能更有激情。工作不再仅仅是养家糊口、买车供房的手段，也是人生中充满激情、享受其中的过程。

　　由此可见，企业文化对企业的发展是非常重要的。一个企业如果没有核心理念，就相当于一个宗教没有信仰，一个组织没有宗旨。我们说，企业之间竞争的最高境界就是企业文化的竞争。

资料来源：翁佳慧：《消费导报》，2008年第01期。

【本章小结】

　　管理的环境是组织生存发展的物质条件的综合体,它存在于组织界限之外,并可能对管理当局的行为产生直接或间接影响。管理的环境通常从两个层面来分析,即外部环境和内部环境。

　　外部环境是指在组织之外客观存在的影响组织生存和发展的各种影响因素的总和。外部环境又分为宏观环境和行业环境。宏观环境又称为一般环境,其影响因素有:政治法律环境、经济环境、社会文化环境和科学技术环境等。具体行业环境的影响因素有:潜在进入者的威胁、替代品的威胁、购买者的讨价还价能力、供应者的讨价还价能力、现有的竞争者之间的竞争。对组织而言,绝大部分的外部环境因素是无法掌控和左右的,只能是去适应。

　　内部环境是指组织履行基本职能所需的各种内部资源和条件。内部环境一般包括组织的经营条件和组织文化两个方面。组织的经营条件又可以从人力、物力、财力三个方面进行具体的分析。

　　企业文化是指企业在长期生产经营和管理活动中确立的,被企业全体成员普遍认可和共同遵循的,具有本企业特色的理想信念、价值观念和行为规范的总称。一般可以分为三个层次:精神文化层、制度文化层和物质文化层。企业文化具有导向、凝聚、约束、激励、塑造企业形象等功能。

【复习思考题】

1. 什么是管理环境?管理环境由哪些要素组成?
2. 一般环境可能对管理实践有什么影响?
3. 为什么管理者要力图将环境的不确定性减至最低?
4. 什么是企业文化?其结构层次是什么?
5. 组织文化如何影响管理实践?

【案例分析】

　　TCL集团股份有限公司创办于1981年。经过20年的发展,TCL集团现已形成了以王牌彩电为代表的家电、通信、信息、电工四大产品系列。特别是进入20世纪90年代以来,连续12年以年均50%的速度增长,是全国增长最快的工业制造企业之一。2001年,TCL集团销售总额211亿元,利润7.15亿元,税金10.8亿元,出口创汇7.16亿美元。2001年,TCL品牌价值144亿元,在全国知名品牌中排第5名。

　　TCL的企业宗旨是"为顾客创造价值,为员工创造机会,为社会创造效益"。

　　为"顾客创造价值"。这是TCL文化生生不息的价值根本,明确企业最重要的工作目标就是用高质量的产品和全方位的服务满足社会广大顾客的需求,通过卓有成效的工作,让更多的顾客认同TCL产品和服务的价值。这就要求TCL人在生产经营的每一个环节,都必须把顾客的需求放在第一位。

　　"为员工创造机会"。这是TCL文化生生不息的动力源,明确员工既为手段又为目的。TCL要建立一个科学、公平的员工考核和价值评价体系,建立员工教育和培训制度,建立合理的薪酬和福利制度,使员工在企业能获得更好的成长和发展机会,实现自己的事业追求,同时也获得合理的回报和生活福利保障。

"为社会创造效益"。这是TCL文化生生不息的生态链。TCL是国有控股企业,企业所创造的效益在更大程度上是为社会创造效益,是为国家经济的振兴、为民族工业的发展尽力尽责,这是所有TCL人的使命。

TCL倡导的企业精神是"敬业、团队、创新"。

"敬业"是鼓励为事业而献身的精神,这种敬业实质上是TCL过去"艰苦拼搏"精神的延续;追求更高的工作目标,勇于承担工作责任,掌握更好的工作技能,培养踏踏实实和精益求精的工作作风。

"团队"是要求企业内部要有协作和配合的精神营造企业和谐、健康的工作环境,员工不但要对自己的工作负责,同时也对集体的工作负责,对整个企业负责,提倡员工间互相鼓励、互相关心和帮助。

"创新"精神一直是TCL高速发展的重要动力。创新包含了"开拓"的内涵。

TCL提出的企业经营目标、宗旨、精神构成了一个相互支撑的企业文化体系。

资料来源:国际在线,www.cri.cn。

思考题:
1. 结合案例谈谈你对企业文化在企业管理中的作用的看法。
2. TCL的文化是如何体现组织文化的基本特征的?

【实践训练】

实训项目:调查与访问企业的管理环境和企业文化

实训目标:
1. 使学生结合实际,加深对管理环境和企业文化的感性认识和理解。
2. 初步培养学生认知和自觉养成现代管理者素质的能力。

实训内容与要求:
1. 由学生自愿组成小组,每组5~6人,利用课余时间,选取1~2个中小企业进行调查与访问。
2. 在调查访问前,每组应根据本章所学知识讨论制定调查访问提纲,包括调研的主要问题和具体安排,具体可以参考以下问题:
(1)该企业管理系统的构成状况。
(2)该企业的一般环境和具体行业环境是什么?
(3)外部环境给企业带来了哪些影响?
(4)试分析该企业的企业文化内在结构?

实训成果与检测:
1. 每组提交一份简要的调查访问报告。
2. 调查访问结束后,组织一次课堂交流与讨论。

第四章 决 策

【学习目标】
1. 掌握决策的含义及过程；
2. 理解决策的内容、目标、类型和基本方法；
3. 掌握SWOT方法含义及运用步骤。

【案例导入】

阿斯旺水坝的灾难

规模在世界上数得着的埃及阿斯旺水坝竣工于20世纪70年代初。从表面上看，这座水坝给埃及人民带来了廉价的电力，控制了水旱灾害，灌溉了农用。然而，该水坝实际上破坏了尼罗河流域的生态平衡，造成了一系列灾难：由于尼罗河的泥沙和有机物质沉积到水库底部，使尼罗河两岸的绿洲失去肥源——几亿吨淤泥，土壤日益盐渍化；由于尼罗河河口供沙不足，河口三角洲平原向内陆收缩，使工厂、港口、国防工事有陷入地中海的危险；由于缺乏来自陆地的盐分和有机物，致使沙丁鱼的年捕获量减少18万吨；由于大坝阻隔，使尼罗河下游的活水变成相对静止的"湖泊"，为血吸虫和疟蚊的繁殖提供了条件，致使水库区一带血吸虫病流行。埃及造此大坝所带来的灾难性后果使人们深深地感叹：一失足成千古恨！

思考题：
埃及建造阿斯旺水坝的决策给我们提供了哪些启示？

第一节 决策概况

在一个组织的管理岗位上，管理人员要做出许多决策——有大的，有小的，而且一旦决策错误，就会导致严重的后果。著名的管理学家彼得·德鲁克认为，在一个组织中，管理人员最终做出有效的决策比什么都重要。决策是管理活动的核心，贯穿于管理过程的始终。

一、决策概述

(一)决策的含义

什么是决策？美国著名经济学家赫伯特·A. 西蒙指出："决策是管理的心脏，管理是由一系列决策组成的，管理就是决策。"美国学者亨利·艾伯斯认为："决策有狭义和广义之分。狭义地说，决策是在几种行为方针中做出选择；广义地说，决策还包括在做出选择之间必须进行的一切活动。"管理学教授里基·格里芬在《管理学》中指出："决策是从两个以上的备选方案中选择一个的过程。"周三多教授的定义是:"所谓决策,是指组织或个人为了实现某种目标而对未来的一定时期内有关活动的方向、内容及方式的选择或调整的过程。"

所谓决策,是指人们为达到改造世界的预期目标,运用科学理论,遵循合理程序,选择有效方法,针对解决特定问题设计出的多种可行性方案,做出分析、评估和抉择,将选择的方案加以实施的活动。

有关决策的定义还有很多不同的描述。但是,随着科学技术的发展,人们对现代决策越来越趋于这样的共识:决策是组织为了达到某一目标、目的或企图,在众多方案中选择一个最优的方案,并加以实施的过程。

(二)决策的作用

1.决策是决定组织管理工作的关键。
2.决策是实施各项管理职能的保证。

(三)决策的类型

1.战略决策、战术决策和日常决策。按决策的重要程度,可以把决策分为战略决策、战术决策(管理决策)和日常决策(业务决策)。

战略决策是所有决策中最重要的,主要涉及组织大政方针、战略目标等重大事项的决策活动,是有关组织全局性的、长期性的、关系组织生存和发展的根本性决策。

管理决策是组织在内部范围贯彻执行的决策,属于执行战略决策过程中的具体决策。管理决策旨在实现组织内部各环节活动的高度协调和资源的合理利用,以提高经济效益和管理效能。

业务决策,又称执行性决策,主要涉及组织中的一般管理和工作的具体决策活动,直接影响到日常工作效率。

2.确定型决策、风险决策和非确定型决策。按决策的性质,可以把决策分为确定型决策、风险决策和非确定型决策。

确定型决策。这类决策问题只可能出现一种确定的自然状态。每个行动方案在这唯一自然状态下的结局是可以计算出来的。确定型决策问题是一种逻辑上比较简单的决策,只需从所有备选方案中,根据每个方案的结局,选择出一个最好的即可。确定型决策问题必须具备如下四个条件:①存在决策者期望达到的目标;②只存在一个确定的自然状态;③具有两个或两个以上可供选择的行动方案;④不同行动方案在确定的自然状态下的损益值可以定量地估算出来。

风险决策(亦称统计型决策)。这类决策问题在决策过程中可以出现多种自然状态$\theta_i(i=1,\cdots,m)$,每一个行动方案在不同自然状态下有不同的结局,且能预先估计出各个自然状态出现的概率$P(\theta_i)(i=1,2,\cdots,m)$。决策分析的重要讨论对象是风险型决策,构成风险型决策问题应具备如下五个条件:①存在决策者期望达到的决策目标;②存在两个或两个以上不以决策者的意志为转移的自然状态;③存在两个或两个以上可供决策者选择的行动方案;④不同行动方案在不同自然状态下的损益值均可定量地估算出来;⑤在各种自然状态中,未来究竟出现哪一种自然状态决策者无法肯定,但可事先通过一定的方法或手段得到必要的信息。

非确定型决策。这类决策与风险型决策一样,在决策过程中可以出现多种自然状态。但这类决策问题中不能预先估计出各自然状态出现的概率,即一种没有先例的、没有固定处理程序的决策。

3. 程序化决策与非程序化决策。按决策的规范性,可把决策分为程序化决策与非程序化决策。

组织中的问题可被分为两类:一类是例行问题,另一类是例外问题。例行问题是指那些重复出现的日常的管理问题,如管理者日常遇到的产品质量、设备故障、现金短缺、供货单位未按时履约等问题;例外问题则是指那些偶然发生的、新颖的、性质和结构不明的、具有重大影响的问题,如组织结构变化、重大投资、开发新产品、重大政策的制定等问题。

程序化决策是针对例行的、重复出现的活动而言的。由于问题是重复出现的,因此有决策的先例。管理者仅需按别人在相同情况下所做的那样去做,从而形成一定的程序、处理方法和标准等。"决策可以程序化到呈现出重复和例行状态,可以程序化到制定出一套处理这些决策的固定程序,以致每当它出现时,不需要重复处理他们。"确定型决策、业务决策和大部分管理决策均属此类。对于这类决策问题,只要获得所需的信息,就可按规定的程序进行决策。决策分析中主要讨论这类决策问题,它们大多数可用数量化方法解决。

非程序化决策是针对例外问题,这类问题是偶然发生的,或者第一次做出决策,无先例可循。非程序化决策需要考虑内外部条件变动及其他不可量化的因素,这类决策正确与否,决策效果如何,往往取决于决策者的首创精神、经营管理者气魄和决策方法的科学性。大多数战略决策属于非程序化决策。

二、决策的制定过程

为使决策科学化,必须按照一定的程序进行决策。决策过程应该包括哪些步骤,目前尚无统一的结论。一般认为有六个基本程序,且是一个动态的连续过程。决策程序一般可以分成如下几个主要步骤。

(一)确定目标

决策目标是根据所要解决的问题确定的,即根据问题的现状、要求和解决的可能性提出决策所希望达到的结果。目标必须明确、具体、协调和可行。因此目标应具备三个特点,即目标值可以计量,实施目标有明确的责任,完成目标有时间规划。

确定目标要围绕战略总目标进行,并通过目标分解或进一步展开,根据条件逐次筛选。在许多决策问题中,目标往往不止一个,利润、时间、质量等都可能是决策所要求的目标。因此确定决策目标需要有科学分析过程,且要主次恰当,统筹兼顾。

(二)收集资料

决策过程是资料的收集、处理、传递的过程。资料是决策的基础,是控制决策实施的依据,是检验决策是否正确的尺度。没有一定的资料既不能为决策做出定性分析,也不能做出定量分析,因而必须占有必要的资料。

决策中需要收集的资料不但要有历史和现状的资料,而且更重要的是要有预测资料。因为决策总是在未来执行的,如果对未来的趋势不了解或推测错误,就难免会造成决策失误。

(三)制订备选方案

在确定目标后,在分析收集资料的基础上制订决策方案。制订决策方案就是寻找实现决策目标的手段。为了实现目标,人们总是去追求最佳的手段,所以要拟出多种方案以供比较和选择。制订备选方案时应满足以下要求:

1. **整体详尽性**,即备选方案应包括全部可能的方案,否则可能使被选方案不一定达到优化。

2. **相互排斥性**,即不同方案之间必须有原则性区别,不能使甲方案的行动措施包括在乙方案之中,或者两方案是解决同一问题的两个因素。

3. **方案的可比性**,即每一个方案都应该根据评价准则定量反映方案的效果,以便比较选择。

(四)方案选择

根据已选定的决策目标,从所有可供选择的方案中选择一个最佳方案,或者选择一个最满意方案。

(五)执行备选方案

决策方案的实施是决策的延续和具体化,并且是检验决策是否正确的基本环节。有时为了验证方案的可行性和可靠性,在方案选定以后需要进行一些局部试验。验证可行时,即可进入实施阶段,如果不可行,则要修正决策。

(六)追踪检查

由于决策是一个动态过程,是在动态中逼近目标的,因此必须对实施过程中的情况和结果不断、及时地追踪检查。所谓追踪检查,是把实施方案与实际执行情况进行对比分析,及时研究未能达到预期效果的原因,并采取相应的对策。

追踪检查是决策动态过程的反映,即决策—执行—再决策—再执行。决策的动态过程如图4-1所示。

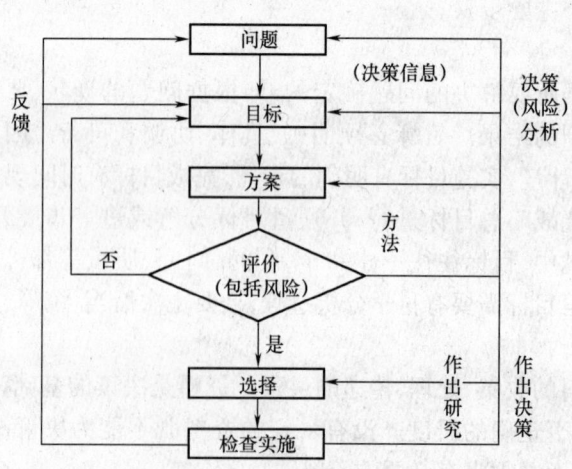

图4-1 决策的动态过程

三、决策方法

经常使用的企业经营决策方法一般可分为定性决策方法和定量决策方法两大类。前者注重决策者本人的直觉,后者则注重决策问题各因素之间客观的数量关系。

(一)定性决策方法

定性决策方法,又称"软"方法,是一种直接利用决策者本人或有关专家的智慧来进行决策的方法。这种方法适用于受社会经济因素影响较大的、因素错综复杂以及涉及社会心理因素较多的综合性的战略问题,是企业界决策采用的主要方法。一般来说,在具体的决策实践中,充分利用专家的智慧和判断力需要解决好以下三个方面的问题:充分发挥专家的作用;做好专家意见的数学处理;做好相关的组织工作。

1. 经验判断法。这种方法主要应用于那些简单的决策,具体包括以下三种:

(1)淘汰法,即根据条件和评价标准对全部备选方案逐个筛选,淘汰那些不尽完美的方案,或将一些方案作为上一级目标的约束条件,以缩小评选范围。

(2)排队法,即把备选方案根据实现决策目标的条件和评价标准,按优劣顺序排队,然后进行筛选。但是,遇到多目标决策时,这种方法很难直接把全部备选方案进行优劣区分。

(3)归类法,即将备选方案划分为几类,然后采用淘汰法筛选。它的缺点在于方案按类划分,各类备选方案都会形成优劣方案共存,淘汰某类时也可能将优化方案淘汰掉。

2. 动机诱导法。人的行为模式是需要动机的。动机支配行为,行为导向目标。动机诱导决策就是根据人们的某种行为方式的内部动机及其对客观事物的反映做出的有效决策。这种行为动机对客观事物的反映应该是广义的,既包括了用户的购买动机和行为,也包括了执行者对执行决策的动机和行为。

3. 主观决策法。主观决策成分是任何现代决策都不可避免的。因为目前的科学技术水平在决策过程中还不能完全代替人的主观作用,尤其是在解决复杂问题时,更需要具有非凡的主观洞察力。尽管客观(或称为定量)决策技术已有相当发展,但这些决策技术不仅不能完全代替人的主观作用,而且本身也含有人的主观成分。

在未来事件具有不稳定性和风险性的情况下,进行决策更需要通过主观推断。任何一个有价值的决策必然是决策者创造性思维的结果。所谓创造性思维,是主客观因素融为一体的过程。而一个有效的决策,决策者一定要充分考虑各种反面意见。实际上,每一种反面意见就一种方案。决策就产生于相互冲突的见解。

4. 专家会议法。专家会议法是根据市场竞争决策的目的和要求,邀请有关方面的专家,通过会议形式提出有关问题,展开讨论分析并做出判断,最后综合专家们的意见做出决定。

这种方法的优点是:通过座谈讨论,能互相启发,集思广益,取长补短,能比较全面地集中各方面的意见并得出决策结论。

但专家会议法也有缺点,由于参加人数有限,代表往往很不充分,容易受到技术权威或政治权威的影响,与会者不能真正畅所欲言,往往形成"一边倒"的局面。

5. 德尔菲法。德尔菲法是由美国兰德公司于20世纪50年代初发明的,最早用于预测,后来推广应用到决策中来。德尔菲是古希腊传说中的神谕之地,城中有座阿波罗神殿可以预测未来,因而借用其名。德尔菲法是专家会议法的发展,是一种向专家进行调查研究的专家集体判断。德尔菲法是以匿名方式通过几轮函询征求专家们的意见,组织决策小组对每一轮的意见都进行汇总整理,作为参考资料再发给每一个专家,供他们分析判断,提出新的意见。如此反复,专家的意见渐趋一致,最后做出最终结论。这种决策方法的大体过程是:

第一步:拟定决策提纲。

第二步:专家的选择。

第三步:提出预测和决策。

第四步:修改决策。

第五步:确定决策结果。

在第三、四步工作过程中,可采用统计的方法,将专家的意见画成分布图,如图4－2所示。

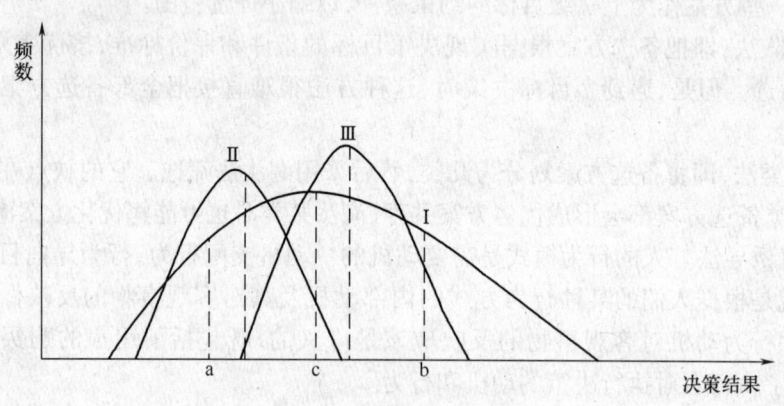

图4－2 专家意见分布图

找出多数人意见的所在位置c点以及少于1/4的a点和b点,将统计结果告诉每位专家,并告诉他本人的意见在图中的位置及与他意见相同的人数,对于意见处在a点以左和b点以右的专家们,要特别细心地询问他们提出不同意见的原因,并请他们再做第二次决策,便会得到决策方案Ⅱ或决策方案Ⅲ。如此反复,意见会集中到一个较好的决策结果。

6. 头脑风暴法。头脑风暴法是由被称之为"风暴式思考之父"的A.F.奥斯本提出的,它是通过专家们的相互交流,在头脑中进行智力碰撞,产生新的智力火花,使专家的讨论不断集中和精化。在进行风暴式思考的过程中,所追求的是各种思想。

头脑风暴法的目的在于创造一种自由奔放的思考环境,诱发创造性思维的共振和连锁反应,从而产生更多的创造性思想。

7. 电子会议。最新的定性决策方法是将专家会议法与尖端的计算机技术相结合的电子会议(Electronic－meeting)。多达50人虚拟地围坐在一张马蹄形的桌子旁。这张桌子上除了一系列的计算机终端外别无他物,将问题显示给决策参与者,将他们自己的回答显示在计算机屏幕上。个人评论和票数统计都投影在会议室内的屏幕上。

电子会议的主要优点是匿名、诚实和快速。但是,电子会议也有缺点:那些打字快的人使那些口才好但打字慢的人相形见绌;再者,这一过程缺乏面对面的口头交流所传递的丰富信息。

(二)定量决策技术

现代企业管理理论和实践的一个显著特点,就是广泛运用数学方法。在企业决策中,由于采用了现代数学方法,使决策更加精确,更加科学化。

定量决策技术又称"硬"方法,就是运用数学的决策方法。其核心是把同决策有关的变量与变量、变量与目标之间的关系用数学关系表示,即建立数学模型,然后通过计算求出答案,供决策者参考使用。

1. 确定型决策方法。

(1)价值分析法。在企业管理中,任何决策都是为一定的耗费达到一定的目标。对应单一目标决策和多目标决策,价值分析法存在以下两个公式。

①单一目标决策:

$$V = F/C$$

式中:V 表示价值系数;F 表示功能(可用货币单位,实物单位计量);C 表示费用(或成本)。

"价值"即人们常说的值得不值得,合算不合算。功能是指对象能够满足某种需求的一种属性。成本是发生的与产品有关的各项费用之和。价值工程就是以最低的总成本,为可靠地实现产品或作业的必要功能所进行的、着重于功能分析的有组织的活动。

②多目标决策:

$$V = F/C$$

(2)直观法。直观法是用于备选方案的变量很少、计算方法简单的决策分析。直观法通过将有关资料和数据列表直接对比,选出最佳方案。

[例]某单位需要购买一种机器,要求生产能力在 1 000 件/年以上。市场上三种型号可供选择。Ⅰ型每台 2 万元;Ⅱ型每台 3 万元。两种型号的生产能力都超过 1 000 件/年。Ⅲ型每台 1.5 万元,生产能力小于 1 000 件/年。用上述机器生产的产品在市场上的售价为 110 元/件。产品单位成本:Ⅰ型机器为 100 元;Ⅱ型为 90 元;Ⅲ型为 95 元。从表 4 – 1 可见:Ⅰ型机器虽然能满足生产能力要求,但成本高,投资额大,回收期长;Ⅲ型机器不仅回收期长,而且生产能力达不到要求;Ⅱ型机器投资回收期短、成本低,投资额虽然大,但能满足生产能力要求,因此应购买Ⅱ型机器。

表 4 – 1 投资回收期(年)

投资回收期 \ 机器型号 \ 生产能力	Ⅰ	Ⅱ	Ⅲ
≥1 000	20 000/[1 000 × (100 − 100)] = 2	30 000/[1 000 × (110 − 90)] = 1.5	
<1 000			15 000/[1 000 × (110 − 95)] = 2

(3)比较决策法。比较决策法是在未来事件自然状态完全确定的情况下,按照特定数学模型计算后进行比较的方法。例如,经济批量法、盈亏平衡点法、投资回收期法、线性规划法、贴现现金流量法、净现值法等。本书主要介绍盈亏平衡点法。

盈亏平衡点法,即以盈亏平衡点产量或销量作为依据进行分析的方法。其基本公式为:

$$Q = \frac{C}{P-V}$$

式中:Q——盈亏平衡点产量(销量);
C——总固定成本;
P——产品价格;
V——单位变动成本。

当要获得一定的目标利润时,其公式为:

$$Q = \frac{C+B}{P-V}$$

式中:B——预期的目标利润额;
Q——实现目标利润 B 时的产量或销量。

[例]某厂生产一种产品,其总固定成本为 200 000 元,单位产品变动成本为 10 元,产品销价为 15 元。

求:(1)该厂的盈亏平衡点产量为多少?
(2)如果要实现利润 20 000 元,其产量应为多少?

解:(1)
$$Q = \frac{C}{P-V}$$
$$= \frac{200\ 000}{15-10}$$
$$= 40\ 000(件)$$

即当生产量为 40 000 件时,处于盈亏平衡点上。

(2)
$$Q = \frac{C+B}{P-V}$$
$$= \frac{200\ 000 + 2\ 000}{15-10}$$
$$= 44\ 000(件)$$

即当生产量为 44 000 件时,企业可获利 20 000 元。

2. 风险决策方法。在风险型决策中,决策者对未来可能出现何种自然状态不能确定,但其出现的概率可以大致估计出来。风险型决策常用的方法是决策树分析法。

决策树分析法是指借助树形分析图,根据各种自然状态出现的概率及方案预期损益,计算与比较各方案的期望值,从而抉择最优方案的方法。下面结合实例介绍这一方法的运用。

[例]某公司计划未来三年生产某种产品,需要确定产品批量。根据预测估计,这种产品的市场状况的概率是畅销为 0.2,一般为 0.5,滞销为 0.3。现提出大、中、小三种批量的生产方案,求取得最大经济效益的方案。

(1)从左向右画出决策树图形。首先从左端决策点(用"□"表示)出发,按备选方案引出相应的方案枝(用"——"表示),每条方案枝上注明所代表的方案;然后,每条方案枝到达一个方案结点(用"○"表示),再由各方案结点引出各个状态枝(也称作概率枝,用"——"表示),并在每个状态枝上注明状态内容及其概率;最后,在状态枝末端(用"△"表示)注明不同状态下的损益值。决策树完成后,再在下面注明时间长度,如图4-3所示。

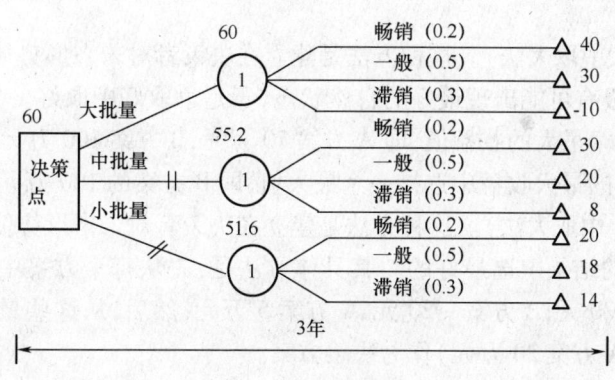

图 4-3 决策树图

(2)计算各种状态下的期望值。根据表4-2中的数据资料计算如下:

表 4-2 各方案损益值表 单位:万元

自然状态损益值方案	需求量较高	需求量一般	需求量较低	需求量很低
A 方案	70	50	30	20
B 方案	100	80	20	-20
C 方案	85	60	25	5

大批量生产期望值 = [40×0.2+30×0.5+(-10)×0.3]×3 = 60(万元)
中批量生产期望值 = [30×0.2+20×0.5+8×0.3]×3 = 55.2(万元)
小批量生产期望值 = [20×0.2+18×0.5+14×0.3]×3 = 51.6(万元)

(3)选择最佳方案。综上所述,大批量生产的所取得的经济效益最大。

3. 不确定型决策方法。不确定型决策是在对未来自然状态完全不能确定的情况下进行的。由于决策主要靠决策者的经验、智慧和风格,便产生不同的评选标准,因而形成了多种具体的决策方法。

[例]某公司计划生产一种新产品,该产品在市场上的需求量有四种可能:需求量较高、需求量一般、需求量较低、需求量很低。对每种情况出现的概率均无法预测。现有三种方案:A方案是自己动手,改造原有设备;B方案是全部更新,购进新设备;C方案是购进关键设备,其余自己制造。该产品计划生产5年。据测算,各个方案在各种自然状态下5年内的预期损益见表4-3。

表4-3　各方案损益值表　　　　　　　　　　　单位:万元

自然状态损益值方案	需求量较高	需求量一般	需求量较低	需求量很低
A方案	70	50	30	20
B方案	100	80	20	-20
C方案	85	60	25	5

(1)乐观法(大中取大法)。这种方法是建立在决策者对未来形势估计非常乐观的基础之上的,即认为极有可能出现最好的自然状态,于是争取好中取好。具体方法是:先从每个方案中选择一个最大的收益值,即A方案70万元,B方案100万元,C方案85万元;然后再从这些方案的最大收益中选择一个最大值,即B方案的100万元作为决策方案。

(2)悲观法(小中取大法)。这种方法是建立在决策者对未来形势估计非常悲观的基础上的,故从最坏的结果中选最好的。其具体方法是:先从每个方案中选择一个最小的收益值,即A方案20元;B方案-20元,C方案5万元;然后,从这些最小收益值中选取数值最大的方案(A方案20万元)作为决策方案。

(3)平均法(等概率法)。这种方法是将未来不明的自然状态出现的可能完全等同地加以看待,因此,没种自然状态出现的概率都相同,从而将其转化成风险型决策。

(4)后悔值法(大中取小法)。这种方法的基本思想是如何使选定决策方案后可能出现的后悔达到最小,即蒙受的损失最小。各种自然状态下的最大收益值与实际采用方案的收益值之间的差额叫作后悔值。这种决策方法的步骤是:先从各种自然状态下找出最大收益值;再用各个方案的收益值去减最大收益值,求得后悔值;然后,从各个方案后悔值中找出最大后悔值,并从中选择最大后悔值最小的方案为决策方案。如表4-4所示,三个方案最大后悔值分别为30、40、20。因为C方案的最大后悔值最小(20),故选中该方案。

表4-4　行动方案后的后悔值(最小后悔值法)　　　　单位:万元

损益值自然状态 行动方案	市场销路			最大后悔值
	较高	一般	低	
A方案	100-70=30	40-40=0	20-20=0	30
B方案	100-100=0	40-25=15	20-(-20)=40	40
C方案	100-80=20	40-25=25	20-5=15	20√

上述四种方法,在实践中往往是同时运用,并将用四种方法决策被选中次数最多的方案作为决策方案。

第二节　个人SWOT分析

成功的战略决策是经过相当长的一个时期,在对组织外部环境和内部条件变化进行科学预测和客观分析的基础上,由组织领导和员工经过深思熟虑、反复比较后才形成和制定出来的。制定组织战略是一项非常复杂的系统工程,必须有相应的组织和人员的保证。随着社会的发展,制定战略工作越来越成为４种专门的活动,越来越需要有组织、有领导地进行。

一、战略的形成与种类

（一）战略形成的出发点

企业在制定战略时,必须分析自身所处的环境和现有资源的经营能力,分析在战略实施过程中各种资源可能发生的变化,以及由此对企业竞争力的影响,以保证自己的发展,实现自己的战略目标。在制定战略时,应该注意以下几个问题:

1. 决策目标要具体明确,不能含糊不清或抽象空洞。否则,企业的战略决策就不能起到应有的指导作用。

2. 制定战略决策要考虑获利能力,选用能以最小的投入获得最大的产出或以最小的成本获得最大的收益的方案。

3. 战略决策必须可行,即能为内部各部门和外部环境所允许,并能顺利地实施。

4. 制定战略决策必须考虑社会责任。企业的存在与发展离不开社会的支持和制约,应该把企业利益和社会利益结合起来。

（二）战略形成的方法

不同类型与规模的企业以及不同层次的管理人员在战略形成的过程中会有不同的形式。小规模的企业,所有者兼任管理人员,其战略一般都是非正式的,主要存在于管理者的头脑之中,或者只存在于与主要下级人员达成的口头协议之中。而在大规模的公司中,战略是通过各层管理人员的广泛参与,经过详细复杂的讨论和研究,有秩序、有规律地形成的。

根据不同层次管理人员介入战略分析和战略选择工作的程序,可以将战略形成的方法分为以下四种形式:

1. 自上而下的方法。该方法是先由企业总部的高级管理人员制定企业的总体战略,然后由下属各部门根据自身的实际情况将企业的总体战略具体化,形成系统的战略方案。这种方法最显著的优点是,企业的高层管理人员能够牢牢把握整个企业的经营方向,并能对下属各部门的各项行动实施有效的控制。这种方法的缺点是,要求企业的高层管理人员制定战略时必须深思熟虑,战略方案务必完善,并且要对下属各部门提供详尽的指导。同时,该方法也束缚了各部门的手脚,难以发挥中下层管理人员的积极性和创造性。

2. 自下而上的方法。这是一种先民主后集中的方法。在制定战略时,企业最高管理层对下属部门不做硬性的规定,而是要求各部门积极提交战略方案。企业最高管理层在各部门提交战略方案的基础上加以协调和平衡,对各部门的战略方案进行必要的修改后加以确认。这种方法的优点是,能够充分发挥各个部门和各级管理人员的积极性和创造性,集思广益。同时,由于制定的战略方案有广泛的群众基础,在战略实施过程中也容易得到贯彻和落实。该方法的缺点是,各部门的战略方案难以协调,影响了整个战略计划的系统性和完整性。

3. 上下结合的方法。这种方法是在战略制定的过程中,企业最高管理层和下属各部门的管理人员共同参与,通过上下各级管理人员的沟通和协商制定出适宜的战略。该方法的优点是,可以产生较好的协调效果,制定出的战略更加具有可操作性。

4. 战略小组的方法。这种方法是指企业的负责人与其他的高层管理者组成一个战略制定小组,共同处理企业所面临的问题。在战略制定小组中,一般是由总经理任组长,其他人员的构成则具有很大的灵活性,视小组的工作内容而定,通常是吸收与所要解决的问题关系最密切的人员参加。该方法的优点是目的性强、效率高,特别适宜于制定产品开发战略、市场营销战略等特殊战略。

(三)战略制定的程序

战略制定是企业的决策机构组织各方面的力量,按照一定的程序和方法,为企业选择合适的经营战略的过程。制定战略的一般程序如下:

1. 识别和鉴定企业现行的战略。要制定新的战略,首先必须识别企业的现行战略是否适应现时需要。只有确认现行战略已经不适用时,才有必要制定新的战略。同时,也只有在认清现行战略缺陷的基础上,才能制定出更为适宜的新方案。在这一过程中,一个重要的问题是明确企业的使命和目标。

2. 分析企业外部环境。通过外部环境分析,战略制定人员可以认清企业所面临的主要机会和威胁,觉察到现有和潜在竞争对手的图谋及未来的行动方向,了解未来一段时期社会、政治、经济、军事、文化等的动向,以及企业面临的机遇和挑战。

3. 测定和评估企业自身素质。企业可以通过内部分析来测定和评估企业的各项素质,摸清企业自身的状况,明确自身的优势与劣势。

4. 拟定战略方案。根据企业的发展要求和经营目标,结合企业所面临的机遇和机会,列出所有可能达到经营目标的战略方案。

5. 评价和比较战略方案。企业根据股东、管理人员以及其他利益相关团体的价值观和期望目标,确定战略方案的评价标准,并依照标准对各项备选方案加以评价和比较。

6. 确定战略方案。在评价和比较方案的基础上,企业选择一个最满意的战略方案作为正式的战略方案。有时,为了增强企业战略的适应性,企业往往还选择一个或多个方案作为后备的战略方案。

战略制定出来之后,必须将战略构想、计划转变成行动。在转化的过程中,企业要注意三个相互联系的重要阶段:第一,战略操作化。即利用年度目标、部门战略与沟通等手段,使战略最大限度地变成可以具体操作的业务。第二,战略制度化。企业通过组织结构、资源配置等方式,使战略真正进入企业的日常生产经营活动之中。第三,战略评估与控制。战略是在变化的环境中实施,企业只有加强对执行过程的评价与控制,才能适应环境的变化,完成战略任务。这一阶段的任务主要是建立控制系统、监控效益和评估偏差、协调与反馈三个方面的内容。

(四)战略的构成和类型

为了保证战略目标的实现,一个组织的战略应该由不同层次、不同方面的战略构成。与组织层次相适应,企业战略大体分为三个层次:第一层次为公司层战略,或称整体战略,主要是公司从结构和财务角度对整个经营范围的资源进行配置;第二层次为业务层战略,主要是公司内某些战略经营单位(Strategic Business Unit,SBU)的产品开发或服务在特定市场层次上的竞争;第三层次为职能层战略,主要是企业经营层不同的职能,如营销、融资和制造等如何为其他各级战略服务。战略管理层次如图4-4所示。

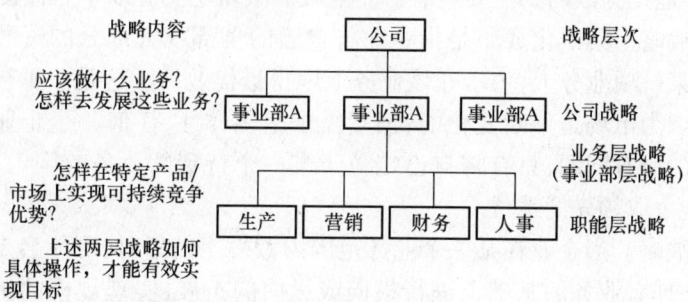

图4-4 战略管理层次

这种划分有助于保持企业方向与战略的统一性和整体性,使企业资源的调配能够最大限度地符合企业长期发展目标的需求,同时还能实现分权管理的需求,保证各业务层行动的灵活性。

1.公司层战略。公司层战略又称总体战略,是企业最高层管理者为整个企业确定的长期目标和发展方向。公司层战略之所以重要,是因为它决定了在特定时期内,企业做什么及怎样做的问题。在公司层战略中,要确定企业的业务组合,也就是要确定企业活动所涉及的业务范围种类,合理地安排各类业务活动在企业业务总量中的比重和作用,确定各业务之间的相互关系以及这些业务在战略期内的发展方向。

公司层战略的具体类型很多,划分标准也不统一,下面列出的是几种常见的公司层战略形式。

(1)稳定性战略。所谓稳定性战略,是指企业在新的战略期内继续执行过去的战略类型,即业务方向和业务内容不做变动。在特定的时期内,企业选择稳定性战略,主要基于以下因素的考虑:①环境相对稳定,且企业对以前的业绩比较满意,因此不打算进行战略调整。②环境虽然发生了变化,但变化趋势尚不明朗,未来的机会与威胁目前无法辨析,因此企业选择维持当前战略,从而充分地分析环境发展趋势及环境变化特性,防止匆忙制定决策而导致的战略性错误。③环境的变化趋势已相对明晰,企业的战略选择目标也很明确,但限于企业当前的资源和能力,实施新战略尚"心有余而力不足",于是,企业也会暂且维持原有战略,以谋求更好的战略变革时机。比如,当企业推行一项新战略时,如果面临的变革阻力太大,企业会暂缓新战略的推行,先消除内部的变革阻力,从而为战略的推行铺路。

作为企业的管理者,在推行稳定性战略的过程中要考虑该战略的某些特点及风险。稳定性战略的好处在于:第一,企业的经营风险比较小;第二,较易于实施,企业不需要面对战略调整的阻力;第三,避免过快发展带来的弊端,因为仓促制定新战略可能因考虑不周而风险较大。但是,如果企业一味地推行其当前战略,准备以过去的产品或服务来抢占市场,也会带来很多问题,例如会在某种程度上减少创新,由此会影响企业的长期发展。

(2)发展性战略。发展性战略的目的是扩大企业的整体业绩,使企业朝更高的战略目标发展。在这种情况下,企业以发展作为其核心目标,以扩大企业规模、提升企业的竞争力、提高竞争地位为战略的主要内容。企业发展战略主要有以下三种类型:

①集中化战略。集中化战略是指企业将自己的全部或大部分的资源集中于最能代表自己优势的某一项业务上,力求在该业务上取得最优业绩。这是一种被普遍采用的公司战略类型。因为市场是不断变化的,消费需求呈多样性,任何一个企业都无法成功地解决所有用户的所有问题,只有将自己定位于某一个特定的业务范围内,或某一个特定的市场上,才能争取领先的地位。

②一体化战略。当企业在某一个业务范围内做得比较好时,可能会走一体化发展的道路,也就是在现有业务的基础上进行横向或纵向的扩展,实现规模的扩大或产业链的延长,这种战略被称为一体化战略。一体化战略可以在某种程度上规避集中化战略的风险。

战略企业的一体化战略又可分为横向一体化和纵向一体化。横向一体化战略是企业兼并处于同一生产经营阶段的一个或多个企业,以实现其长期目标的战略。这是一种收购竞争对手的战略,这种兼并使企业能够迅速提高生产能力,扩大市场份额,同时还能减轻竞争压力。由于横向一体化发展没有偏离企业原有的经营范围和核心技术,因此在管理上不会有太大的困难。但是它会减少竞争对手,因此可能会引起政府的反垄断控制。纵向一体化是一种沿产业链扩展的发展方式,具体表现为后向一体化和前向一体化两种形式。向上游延伸被称为后向一体化,向下游延伸被称为前向一体化。采用纵向一体化后,企业不仅扩大了自身的规模,实现了成本的降低,而且保证了生产经营过程的稳定性。

③多元化战略。多元化战略是一种向其他业务领域扩展的战略,即在现有业务的基础上,开展新的与原业务存在差别的业务种类。多元化战略可分为相关多元化和混合多元化。相关多元化是指增加与企业目前的产品或服务相关联的新产品或服务;混合多元化则是向现有用户提供新的、与原有业务不相关的产品或服务。

通过多元化战略,可在某种程度上有效地分散经营风险,尤其是混合多元化发展,可使企业避免某行业波动带来的影响。但由于业务范围的扩大会使企业内部管理更加复杂,所以,当企业进入一个新的、不熟悉的业务领域,管理上的风险也加大了。现实中许多多元化经营失败的案例给企业敲响了警钟,在进行多元化经营之前,企业必须对自身能力进行评估。如果企业在原业务领域的竞争优势尚不明显的情况下就急于开拓新的业务领域,很容易使自己陷入困境,带来经营上的失败。

(3)防御性战略。防御性战略是企业从目前的经营领域内收缩或撤退的一种经营战略。这是企业战略上的调整,其主要目的是避开环境的威胁或竞争对手的竞争,以实现自身资源的最优配置。这是一种以退为进、保全实力的做法。当企业的经营环境发生变化而效益降低,或企业所处的行业经过发展而趋于衰退,或企业选择了其他发展方向时,它们往往会选择防御性战略。防御性战略主要包括以下几个方面:

①收缩。收缩也称转向战略或重组战略,即通过减少成本与资产而重组企业,以扭转销售和盈利的下降,其目的在于加强组织所具有的基本的和独特的竞争能力。

②剥离。即通过出售企业的分部、分公司或企业的任何一部分来集中有限资源,它是一种放弃战略。所放弃的部门可以是一个经营单位、一条生产线或一个事业部等。其目的在于使组织摆脱那些不盈利、需要太多资金或与公司其他活动不相适宜的业务,降低多元化经营的程度,致力于加强自己的核心竞争力。

③清算。为实现其有形资产价值而将公司的全部资产分块售出的做法,又称结业清理。清算战略对企业来说是最不具吸引力的一种做法,只有在其他战略手段失败且毫无希望的情况下才会采用,此时停止营业是比继续大笔亏损更为有利的选择。

2. 业务层战略。业务层战略是由各业务中心(战略经营单位)根据公司层战略所决定的业务组合及发展方向,确定本业务的具体竞争方式,力争在其所从事的行业或在某一个特定的细分布场上赢得竞争优势。业务层战略是公司层战略之下的子战略。

业务层战略的制定者需要确定"哪些业务将对实现公司战略做出贡献"、"怎样比竞争对手做得好"、"在哪些方面比竞争对手做得好"、"可以采取哪些具体的竞争手段来实现竞争优势",等等。

在制定业务层战略时,管理者需要确定企业的核心业务,安排资源的运用,还要确定竞争的范围。那么,企业怎样才能比竞争对手做得好呢?迈克尔·波特认为,在对整个产业竞争环境分析的基础上,企业可以选择以下三种竞争战略(见图4-5)。

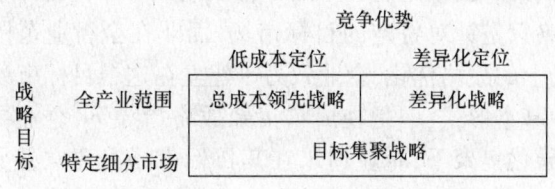

图4-5 竞争战略类型

(1)总成本领先战略。总成本领先战略是三种基本战略中最为明确的一种。在该战略的指导下,企业的目标是通过一系列针对成本的具体政策,在产业中赢得总成本领先。

实施总成本领先战略的企业因为其成本低于市场一般业绩的企业的成本,因此,它只要将价格控制在产业平均或接近平均的水平,就能够获取优于平均水平的利润率。经过长期的成本竞争,低成本企业有可能将一般性企业赶出市场,从而扩大市场份额。许多企业在争取竞争优势上都是从成本入手的,具体方式有:

①实现规模效应。在合理的经济规模的范围内,企业可以通过扩大规模来降低成本。

②获取经验效应。操作经验的熟练运用能够有效地降低成本。

③生产能力的合理化。通过生产能力与销售需求之间的合理配比,减少因市场波动引起的产能闲置或库存积压,减少因波动带来的成本上升。

④地点的选择优势和市场进入的时间优势。选择恰当的地点和合适的时间来开展经营活动也是降低成本的重要手段。比如,选择原料所在地或需求所在地;选择政府所

鼓励的投资区;选择与本产业具有较强协作关系和文化相近性的区域等。从进入时间上看,较早进入市场的企业往往需要承担技术开发、市场开发等先行成本,而且失败的风险往往比较高;而后进入且进入速度较快的企业就可以规避这些风险。

⑤企业间合作及一体化战略的合理运用。每个企业都只是整个产业供应链中的一个或几个环节,与供应链中的其他企业建立密切合作关系,能够提高供应链的整体效益。

(2)差异化战略。差异化战略是指企业通过提供独特的产品来塑造优势,如通过技术、品牌形象、附加值以及特别服务等来强化产品的特点。在差异化战略的指导下,企业力求围绕客户广泛关注的需求提供标新立异的产品或服务,由此能够满足顾客的独特需求,使消费者愿意支付较高的价格,企业也会因其差异化产品而获得溢价报酬。

差异化战略的实现可以提高客户对品牌的忠诚度,并使顾客对价格的敏感度下降,企业就可以赢得超常收益。此外,差异化还能起到进入壁垒作用,顾客忠诚以及竞争对手要战胜这种独特性,所付出的努力将为竞争对手的进入制造壁垒,从而使公司得以避开竞争。差异化来源于两个方面:内在来源和外显来源。

①差异化的内在来源主要包括产品质量上的差异性、产品品种的多样性、服务水平的不同等。

②差异化的外显来源表现为企业长期建立的市场形象和品牌吸引力、产品的外观特征等。从当前的竞争实践来看,市场形象和品牌吸引力的差异化作用非常强。

(3)目标集聚战略。目标集聚战略是指在产业内的一个狭小空间内做出选择,如主攻某个特定的顾客群、某产品系列的一个细分区段或某一个地区市场。与前两种方式不同的是,目标集聚战略只是针对特定的目标市场,而非在全行业范围内与竞争对手展开竞争。通过目标市场上的战略优化,企业致力于建立在这个目标市场上的竞争优势。

目标集聚有两种基本形式:一是在成本集聚战略指导下,企业寻求其目标市场上的成本优势;二是在差异化集聚下,企业追求在其目标市场上建立差异化优势。这两种战略形式都以目标集聚企业的目标市场与产业内其他细分市场的差异性为基础。

3. 职能层战略。职能层战略,也称支持性战略,它是为了贯彻和实施公司层战略和业务层战略而对职能活动制定的战略。与公司层战略和业务层战略相比,职能层战略更为详细、具体,它是公司层战略和业务层战略的具体落实。

企业职能层战略的目的是提高企业资源的利用率。在职能战略的制定过程中,需要确定职能活动的内容和定位,需要安排具体的职能活动,还要确定职能战略发展方向和资源分配。根据战略的具体活动领域,职能层战略一般可分为采购战略、生产战略、营销战略、财务战略、人力资源战略、研发战略等。

(1)采购战略。企业的原材料、配件既可以自行制造,也可以从外部采购,因此,企业首先需要决定是自制还是外购,这涉及企业的纵向一体化发展战略及战略联盟等措施。企业在产业链上的延展深度有助于提高其经营绩效和经营稳定性,但也会带来大企业病或竞争损失;外包则可以有效地解决这一问题,但需要考虑供应商的产品质量、供货成本、服务及交货期等指标,以保证及时有效地获取所需要的原材料与配件供应。近年来,为了保证持续、稳定、长期的供应关系,许多生产企业与供应商之间建立了战略联盟合作关系。

(2)生产战略。生产战略涉及产品的整个制造过程,生产战略的实施效果关系到企业产品的质量、生产成本等。生产战略在某种程度上也决定了制造过程的灵活性、柔性和创造性。

(3)营销战略。营销战略不仅关系到产品的销售状况,还将影响企业在市场上的声誉、地位和品牌形象。营销战略的内容包括新产品的推出、营销手段的创新、市场的细分、定价及渠道建设等。

(4)财务战略。财务战略的实施涉及企业中各职能战略的关系,关系到企业整体战略的实施效果。在财务战略中,需要对资本市场的变动状况及发展趋势进行评估和分析,以求从中发现相应的财务机会。财务战略的具体内容包括预算、并购、投资、红利、筹融资、流动资金管理、税收管理等。

(5)人力资源战略。企业的发展离不开人才,人力资源战略包括企业的人才招募、培养和开发等问题。有效的人力资源战略使企业成功地保有其发展所需的人才。人力资源战略需要根据企业总体战略的需求进行企业人才状况分析及缺口评估,并制订相应的招聘、选拔、培训、考核、奖惩、发展等计划,保证企业发展的人才需求,并有效地提高员工的满意度和工作绩效,降低所需人才的流动率,提高员工士气。

(6)研发战略。研发战略涉及企业技术与产品的开发和创新。大多数企业需要开展研究与开发活动,并密切关注新技术的发展趋势、使用和推广,从而为企业的投资战略与生产战略提供支持和帮助。

除了上述战略分类方式外,由于企业战略的内容和形式是多种多样的,也可以按不同的标志分为不同的类别,这里不再赘述。

二、SWOT战略分析法的含义与运用步骤

(一)SWOT战略分析法的含义

SWOT战略分析法最早由美国旧金山大学的海因茨·韦里克(Heinz Weihrich)教授于20世纪80年代初提出的。所谓SWOT战略分析法,是一种综合考虑企业内部条件和外部环境的各种因素,进行系统评价,从而选择最佳经营战略的方法。这里,S是指企业内部的优势(Strengths),W是指企业内部的劣势(Weaknesses),O是指企业外部环境的机会(Opportunities),T是指企业外部环境的威胁(Threats)。

企业内部的优势和劣势是相对于竞争对手而言的,一般反映在企业的资金、技术设备、职工素质、产品、市场、管理技能等方面。判断企业内部的优势和劣势一般有两项标准:一是单项的优势和劣势。例如:企业资金雄厚,则在资金上占优势;市场占有率低,则在市场上占劣势。二是综合的优势和劣势。为了评估企业的综合优势和劣势,应选定一些重要因素加以评价打分,然后根据其重要程度进行加权计算。

企业外部环境的机会是指环境中对企业有利的因素,如政府支持、高新技术的应用、良好的购买者与供应者的关系等。企业外部的威胁是指环境中对企业不利的因素,如竞争对手的出现、市场增长率缓慢、购买者和供应者讨价还价的能力增强、技术老化等。这是影响企业当前或未来竞争地位的主要因素。

SWOT分析的指导思想就是在全面把握企业内部优劣势与外部环境的机会和威胁的

基础上,制定符合企业未来发展的战略,发挥优势、克服不足,利用机会、化解威胁。

SWOT 战略分析是企业竞争情报分析的重要手段。企业高层管理人员根据企业的使命和目标,通过 SWOT 法分析企业经营的外部环境,确定存在的机会和威胁;评估自身的内部条件,认清企业的优势和劣势。在此基础上,企业要制定用以完成使命、达到目标项目的战略,即进行战略选择,实施战略计划。

(二)SWOT 战略分析法的运用步骤

1. 明确目标。这一步骤是要发现问题,提出问题,形成课题和选择课题。

2. 确定分析对象。SWOT 分析的对象就是构成企业内部条件和外部环境的因素。构成企业内部条件的因素主要有管理、营销、财务、生产、技术等,它们的组合构成了企业内部的优劣势状况;构成企业外部环境的因素有宏观、微观环境或称一般环境和作业环境,包括政治法律环境、科技经济环境、自然环境以及行业竞争状况、市场需求状况等。分析企业外部环境要综合考虑国内外因素及过去、现在、未来的状态。

3. 信息收集与整理。信息收集的主要任务是确定信息源和选择收集的方法。信息源包括两层含义:一是信息及其发生源,包括各类信息及其产生和持有机构,如科研院所、生产企业、市场营销部门、政府机构、高校、图书馆、信息中心、电视台等;二是信息以及其赖以传播的各种物质载体或传输通道,如图书、期刊、有关文件、产品样本、展销会等。信息收集方法很多,要根据信息分析的目标加以确定。

信息整理是对所收集的信息进行初步加工,使之由无序变为有序,成为可以利用的某种形式,如剔除重复的或不符合要求的信息。

4. 构造 SWOT 矩阵,进行 SWOT 分析。

(1)构造 SWOT 矩阵,即按照各因素的重要程度进行排序,将那些对企业发展有重大和长期影响的因素优先排列;反之,则做次要排列,具体见表 4-5。

表 4-5 SWOT 矩阵

企业内部优势与弱点 企业外部机会与威胁	内部优势(S) 1. 2. 3.	内部弱点(W) 1. 2. 3.
外部机会(O) 1. 2. 3.	SO 战略 依靠内部优势 利用外部机会	WO 战略 利用外部机会 克服内部弱点
外部威胁(T) 1. 2. 3.	ST 战略 利用内部优势 回避外部威胁	WT 战略 减少内部弱点 回避外部威胁

(2)根据以上矩阵 SWOT 因素的排列组合,可大致判断企业内部的优劣势所在以及

外部环境中所存在的机会和威胁,从而为企业制订行动方案、进行战略选择打下基础。

5. 根据SWOT分析,选择竞争战略。竞争战略是企业在SWOT分析的基础上,全面把握企业内部的优劣势状况和企业外部的机会与威胁,正确地分析和界定本企业在竞争中的地位后所形成的战略。

具体地说,企业战略的选择是SWOT中各要素的组合,如SO战略是着重考虑发挥自身优势和利用外部机会;ST战略是重点考虑发挥优势的同时,避免外部威胁;WO战略是要充分利用外部机会,克服和改进内部弱点;WT战略则是要克服内部弱点,避免外部威胁。SWOT战略组合共有15种:S,W,O,T,SW,SO,WO,WT,ST,OT,SWO,SWT,SOT,WOT,SWOT。企业实施总成本领先战略、差异化战略或目标集聚战略其实就是SWOT战略组合的结果。

总之,SWOT战略分析法是战略管理的重要工具。在SWOT分析的基础上形成各种战略组合,其战略组合的结果就是企业制定和采取总成本领先战略、差异化战略或目标集聚战略。

三、战略的实施与评价

(一)战略控制及实施

制定战略是为了能更好地实施战略。再好的战略,如果不能付诸实施,也不过是一纸空文。那么,怎样使已经制定的战略得到较好的实施呢?

1. 战略失效及对策。战略在实施过程中,有时与人们的期望并不一致,当出现非理想状态时,在战略学上称为战略失效。战略失效按时间来划分有早期失效、偶然失效和晚期失效三种类型(如图4-6所示)。

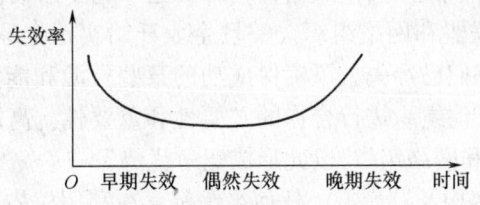

图4-6 战略失效的类型

当一项战略开始实施时,可能遇到早期失效。实践表明,大量的战略实施早期失效率特别高,这是因为新战略还没有被员工理解和接受,或者实施者对新的环境、工作不适应。战略决策者对这种早期失效不可惊慌失措,更不可对新战略失去信心,暂时的挫折并不意味着战略的不合理。战略控制时必须考虑"延滞效应"。早期失效后,就可能使工作步入正轨,从而使战略进入平稳发展阶段,在图4-6中以"浴盆曲线"的盆底部分表示。所谓偶然失效,是指在战略的平稳实施阶段所出现的一些意外情况。当处于偶然失效时,战略决策者绝不可以掉以轻心,而是应该及时、慎重地处理,维持战略的平稳推进。度过偶然失效期后,随着时间的推移,外部环境的变化制约着战略的实施,从而进入晚期失效阶段。此时,战略决策者应该适应外部环境的变化,调整、转移战略,积极创造条件推进战略。战略失效的"浴盆曲线"揭示了战略在不同时间效率高低的规律,分析了不同阶段战略失效的本质区别,为制定正确的战略、实施控制策略提供了理论依据和战略推进方法。同时,还可以防止战略在早期失效阶段来回折腾,避免了晚期失效阶段慌忙修改或固守原状的错误。它使战略实施控制过程既有阶段性,又有相互联系、协调发展的连贯性。

2. 影响战略控制的因素和趋势。在制定和实施战略的过程中,必须同时考虑现有的定量分析因素、信息上的缺陷因素、不确定性因素、不可知的因素以及人类心理等因素。在这些因素中,有一些是企业的内部特点,正是这些特点才使同一行业中的各个公司有所差异;另一些由于受到行业性质和环境的制约,则使一个行业中的企业战略较为相似。

影响战略控制的因素可以分为三类:需求和市场、资源和能力以及组织和文化。这三类因素在现代企业中呈现如下趋势:

(1)更加重视质量、价值和顾客满意度。不同的需求驱动因素(如便利、地位、风格、属性、服务等)在不同的时间和地点扮演了不同的角色。现代顾客在做出购买决策时更加重视质量和价值,一些卓有成效的公司致力于提高质量,同时降低成本。它们的指导思想是持续不断地用更少的成本提供更多的产品。

(2)更加重视关系建设和竞争导向。现代企业关注于培养顾客的忠诚度,从交易过程转向关系建设,与企业的关联者保持和谐融洽的状态。

(3)更加重视业务流程管理和整合业务功能。现代企业从管理一系列各自为政的部门转向一系列基本业务流程,企业组成跨部门的工作团体管理这些基本流程。

(4)更加重视全球导向和区域规划。现代企业的边界日益扩张,无国界经营成为发展潮流。当企业进入国外市场时,必须转变传统的经营习惯去适应当地的环境。企业必须从全球化的角度进行战略思考,但战略计划和实施却趋于区域化与当地化。

(5)更加重视战略联盟和网络组织。一旦企业开始实行全球化战略,它们就会意识到无论自身多么强大,它们已经失去了确保成功的某些资源和能力。考虑到完整的价值链,它们就会认识到和其他组织进行合作的必要性和重要性。高层管理者把越来越多的时间用于设计战略联盟和网络组织,以此形成竞争优势。

(6)更加重视权势架构及其影响。任何组织都存在利用权势实现个人或集团利益的现象,在很多时候,企业的战略决策是由权势决定的。现代企业面临的复杂环境决定了人们在目标、价值观念、利害关系、职责和认识上的分歧,同时彼此对对方有控制权,在某种程度上依赖于对方。

3. 战略控制的方式。

(1)从控制时间来看,企业的战略控制可以分为如下三类:

①事前控制。在战略实施之前,设计好正确有效的战略计划并得到企业高层领导人的批准后才执行战略。这种方式多用于重大问题的控制,如任命重要的人员、重大合同的签订、购置重大设备等。

②事后控制。这种控制方式发生在企业的经营活动之后,是把战略活动的结果与控制标准相比较,重点要明确战略控制的程序和标准,把日常的控制工作交由职能部门的人员去做。

③随时控制。即过程控制,企业高层领导者要控制企业战略实施中的关键性过程,随时采取控制措施,纠正实施中产生的偏差,引导企业沿着战略的方向发展,这种控制方式主要是对关键性的战略措施进行随时控制。

(2)从控制主体的状态来看,战略控制可以分为如下两类:

①避免型控制。即采取适当的手段,使不适当的行为没有机会产生,从而达到不需要控制的目的。如通过自动化使工作的稳定性得以保持,按照企业的目标正确地工作;通过与外部组织共担风险以减少控制;转移或放弃某项活动,以此来消除有关的控制活动。

②开关型控制。开关型控制又称事中控制或行与不行的控制。其原理是:在战略实施的过程中,按照既定的标准检查战略行动,确定行与不行,类似于开关的开与关。

开关型控制方法的具体操作方式一般有以下三种:

第一,直接领导。管理者对战略活动进行直接领导和指挥,发现差错及时纠正,使其行为符合既定标准。

第二,自我调节。执行者通过非正式的、平等的沟通,按照既定的标准自行调节自己的行为,以便和谐配合。

第三,共同愿景。组织成员对目标、战略宗旨认识一致,在战略行动中表现出一定的方向性、使命感,从而殊途同归、和谐一致、实现目标。

(3)从控制的切入点来看,企业的战略控制可以分为如下五种:

①财务控制。这种控制方式覆盖面广,是用途极广且非常重要的控制方式,包括预算控制和比率控制。

②生产控制。即对企业产品品种、数量、质量、成本、交货期及服务等方面的控制,生产控制又可以分为产前控制、过程控制及产后控制。

③销售规模控制。销售规模太小会影响经济效益,太大会占用较多的资金,从而影响经济效益,为此要对销售规模进行控制。

④质量控制。包括对企业工作质量和产品质量的控制。

⑤成本控制。通过成本控制使各项费用降到最低水平,进而达到提高经济效益的目的。成本控制不仅包括对生产、销售、设计、储备等有形费用的控制,而且包括对会议、领导、时间等无形费用的控制。

4.战略实施的模式。在企业的战略经营实践中,战略实施有五种不同的模式。

(1)指挥型。这种模式的特点是,企业总经理需考虑如何制定最佳战略的问题。实践中,计划人员要向总经理提交企业经营战略的报告,总经理看后得出结论,确定了战略之后,向高层管理人员宣布企业战略,然后强制下层管理人员执行。指挥型模式的运用要有以下约束条件:

①总经理要有较高的权威,依靠其权威发布各种指令来推动战略实施。

②只能在战略比较容易实施的条件下运用。这就要求战略制定者与战略执行者的目标一致,战略对企业现行运作系统不会构成威胁。企业组织结构一般都是高度集权制的体制,企业环境稳定,能够集中大量的信息,多种经营程度较低,企业处于强有力的竞争地位,资源条件较为宽松。

③要求企业能够准确有效地收集信息,并能及时汇总到总经理手中,因此对信息条件要求较高。

④要有较为客观的规划人员。在权力分散的企业中,各事业部常常因为强调自身的利益而影响了企业总体战略的合理性。因此,企业需要配备一定数量的、有全局眼光的规划人员来协调各事业部的计划,使其更加符合企业的总体要求。

指挥型模式的缺点是把战略制定者与执行者分开,即高层管理者制定战略,强制下层管理者执行战略。因此,下层管理者缺少执行战略的动力和创造精神,甚至会拒绝执行战略。

(2)变革型。这种模式的特点是,企业总经理需考虑如何实施企业战略。在战略实施中,总经理本人需要对企业进行一系列的变革,如建立新的组织机构、新的信息系统,变更人事,甚至合并或兼并经营范围,采用激励手段和控制系统以促进战略的实施。为进一步获得战略成功的机会,企业战略领导者往往采用以下三种方法:

①利用新的组织机构和参谋人员向全体员工传递新战略优先考虑的战略重点是什么,把企业的注意力集中于战略重点所需的领域。

②建立战略规划系统、效益评价系统,采用各项激励政策以支持战略的实施。

③充分调动企业内部人员的积极性,争取各部门人员对战略的支持,以此来保证企业战略的实施。

在许多企业中,变革型模式比指挥型模式更加有效,但这种模式并没有解决指挥型模式存在的如何获得准确信息的问题、各事业单位及个人利益对战略计划的影响问题以及战略实施的动力问题;而且还产生了新的问题,即企业通过建立新的组织机构及控制系统来支持战略实施的同时失去了战略的灵活性,在外界环境变化时使战略的变化更为困难。从长远观点来看,环境不确定性的企业应该避免采用不利于战略灵活性的措施。

(3)合作型。这种模式的特点是,企业的总经理需考虑如何让其他高层管理人员从战略实施一开始就承担有关的战略责任。为发挥集体的智慧,企业总经理要和企业其他管理人员一起对企业战略问题进行充分的讨论,形成较为一致的意见,制定战略,使每位高层管理者都能够在战略制定及实施的过程中做出各自的贡献。

协调高层管理人员的形式多种多样,如有的企业成立由各职能部门领导参加的"战略研究小组",专门收集在战略问题上的不同观点,并进行研究分析,在统一认识的基础上制定战略实施的具体措施等。总经理的任务是组织好一支能够胜任制定及实施战略任务的管理人员队伍,并使他们能够很好地合作。

合作型模式克服了指挥型模式及变革型模式存在的两大局限性,使总经理接近一线管理人员,并获得比较准确的信息。同时,由于战略的制定是建立在集体智慧的基础上,从而提高了战略实施成功的可能性。

合作型模式的缺点是,由于战略是持有不同观点、不同目的的参与者相互协商、折中的产物,有可能会使战略的经济合理性有所降低,同时仍然存在谋略者与执行者的区别,不能充分调动全体管理人员的智慧和积极性。

(4)文化型。这种模式的特点是,企业总经理需考虑如何动员全体员工都参与战略实施活动,即企业总经理运用企业文化的手段,不断向企业全体成员灌输战略思想,建立共同的价值观和行为准则,使所有成员在共同的文化基础上参与战略的实施活动。由于这种模式打破了战略制定者与执行者的界限,力图使每一个员工都参与制定、实施企业战略,因此,使企业各部分人员都在共同的战略目标下工作,使企业战略迅速实施,风险小,企业发展迅速。

文化型模式也有局限性,具体表现为:

①这种模式是建立在企业职工都是有学识的假设基础上的,实践中,职工很难达到这种学识程度,受文化程度及素质的限制,一般职工(尤其是在劳动密集型企业中的职工)对企业战略制定的参与程度有限。

②极为强势的企业文化可能会掩饰企业中存在的某些问题,企业也要为此付出代价。

③采用这种模式要耗费较多的人力和时间,而且可能因为企业高层不愿意放弃控制权,从而使职工参与战略制定及实施流于形式。

(5)增长型。这种模式的特点是,企业总经理需考虑如何激励下层管理人员制定、实施战略的积极性及主动性,为企业效益的增长而奋斗,即总经理要认真对待下层管理人员提出的一切有利于企业发展的方案,只要方案基本可行,符合企业战略发展方向,在与管理人员探讨了解决方案中的具体措施以后,应及时批准这些方案,以鼓励员工的首创精神。采用这种模式,企业战略不是自上而下地推行,而是自下而上地产生,因此,总经理应该具有以下认识:

①总经理不可能控制所有的重大机会和威胁,有必要给下层管理人员以宽松的环境,激励他们参与有利于企业发展的经营决策。

②总经理的权力是有限的,不可能在任何方面都把自己的愿望强加于组织成员。

③总经理只有在充分调动及发挥下层管理者的积极性的情况下,才能正确地制定和实施战略,一个稍微逊色但能够得到人们广泛支持的战略,要比那种"最佳"的却根本得不到人们热心支持的战略有价值得多。

④企业战略是集体智慧的结晶,靠一个人很难做出正确的战略选择。因此,总经理应该坚持发挥集体智慧的作用,并努力减少影响集体决策的各种不利因素。

20世纪60年代以前,企业界认为管理需要绝对的权威,这种情况下,指挥型模式是必要的。20世纪60年代,小艾尔弗雷德·杜邦·钱德勒的研究结果指出,为了有效地实施战略,需要调整企业组织结构,这样就出现了变革型模式。合作型、文化型及增长型三种模式出现得较晚,但从这三种模式中可以看出,战略的实施充满了矛盾和问题,在战略实施过程中,只有调动各方面的积极因素,才能使战略获得成功。上述五种战略实施模式在制定和实施战略上的侧重点不同,指挥型和合作型更侧重于战略的制定,而文化型及增长型则更多地考虑战略实施问题。实际上,在企业中,上述五种模式往往是交叉或交错使用的。

5.战略实施的阶段。战略实施一般分为以下四个阶段:

(1)战略发动阶段。在这一阶段,企业领导人要研究如何将企业的战略理想变为企业大多数员工的实际行动,调动大多数员工实施新战略的积极性和主动性。这就要求对企业管理人员和员工进行培训,向他们灌输新的思想、新的观念,要向广大员工讲清楚企业内外环境的变化给企业带来的机遇和挑战,旧战略存在的各种弊病,新战略的优点以及存在的风险等,使大多数员工能够认清形势,认识到实施新战略的必要性和迫切性,树立信心,打消疑虑,逐步接受新战略,为新战略的美好前途而努力奋斗。

(2)战略计划阶段。将经营战略分解为几个战略实施阶段,每个战略实施阶段都有分阶段的目标,相应地有每个阶段的政策措施、部门策略以及对应的方针等。

(3)战略运作阶段。企业战略的实施运作主要与下面六个因素有关:各级领导人员的素质和价值观念;企业的组织机构;企业文化;资源结构与分配;信息沟通;控制及激励制度。通过这六项因素,能够使战略真正进入企业的日常生产经营活动中,成为制度化的工作内容。

(4)战略的控制与评估阶段。战略是在变化的环境中实践的,企业只有加强对战略执行过程的控制与评价,才能适应环境的变化,完成战略任务。这一阶段的主要任务是建立控制系统、监控绩效和评估偏差、控制及纠正偏差三个方面。

6.战略实施的基本原则。企业在经营战略的实施过程中,常常会遇到许多在制定战略时未估计到或者不可能完全估计到的问题。在战略实施中有三个基本原则,可以作为企业实施经营战略的基本依据。

(1)适度合理性的原则。在经营目标和企业经营战略的制定过程中,受到信息、决策时限以及认识能力等因素的限制,对未来的预测不可能很准确,所制定的企业经营战略也不是最优的,而且在战略实施的过程中由于企业外部环境及内部条件的变化较大,情况比较复杂,因此,只要在主要的战略目标上基本达到了预定的目标,就应当认为这一战略的制定及实施是成功的。

(2)统一领导、统一指挥的原则。对企业经营战略了解最深刻的应当是企业的高层领导人员,一般来讲,他们要比企业中下层管理人员以及一般员工掌握的信息多,对企业战略各个方面的要求以及相互联系的关系了解得更全面,对战略意图体会更深,因此战略的实施应当在高层领导人员的统一领导、统一指挥下进行。只有这样其资源的分配、组织机构的调整、企业文化的建设、信息的沟通及控制、激励制度的建立等各方面才能相互协调、平衡,才能使企业为实现战略目标而卓有成效地运行。

(3)权变原则。企业经营战略的制定是基于一定环境条件的假设,而在战略实施中,事情的发展与原先的假设有所偏离是不可避免的。战略实施过程本身就是解决问题的过程,如果企业内外环境发生重大变化,以致原定战略目标的实现成为不可能,显然这时需要对原定的战略进行重大调整,这就是战略实施的权变问题。

权变的观念应当贯穿于战略实施的全过程。从战略的制定到战略的实施,权变的观念要求识别战略实施中的关键变量,并对它做出灵敏度分析。如果这些关键变量的变化超过一定的范围,原定的战略就应当调整,并准备相应的替代方案。企业应该对可能发生的变化及其造成的后果以及应变替代方案都要有足够的了解和充分的准备,以使企业有较强的应变能力。

(二)战略的评价

战略评价的目的是要检验和评价企业战略的正确性,这是战略管理过程中一个极为重要的环节。战略评价所要考虑的标准主要有三点:一是适用性,它是用来评价所提出的战略对在战略分析中所确定的组织情况的适应程度,以及它如何保持或改进组织的竞争地位;二是可行性,即分析能否成功地实施该战略;三是可接受性,它是与人们的期望密切相关的一个评价标准。

1. 战略选择。战略评价的一个重要问题是分析在已实施战略的选择上是否存在致命的错误。

(1) 战略选择矩阵。战略选择矩阵是一个指导企业进行战略选择的模型。企业应结合自身的优劣势和内外部资源的运用状况,选择合适的战略。战略选择矩阵可用图4-7简单表示。

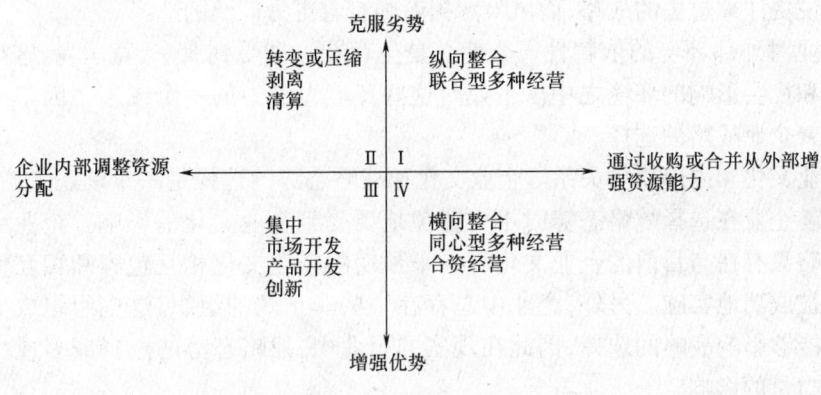

图4-7 战略选择矩阵

在象限Ⅰ中,企业认为当前生产经营业务的增长机会有限或风险太大,则可以采用纵向整合战略来降低原材料或顾客渠道方面的不确定性所带来的风险。企业也可以采用联合型多种经营战略,既能投资获利,又不用转移对原有经营业务的注意力。

在象限Ⅱ中,企业常采用较为保守的克服劣势的办法。在保持基本使命不变的情况下,企业在内部将一种经营业务转向另一种经营业务,加强有竞争优势的经营业务的发展。企业可以采用压缩战略,精简现有业务。如果某种业务已经是获利的重大障碍,或者克服劣势所费巨大,或者成本效益太低,就必须考虑采取剥离战略,把这种业务剥离出去,同时获得补偿。当经营业务已经徒然耗费组织资源,有导致企业破产的危险时,就可以考虑清算战略。

在象限Ⅲ中,如果企业认为能利用这四种战略恢复获利能力并希望从内部增强竞争优势,就可以选择全力倾注于现有的产品和市场,力求通过再投入资源,增强优势以巩固自己的地位。市场开发和产品开发都属于扩展业务,前者适用于现有产品拥有新顾客群的情况,后者适用于现有顾客对企业现有产品的相关产品感兴趣的情况。产品开发也适用于拥有专门技术或其他竞争优势的条件。

在象限Ⅳ中,企业通过积极扩大业务范围来增强竞争优势,会选用一种注重外部的战略。横向整合可以使企业迅速增加产出能力。同心型多种经营业务与新业务密切相关,可以使企业平稳而协调地发展。合资经营也是从外部增加资源能力的战略,可以使企业将优势拓展到原来不敢独自进入的竞争领域。合作者的生产、技术、资金或营销能力可以大大减少金融投资,并增加企业获利的可能性。

(2)影响战略选择的因素分析。总的来说,影响企业战略选择的因素有:

①企业过去的战略。对大多数企业来说,过去的战略常常被当成战略选择过程的起点。由于企业管理者是过去战略的制定者和执行者,因此,他们常常不倾向于改动这些既定战略,这就要求企业在必要时撤换某些管理人员,以削弱目前失败的战略对企业未来战略的影响。

②管理者对待风险的态度。企业管理者对待风险的态度影响着企业战略态势的选择。

风险承担者一般采取进攻性的战略,风险回避者一般采取防御性的战略。风险回避者相对来说更注重过去的战略,而风险承担者则有着更为广泛的选择。

③企业对外部环境的依赖性。企业总是生存在一个受到股东、竞争者、客户、政府、行业协会和社会影响的环境之中。企业对这些环境力量中的一个或多个因素的依赖程度也影响着企业战略的选择。

④企业文化和内部权势关系。企业文化和战略态势的选择是一个动态平衡、相互影响的过程。企业在选择战略态势时不可避免地要受到企业文化的影响。企业可能选择的未来战略只有在与目前的企业文化和未来预期的企业文化相互包容和相互促进的情况下才能被成功地实施。另外,企业中总存在一些非正式的组织,这些组织成员的看法有时甚至能够影响战略的选择,因此在现实的企业中,战略态势的选择或多或少地都会受到这些力量的影响。

⑤时期性。时期性是指允许进行战略态势选择前的时间限制。时间限制的压力不仅减少了能够考虑的战略方案的数量,而且限制了可以用于评价的方案的信息和数量。有研究表明,在时间的压力下,人们倾向于把否定的因素看得比肯定的因素更重要,因而往往做出更加具有防御性的策略。时期性还包括战略规划期的长短,即战略的时期着眼点。战略规划期长,则外界环境的预测相对复杂,因此在做战略选择时的不确定性因素更多,这会使战略方案决策的复杂性大大增加。

⑥竞争者的反应。在战略态势的选择中,还必须分析和预计竞争对手对本企业不同战略方案的反应,企业必须对竞争对手的反击能力做出恰当的估计。在寡头垄断的市场结构中,或者市场上存在一个极为强大的竞争者时,竞争者的反应对战略选择的影响更为重要。

(3)战略群模型分析。战略群模型是在对波士顿矩阵(市场增长率相对市场份额矩阵)进行修正的基础上得出的又一种企业战略态势选择方法。与波士顿矩阵相似,战略群模型也将业务单位划分为四种类型,即竞争地位和市场发展组成的四个象限。主要内容如图4-8所示。

象限Ⅰ中的业务与问题业务类似,这种业务要求战略管理者进行仔细的分析,找出在迅速发展的市场上竞争地位较弱的原因,并确定是否有能力实现过去既定的战略目标。如果认定企业还具备尚未充分体现的潜力和竞争优势,则企业仍旧可以集中生产现有的产品和服务,或者采用横向一体化来增强企业的实力。相反,若分析的结果是在战略期内企业无法获得更多的竞争优势并实现既定的战略目标,那么,企业可以考虑放弃和清算战略。

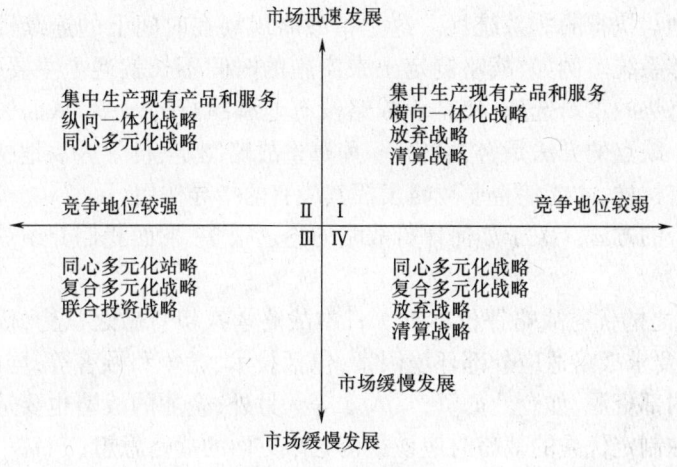

图4-8 战略群模型

象限Ⅱ中的业务与明星业务相似。首先选择的战略应当是集中发展目前的产品和服务,因为目前企业的战略实施状况是令人满意的。但是,如果企业拥有超过集中型增长所需要的资源时,就可以考虑采用纵向一体化战略,因为这有助于更好地接近用户和供应商,从而保有企业的市场份额和利润。当然,企业也可以考虑使用同心多元化战略,但这对企业资源的要求要大得多。

象限Ⅲ中的业务相当于金牛业务。这些业务具有现金流入大,内部发展对资源的要求相对小的特点。所以,对它们既可以采取各种多元化战略,也可以采用联合投资的战略,以实现进入更好发展前途的业务领域的目标。

象限Ⅳ中的业务类似于瘦狗类业务。对于这类业务,如果企业管理者经过分析确认这种缓慢的市场发展和相对弱的竞争地位将继续下去,那么,企业就应当实施抽资转向战略或干脆采用放弃和清算战略,以尽可能地收回被其占用的资源。如果这类业务的转向和清算战略较为困难(如受沉没成本和资产专用性的影响),企业也可以考虑进行一定的多元化经营,力图从相关和不相关的业务领域中获取发展机会。

(4)战略选择的误区分析。在实际的战略管理中,战略管理者往往容易犯一些共同的毛病,造成战略态势的选择失误。究其原因,主要有以下几点:

①盲目追随他人。这是指企业在没有仔细分析企业特有的内外环境条件和自身资源的情况下,盲目地追随市场领导者或目前流行的战略态势,从而造成失误。盲目追随他人往往发生在市场前景较为乐观、经济较为景气的时期。

②过分分散投资领域。在有些战略管理者的战略观念中,认定投资于多个行业和业务领域会降低经营风险,还能显示企业的实力,这其实是一种非常荒谬的看法,并不是投资领域越分散就越能体现企业的实力。事实上,多元化会使企业资源分散和管理经验欠缺。这些都将使企业的经营实力受到影响。

③排斥紧缩型战略。一方面,排斥紧缩型战略是因为实行紧缩战略就意味着管理人员的失败,而大多数人不愿看到自己的失败;另一方面,他们没有认识到企业在有更好的业务机遇时,完全可以将其他不良运作的业务资源转移过来,从而实现企业资源的最优配置。

④战略规划与执行的非系统性。这是指战略规划在时间上的连续性与未来环境的适应性方面不够系统。例如,战略制定出来实施的时间不长就遇上主要管理人员调整,由此造成战略态势的重新选择,使企业战略没有连续执行的效率,从而失去长期的总体效益。克服这一缺点的方法是努力培养一种尊重战略制定、科学客观地执行企业战略的企业文化。只有这样,才能使企业战略发挥其应有的指导作用。

2.战略评价的方法。关于如何评价战略的论述很多,下面我们介绍三种有代表性的战略评价方法。

(1)伊丹敬之的优秀战略评价标准。日本战略学家伊丹敬之认为,优秀的战略是一种适应战略,它要求战略适应外部环境因素,包括技术、竞争和顾客等;同时,企业战略也要适应企业的内部资源,如企业的资产、人才等。另外,企业的战略也要适应企业的组织结构。企业家在制定优秀的战略时应该权衡七个方面的战略思想:

①战略要实行差别化,要和竞争对手的战略有所不同。

②战略要集中。企业资源分配要集中,要确保战略目标的实现。

③战略制定要把握时机。企业应该选择适当的时机推出自己的战略,时机要由自己积极创造。

④战略要能利用波及效果。企业利用已有成果,发挥更大的优势,扩大影响,以便增强企业的信心。这一点实质上是强调企业要利用自己的核心能力。

⑤战略要能够激发员工的士气。

⑥战略要有不平衡性。企业不能长期地保持稳定,要有一定的不平衡,造成一定的紧迫感,即战略要有更高的要求。

⑦战略要能巧妙组合。企业战略应该能把企业的各种要素巧妙地组合起来,使各要素产生协同效果。

(2)斯坦纳·麦纳的评价标准。美国战略学家斯坦纳·麦纳提出了评价战略时应该考虑的六个要素:

①战略要有环境的适应性。企业所选的战略必须和外部环境及其发展趋势相适应。

②战略要有目标的一致性。企业所选的战略必须能保证企业战略目标的实现。

③竞争的优势性。企业所选的战略方案必须能够充分发挥企业的优势,保证企业在竞争中取得优势地位。

④预期的收益性。企业要选择能够获取最大利润的战略方案。需要注意的是,这里所说的战略利润是长期利润而不是短期利润,其指标很简单,用投资利润率来评价。投资利润率=预期利润/预期投资总额。

⑤资源的配套性。企业战略的实现必须有一系列战略资源做保证,这些资源不仅要具备,而且要配套,暂时不具备而经过努力能够具备的资源也是可取的。

⑥战略的风险性。未来具有不确定性,战略具有风险性,在决策时要适当考虑风险。一方面,态度上,要有敢于承担风险的勇气;另一方面,手段上,要事先科学地预测风险,并制定出应变的对策,尽量避免孤注一掷。

(3)理查德·努梅特(Richard Rumelt)战略评价四标准。英国战略学家努梅特提出了可用于战略评价的四条标准:一致、协调、可行和优越。协调(Consonance)与优越(Advantage)主要适用于对公司的外部评估,一致(Consistency)与可行(Feasibility)则主要适用于内部评估。

①一致,即一个战略方案中不应出现不一致的目标和政策。

②协调。协调是指在评价时既要考察单个趋势,又要考察组合趋势。在战略制定中将企业内部因素与外部因素相匹配的困难之一在于绝大多数变化趋势都是与其他多种趋势相互作用的结果,对此必须综合考察。

③可行。一个好的经营战略必须做到既不过度耗费可利用资源,也不造成无法解决的派生问题。

④优越。经营战略必须能够使企业在特定的业务领域中创造和保持竞争优势。

【本章小结】

决策是指人们为达到改造世界的预期目标,运用科学理论,遵循合理程序,选择有效方法,针对解决待定问题设计出的多种可行性方案,做出分析、评估和抉择,并将选择的方案加以实施的活动。

决策从不同的角度可划分为不同的类型。当前常用的决策方法有定性决策方法和定量决策方法。定性决策方法主要包括专家会议法、头脑风暴法、德尔菲法等,定量决策方法针对确定型决策、风险型决策及不确定型决策有各种不同的方法。

【复习思考题】

1. 何谓决策?何谓追踪决策?追踪决策有哪些特点?
2. 决策过程包括哪几个阶段的工作?
3. 确定型决策、风险型决策和非确定性决策有何区别?
4. 决策者的理性限制表现在哪些方面?
5. 何谓乐观准则、悲观准则、后悔准则?
6. SWOT分析法的概念和运用程序是什么?
7. 某轻工机械企业要拟订一个有关企业经营发展的规划。根据本企业的实际生产能力、本地区生产能力的布局以及市场近期和长期的需求趋势初步拟订了以下三个可行方案:第一方案是扩建现有工厂,需投资100万元;第二方案是新建一个工厂,需投资200万元;第三方案是与小厂联合经营合同转包,需投资20万元,企业经营年限为10年,据市场预测和分析,三种方案在实施过程中均可能遇到以下四种情况,现将有关资料估算如表4-6所示:

表4-6

损益值(万元) 状态概率 方案	销路好 0.5	销路一般 0.3	销路差 0.1	销路极差 0.1
扩建	50	25	-25	-45
新建	70	30	-40	-80
合同转包	30	15	-5	-10

试做出决策。

【实践训练】

实训目标：

1. 培养决策能力。
2. 掌握决策过程、方法。

实训内容：

冬天到了,天气逐渐变凉,你发现缺少过冬的衣服,需要添置。根据自己的经济能力、身份、性格特征以及消费偏好,试分析购买冬衣的决策过程。

参考以下内容：

1. 目前存在的问题:没有冬衣。
2. 确定目标:保暖、漂亮、便宜、时髦等。
3. 拟订方案:种类:棉衣、羽绒衣、皮衣等。价格:高档、中档等。地点:超市、服装市场、网上商店等。
4. 选择方案:根据自己的实力和喜好选择购买方案。
5. 执行方案:在具体时间到具体地点,根据决策目标执行具体方案。
6. 检查评价:评价本次决策绩效。

实践要求：

将这一决策过程写成一份报告。

第五章 计 划

【学习目标】

1. 了解计划的类型；
2. 理解计划职能的内容；
3. 理解目标管理的实质与特点；
4. 掌握目标管理的步骤与方法。

【案例导入】

乔森家具公司五年目标

乔森家具公司是乔森先生在 20 世纪中期创建的,开始时主要经营卧室和会客室家具,取得了相当大的成功,随着规模的扩大,自 20 世纪 70 年代开始,公司又进一步经营餐桌和儿童家具。1975 年,乔森退休,他的儿子约翰继承父业,不断拓展卧室家具业务,扩大市场占有率,使公司产品深受顾客欢迎。到 1985 年,公司卧室家具方面的销售量比 1975 年增长了近两倍。但公司在餐桌和儿童家具的经营方面一直不得法,面临着严重的困难。

乔森家具公司自创建之日起便规定,每年 12 月份召开一次公司中、高层管理人员会议,研究讨论战略和有关的政策。1985 年 12 月 14 日,公司又召开了每年一次的例会,会议由董事长兼总经理约翰先生主持。约翰先生在会上首先指出了公司存在的员工思想懒散、生产效率不高的问题,并对此进行了严厉的批评,要求迅速扭转这种局面。与此同时,他还为公司制定了今后五年的发展目标。具体包括:

1. 卧室和会客室家具销售量增加 20%；
2. 餐桌和儿童家具销售量增长 100%；
3. 总生产费用降低 10%；
4. 减少补缺职工人数 3%；
5. 建立一条庭院金属桌椅生产线,争取五年内达到年销售额 500 万美元。

这些目标主要是想增加公司收入,降低成本,获取更大的利润。但公司副总经理托马斯跟随乔森先生工作多年,了解约翰董事长制定这些目标的真实意图。尽管约翰开始承接父业时对家具经营还颇感兴趣。但后来,他的兴趣开始转移,试图经营房地产业。为此,他努力寻找机会想以一个好价钱将公司卖掉。为了能提高公司的声望和价值,他准备在近几年狠抓一下经营,改善公司的绩效。

托马斯意识到自己历来与约翰的意见不一致,因此在会议上没有发表什么意见。会议很快就结束了,大部分与会者都带着冷淡的表情离开了会场。托马斯有些垂头丧气,但他仍想会后找董事长就公司发展目标问题谈谈自己的看法。

资料来源:百度文库,wenku.baidu.com。

思考题：
你认为乔森公司的问题出在哪里？

第一节 计划概况

一、计划概况

（一）计划的含义

管理学家亨利·法约尔(1841—1915年)在他1916年发表的著作《工业管理与一般管理》一书中首次提出计划工作是管理的一项基本职能。哈罗德·孔茨认为，"计划工作是一座桥梁，它把我们所处的和要去的彼岸连接起来，以克服这一天堑。"

汉语中，"计划"既可以是名词，也可以是动词。作为名词的计划，是指用文字和指标等形式所表述的，在未来一定时期内，组织和组织内的人员活动的行动方向、内容和方式安排的纲领性管理文件。从这一角度来看，计划是一种预期结果，是组织活动希望达到的要求，如生产计划、财务计划等。作为动词的计划，是指为了实现决策所确定的目标，预先进行的安排，换句话说，是组织在预测基础上为实现预期目标，而对未来活动实现的预先规划。我们有时用"计划工作"表示动词意义上的计划，这项活动是对组织未来行动所做的谋划、规划、打算和安排，一般首先从时间和空间两个维度上对任务和目标进一步分解，其次选择为了实现这一目标需要的行动方案以及组织资源配置，然后不断对计划进行调整和控制。因此，管理中的计划工作包括制订计划、执行计划和检查计划执行情况三个紧密衔接的工作过程。

综上所述，本书将计划的含义概况为：计划是组织依据其外部环境和内部条件的现实要求，确定未来一定时期的目标，并通过计划的编制、执行和监督来协调各类资源，以实现预期目标的过程。

（二）计划的内容

明智的管理者在做任何一项工作时，都会有明确的计划。计划使我们的思想具体化，体现出我们期望做什么，在什么时候去做，以及由谁以何种方式去实现。一次完整的计划必须清楚的确定和描述这些内容，西方管理学把这些概括为"5W1H"。

1. What——做什么。明确计划工作的具体任务和要求，并以此为据确定一定时期内的工作重点。

2. Why——为什么做。明确实施计划的原因和目的，并考量其必要性和执行性。

3. Who——谁去做。明确承担计划的各项工作的部门和负责人。

4. When——何时做。明确计划中各项工作开始和完成的时间及具体的工作进度。

5. Where——何地做。合理安排计划工作实施的空间布局，明确每一项工作的实施地点。

6. How——如何做。明确实施计划的手段、方式和方法。

（三）计划工作的性质

1. 目的性。计划工作是为了实现确定的目标，对未来组织活动时间和空间两个维度的进一步展开和细化。所谓在时间维度上的展开和细化,是指计划工作把目标及实现目标的行动方式分解为不同时间段的具体任务及行动安排。所谓空间维度上的细化,是指计划工作把目标及实现的行动方式分解为组织内不同层次、不同部门、不同成员的目标及行动安排。另外,在同一个组织工作的两个人都有自己的需要和目标,组织正是通过有意识的合作来完成群体的目标而生存的。因此,组织的各种计划及各项计划工作都必须有助于完成组织的目标。

2. 首位性。未来的不确定性和环境的变化使组织犹如在大海中航行,如果要时刻保持正确航向,达到预定的彼岸,那么,我们就必须明白自己所处的位置,明确自己行动的目标。计划工作的目的就是使原有的行动保持同一方向,促使组织目标的实现。在制订出计划的前提下,才便于管理人员了解需要什么样的组织关系、什么样的人员,按什么样的方针去领导下属,以及采用什么样的控制。因此,计划工作相对于其他管理职能处于首位,因为它牵涉整个集体努力去完成的必要目标。

3. 普遍性。在企业的经营管理活动中,一位管理人员由于他或她在本组织内的权力或地位不同,与另一位管理人员比,可能做更多的计划工作,或者做更重要的计划工作。虽然各种计划的作用不同,但一切个人、组织、部门的任何工作都必须有计划地进行,计划工作是全体组织人员的一项基本工作,上至董事长、总经理,下至一线的基层管理人员和一般员工,都要制订工作计划,不然,组织的工作就不能得到落实,也顾不上实现组织的目标了。因此,计划工作的特点和范围会因各级主管人员职权的不同而不同,但做好这项工作却是各级主管人员的共同职能,管理人员都要有一定程度的自主权,并必须为此承担制订计划的责任。

4. 效率性。计划工作的任务不仅是保证目标的实现,而且要保证从众多备选方案中选择最优的方案。通过计划工作达到"做正确的事"和"正确地做事"的目的。衡量以个计划的效率,就是看这个计划对目的和目标的贡献,一项好的计划可以使企业以合理的代价实现目标,这样的计划才是有效率的。

5. 创造性。计划很多情况下都是在总结以往经验、预测未来变化的基础上,针对需要解决的新问题和可能发生的新变化、新机会而做出的决定,因而它是一个创造过程。计划工作是对管理活动的设计,就像是新产品的成功在于创新一样,成功的计划也是依赖于创新。

二、计划的类型和表现形式

(一)计划的类型

一些管理人员认识不到计划的多样性或不承认有若干类型的计划,制订的计划常常忽略了某些重要的东西,从而降低了计划的有效性。因此,我们必须充分认识和明确计划是多种多样的。

计划种类很多,根据不同的标准,可以将计划分为不同的类型。

常见的计划类型如表5-1所示。

表5-1　计划的类型

分类标准	类型
时间	长期计划,中期计划,短期计划
宽度	战略性计划和运营性计划
管理层	高层计划,中层计划,基层计划
特殊性	指向性计划和具体性计划
针对性	综合性计划和专业性计划
职能部门	营销计划,生产计划,财务计划 科研计划,人力资源计划
程序化程度	程序性计划和非程序性计划

1. 长期计划、中期计划和短期计划。这是按计划执行的时间长短来划分的。长期计划通常是指5年以上的计划,短期一般是指一年以内的计划,中期则介于两者之间的计划。在现代科学技术经济水平提高如此之快的条件下,企业制定一个5年以上的计划,可操作性和可指导性就可想而知。由于组织环境变得越来越不确定,因此长期计划的期限也应做相应的调整。

长期计划的主要任务是指组织在较长时间内的发展方向和方针,规定组织各部门在较长时期内从事某种活动应达到的目标和要求,绘制组织长期发展的范围,内容相对比较笼统。

中期计划和短期计划则明确规定了组织各个部门在目前到未来的各个较短的阶段,应从事何种活动及活动的目标、行动方案、实施措施和手段、具体的考核指标等。短期计划一般还会将工作细分到具体的作业单位,并给出工作日程表、预算等。一般来说,短期计划必须依照长期计划所确定的母表和阶段性任务来制订,也就是说,短期计划是在长期计划的指导下制订的。短期计划的完成又是为长期计划的实施服务的,长期计划是各个短期计划的总汇。

2. 战略性计划与运营性计划。按计划所覆盖的宽度,可分为战略性计划和运营性计划。战略性计划是应用于组织整体的计划,为组织设立总体的目标和寻求组织在所对应环境中的定位。它趋向于包含持久的时间间隔,通常为5年甚至更长的时间,覆盖较宽的领域。运营性计划又称作业计划,是"具体规定总体目标如何实现的细节计划"。运营性计划要具体达到目标的手段和方法,所以往往趋向于覆盖较短的时间间隔,如月度计划、年度计划,是未来各个较短时期内的行动方案。

战略性计划的制订为运营性计划提供了方向,运营性计划是战略性计划的具体落实。两者相辅相成,共同为实现组织目标提供了指导,但就确定目标而言,两者完全不同,设立目标是战略计划的重要任务,而作业计划是在目标已确定的条件下制订的,它只是提供实现目标的方法。

3. 指向性计划和具体性计划。依据计划内容的详尽程度,可将计划分为指向性计划和具体性计划。指向性计划,也可称为指导性计划,一般是有指导方针和原则性的意见,没有明确规定的目标、要求及待定的活动方案。指向性计划可为组织指明方向,统一认识,但并不发布确切指令,不带有行政强制性,具有较大的弹性,适用于战略规则。中长期计划等由高层决策部门制订的计划通常都是指向性计划。具体性计划,也称指令性计划,具有非常明确的目标和必须达到的要求及一套完整的计划方案。相对于指向性计划而言,具体性计划具有较强的操作性,一般由基层决策者制订,适用于总计划下的专业计划或具体的项目计划,如技术改造计划、人力资源配置计划等。

总之,依据不同的分类标准,可以给计划规定不同的名称,不同类别的计划可能具有相同的特性。如短期计划、作业计划具有相同的特性,而长期计划、战略计划和指向性计划也有很多相同的特性。

(二)计划的表现形式

以上我们根据不同的标准划分了计划的类型。哈罗德、孔茨等西方管理学者又把一个完整的计划分为:宗旨、目标、战略、政策、程序、规则、规划、预算等表现形式。在一个组织中,不同形式的计划组成一组相互关联的多层次体系。如图5-1所示。

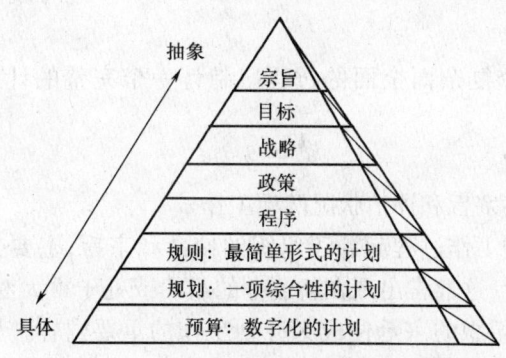

图5-1 计划的表现形式

1.宗旨,描述了组织的愿景、共享的价值观、信念和存在的理由,是一个组织最基本的目标,对组织有强有力的影响。组织因其宗旨而存在,为了实现其宗旨,组织可以为自己选择一项使命,而使命的内容就是组织选择的服务领域。如医院的使命是救死扶伤,工厂的使命是生产商品。

2.目标,是指组织在未来一定时间内所要达到的预期成果,往往是抽象宗旨的具体化。比如说,一个工厂的使命是生产商品,围绕这一使命最终要落实到不同时期的目标和各部门的具体目标。

3.战略,是为了实现组织总体目标而确定的行动方针及取得、利用和分配资源的政策性规定。战略是为实现组织的目标选择发展方向、行动方针及各类资源分配方案的总纲。

4.政策,是组织的行动指南,是制约组织成员各种行为的一种原则性规定文件。政策的执行都有一定的灵活性,因为政策只对组织成员的行为进行原则性规定,没有具体规定组织成员在具体的条件下应该怎样做。因此,一方面,我们切不可把政策当规则;另一方面,我们又必须把这种自由限制在一定的范围内。自由处理的权限大小一方面取决于政策自身,另一方面取决于主管人员的管理艺术。

5. 程序,是对处理未来活动的理性方法和步骤的规定。程序详细列出了必须完成某些活动的切实方式,并按照时间顺序对必要的活动步骤进行排列。程序也是一种工作步骤,是一种优化了的计划,通过对大量日常工作程序和方法的总结提炼,使之逐步规范化,以提高工作效率。

6. 规则。规则通常是最简单形式的计划,是对未来在某种情况下应采取或不应该采取某种行动的具体、明确的规定。规则与政策是有区别的,规则在应用中不具有自由处置权,而政策具有一定的灵活性。规则与程序一样,告诉人们应如何行动,但与程序不同的是,规则指导行动但不说明时间顺序。

7. 规划。规划是一种综合性计划,是一个包括目标、政策、规则、程序的要采取的步骤、要使用的资源以及为完成既定行动方针所需要的各种因素的综合性计划。

8. 预算。预算是一种"数字化"的计划,是把预期的结果用数字化的方式表示出来,它可以使计划更加明确、清晰,同时,预算也是一种主要的控制手段。

三、计划工作的步骤

计划的制订是一个复杂而全面的过程。制订一个完整的计划一般需要以下几个步骤:

(一)定义现实情况

这个步骤包括描述宗旨和评估状况两项工作。

1. 描述宗旨。计划工作过程起源于组织的使命和宗旨,主要分为两种情况:一种是组织并不存在明确宗旨,这通常出现在新创办的组织或处于重大变革时期的组织计划工作中,这时界定并描述组织的宗旨便成为计划工作的重要内容。另一种是有既定宗旨,但需要员工正确的理解,并将其贯彻到计划的制订和实施工作中。

2. 评估状况。计划工作的一个重要环节就是了解、评估组织当前的状况,这也是制订和实施计划工作方案的前提。评估主要通过 SWOT 分析,使组织认识到自身的优势、劣势,分析将面临的机会和威胁。与此同时,还应分析组织的外部关系,如与供应者之间的关系,与顾客之间的关系等。通过分析外部环境,展示出计划工作必须予以关注的潜在机会和限制因素。

(二)确定目标

通过对现实情况的分析,管理者对组织面临的机会和挑战以及应对策略形成了初步的判断,第二步就是确定组织的目标。由于目标是组织行动的出发点和归宿,确定目标就成为了计划工作的核心内容。在这一步骤中,通过目标分解和目标结构分析形成组织中的目标网络体系。在这个体系中,整体目标具有支配组织内所有分目标和计划的性质。

(三)编制计划方案并进行平衡挑选

在明确了目标,并对未来的内外部环境都有了清晰的认识后,就要开始进行计划的制订。这一步骤包括:

1. 制订计划方案。计划方案类似于行动路线图,是指挥和协调组织活动的工作文件。通过它可以清楚地分析企业管理人员和员工要做什么、何时做、由谁做、何处做以及如何做等问题。

2.评价备选方案。这一步骤是根据前提和目标来权衡各种因素,比较各方案的利弊,对各个方案进行评价。编制计划时,没有可供选择的合理方案的情况是不多见的。我们往往会得到多个可供选择的方案,同时还有很多可考虑的可变因素和限制条件。我们将借助运筹学、数学方法和计算技术等多种手段对各备选方案进行评价,以便最终挑选合适的行动方案。需要说明的是,在对备选方案进行评价的过程中所得出的结论一方面取决于评价者所采用的标准,另一方面还取决于评价者对各个标准所赋予的权数。

3.挑选可行方案,这是采用计划的关键一步,也是做出决策的重要环节。有时候,可供选择方案的分析和评估表明两个或两个以上的方案都是合适的。在这种情况下,管理人员在确定首先采取的方案的同时,可以决定把其他几个方案作为备选方案,这样可以增加计划工作的弹性,使之更好地适应未来的环境。

(三)编制预算和计划实施

编制预算,即将计划数字化。这项工作一方面是为了计划的指标体系更加明确,另一方面使企业更易于对计划的执行进行控制。因为定量的计划比定性的计划更具有可比性、可控性和可操作性,因此,如果预算编得好,则可以成为汇总各种计划的一种手段,也可以成为衡量计划完成进度的重要标准。

需要注意的是,这一步骤不应被看作计划工作的终结,彼得·德鲁克就曾指出:"计划如果不能变为行动,那它是无用的。"完整的计划应当包括计划的行动,如图5-2所示。

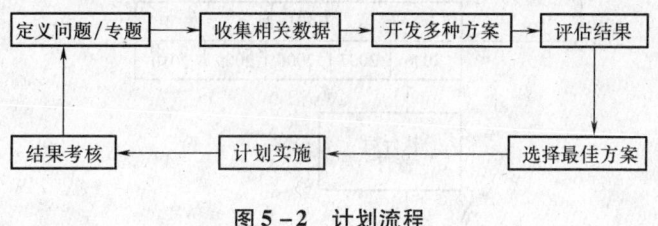

图5-2 计划流程

四、计划的编制方法

这里我们主要介绍一些广泛应用的现代计划编制方法,它们是滚动计划法和网络计划技术。

(一)滚动计划法

滚动计划法是按照"近细远粗"的原则制订一定时期内的计划,然后按照计划的执行情况和环境变化调整和修订未来的计划,并逐期向后移动,把短期计划和中期计划结合起来的一种计划方法。

滚动计划(也称滑动计划)是一种动态编制计划的方法。它不像静态分析那样,等一项计划全部执行完了之后再重新编制下一时期的计划,而是在每次编制或调整计划时,均将计划按时间顺序向前推进一个计划期,即向前滚动一次,按照制订的项目计划进行施工,对保证项目的顺利完成具有十分重要的意义。但是由于各种原因,在项目进行过程中经常出现偏离计划的情况,因此要跟踪计划的执行过程,发现存在的问题。另外,跟踪计划还可以监督过程执行的费用支出情况,跟踪计划的结果通常还可以作为向承包商部分支付的依据。然而,滚动计划却经常执行得很差,甚至被完全抛弃。

滚动计划法的编制方法是:在已编制出的计划的基础上,每经过一段固定的时期(如一年或一个季度,这段固定的时期被称为滚动期)便根据变化了的环境条件和计划的实际执行情况,从确保实现计划目标出发对原计划进行调整。每次调整时,保持原计划期限不变,而将计划期顺序向前推进一个滚动期。

1. 滚动计划法的制订流程。滚动计划法是根据一定时期内计划的执行情况,考虑企业内外环境条件的变化,调整和修订计划,并相应地将计划期顺延一个时期,把近期计划和长期计划结合起来的一种编制计划的方法。在计划编制过程中,尤其是编制长期计划时,为了能准确地预测影响计划执行的各种因素,可以采取近细远粗的办法,近期计划订得较细、较具体,远期计划订得较粗、较概略。在一个计划期终了时,根据上期计划执行的结果和产生的条件以及市场需求的变化,对原订计划进行必要的调整和修订,并将计划期顺序向前推进一期,如此不断滚动、不断延伸。例如,某企业在2000年底制定了2001~2005年的五年计划,如采用滚动计划法,到2001年底,根据当年计划完成的实际情况和客观条件的变化,对原订的五年计划进行必要的调整,并在此基础上再编制2002~2006年的五年计划。其后依此类推(如图5-3所示)。

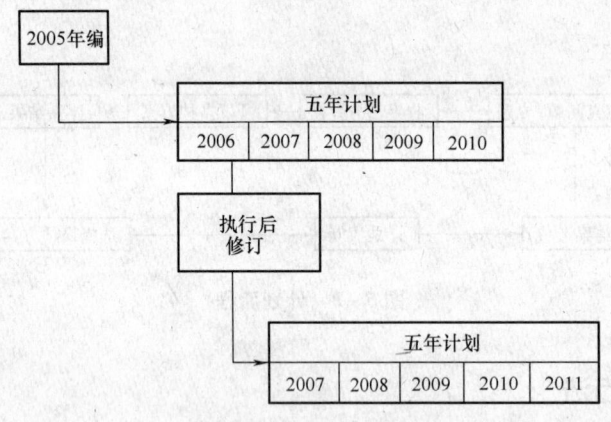

图5-3 滚动计划法

可见,滚动计划法能够根据变化了的组织环境及时调整和修正组织计划,体现了计划的动态适应性。而且它可使中长期计划与年度计划紧密地衔接起来。滚动计划法既可用于编制长期计划,也可用于编制年度、季度生产计划和月度生产作业计划。不同计划的滚动期不一样,一般长期计划按年滚动,年度计划按季滚动,月度计划按旬滚动等。

2. 滚动计划法的优点。滚动计划法虽然使计划编订工作的任务量加大,但在计算机技术广泛应用的今天,其优点十分明显:①它把计划期内各阶段以及下一个时期的预先安排有机地衔接起来,而且定期调整补充,从而从方法上解决了各阶段计划的衔接和符合实际的问题。②它较好地解决了计划的相对稳定性和实际情况的多变性这一矛盾,使计划更好地发挥其指导生产实际的作用。③采用滚动计划法,使企业的生产活动能够灵活地适应市场需求,把供产销密切结合起来,从而有利于实现企业预期的目标。

需要指出的是,滚动间隔期的选择要适应企业的具体情况,如果滚动间隔期偏短,则计划调整较频繁,好处是有利于计划符合实际,缺点是降低了计划的严肃性。一般情况是,产量比较稳定的大量大批次的生产企业宜采用较长的滚动间隔期,生产不太稳定的单件小批次生产企业则可考虑采用较短的间隔期。

采用滚动计划法,可以根据环境条件变化和实际完成情况定期地对计划进行修订,使组织始终有一个较为切合实际的长期计划做指导,并使长期计划能够始终与短期计划紧密地衔接在一起。

(二)网络计划技术

网络计划技术是指用于工程项目的计划与控制的一项管理技术。它是20世纪50年代末发展起来的,依其起源有关键路径法(CPM)与计划评审法(PERT)之分。1956年,美国杜邦公司在制订企业不同业务部门的系统规划时,制订了第一套网络计划。这种计划借助于网络表示各项工作与所需要的时间,以及各项工作的相互关系。通过网络分析研究工程费用与工期的相互关系,并找出在编制计划及计划执行过程中的关键路线,这种方法称为关键路线法(CPM)。1958年美国海军武器部在制订研制"北极星"导弹计划时,同样地应用了网络分析方法与网络计划,但它注重于对各项工作安排的评价和审查,这种计划称计划评审法(PERT)。鉴于这两种方法的差别,CPM主要应用于以往在类似工程中已取得一定经验的承包工程,PERT则更多地应用于研究与开发项目。

网络计划技术的基本原理是:利用网络图表达计划任务的进度安排及各项活动(或工作)间的相互关系,并在此基础上进行网络分析,计算网络时间参数,找出关键活动和关键线路;利用时差不断改善网络计划,求得工期、资源与费用的优化方案。在计划执行过程中,通过信息反馈进行监督与控制,以保证达到预定的计划目标。

1. 网络计划技术的内容。网络计划技术包括以下基本内容:

(1)网络图。网络图是指网络计划技术的图解模型,反映了整个工程任务的分解和合成。分解是指对工程任务的划分;合成是指解决各项工作的协作与配合。分解和合成是解决各项工作之间按逻辑关系的有机组成。绘制网络图是网络计划技术的基础工作。

网络图是网络技术的基础,由箭线、节点、虚箭线和路线组成。

(2)时间参数。在实现整个工程任务的过程中,包括人、事、物的运动状态。这种运动状态都是通过转化为时间函数来反映的。反映人、事、物运动状态的时间参数包括各项工作的作业时间、开工与完工的时间、工作之间的衔接时间、完成任务的机动时间及工程范围和总工期等。

(3)关键路线。通过计算网络图中的时间参数,求出工程工期并找出关键路径。在关键路径上的作业称为关键作业,这些作业完成的快慢直接影响着整个计划的工期。在计划执行过程中,关键作业是管理的重点,在时间和费用方面则要严格控制。

(4)网络优化。网络优化是指根据关键路径法(Critical Path Method,CPM)进行工期优化的方法。关键路径法是一种通过分析哪个活动序列(哪条路径)进度安排的灵活性

(总时差)最少来预测项目工期的网络分析技术。具体而言,该方法依赖于项目网络图和活动持续时间的估计,通过正推法计算活动的最早时间,通过逆推法计算活动的最迟时间,在此基础上确定关键路径,并对关键路径进行调整和优化,从而使项目工期最短,使项目进度计划最优。通过利用时差,不断改善网络计划的初始方案,在满足一定的约束条件下,寻求管理目标达到最优化的计划方案。网络优化是网络计划技术的主要内容之一,也是较之其他计划方法优越的主要方面。

2.网络计划技术的应用步骤。网络计划技术的应用主要遵循以下几个步骤:

(1)确定目标。确定目标是指决定将网络计划技术应用于哪一个工程项目,并提出对工程项目和有关技术经济指标的具体要求,如在工期方面、成本费用方面要达到什么要求。依据企业现有的管理基础,掌握各方面的信息和情况,利用网络计划技术为实现工程项目寻求最合适的方案。

(2)分解工程项目,列出作业明细表。一个工程项目是由许多作业组成的,在绘制网络图前就要将工程项目分解成各项作业。作业项目划分的粗细程度视工程内容以及不同单位的要求而定。通常情况下,作业所包含的内容多,范围大多可分粗些,反之则细些。作业项目分得细,网络图的结点和箭线就多。对上层领导机关,网络图可绘制的粗些,主要是通观全局、分析矛盾、掌握关键、协调工作、进行决策;对基层单位,网络图就可绘制得细些,以便具体组织和指导工作。

在工程项目分解成作业的基础上,还要进行作业分析,以便明确先行作业(紧前作业)、平行作业和后续作业(紧后作业)。即在该作业开始前,哪些作业必须先期完成,哪些作业可以同时平行地进行,哪些作业必须后期完成,或者在该作业进行的过程中,哪些作业可以与之平行交叉地进行。

(3)绘制网络图,进行结点编号。根据作业时间明细表,可绘制网络图。网络图的绘制方法有顺推法和逆推法。

顺推法即从始点时间开始根据每项作业的直接紧后作业,顺序依次绘出各项作业的箭线,直至终点事件为止。逆推法即从终点事件开始,根据每项作业的紧前作业逆箭头前进方向逐一绘出各项作业的箭线,直至始点事件为止。

同一项任务,用上述两种方法画出的网络图是相同的。一般习惯于按反工艺顺序安排计划的企业,如机器制造企业,采用逆推较方便;而建筑安装等企业则大多采用顺推法。按照各项作业之间的关系绘制网络图后,要进行结点的编号。

(4)计算网络时间,确定关键路线。根据网络图和各项活动的作业时间,就可以计算出全部网络时间和时差,并确定关键路径。具体计算网络时间并不太难,但比较烦琐。在实际工作中影响计划的因素很多,要耗费很多的人力和时间。因此,只有采用计算机技术才能对计划进行局部或全部调整,这也为推广应用网络计划技术提出了新内容和新要求。

(5)进行网络计划方案的优化。找出关键路径,也就初步确定了完成整个计划任务所需要的工期。这个总工期是否符合合同或计划规定的时间要求,是否与计划期的劳动力、物资供应、成本费用等计划指标相适应,需要进一步综合平衡,通过优化,选择最优方案。然后正式绘制网络图,编制各种进度表以及工程预算等各种计划文件。

(6)网络计划的贯彻执行。编制网络计划仅仅是计划工作的开始。计划工作不仅要正确地编制计划,更重要的是组织计划的实施。网络计划的贯彻执行要发动群众讨论计划,加强生产管理工作,采取切实有效的措施,保证计划任务的完成。在应用计算机技术的情况下,可以利用计算机对网络计划的执行进行监督、控制和调整,只要将网络计划及执行情况输入计算机,它就能自动运算、调整、并输出结果,以指导生产。

下面举例来说明。

[例] 已知某项工程的作业程序及作业时间如表 5-2 所示,绘制网络图并根据关键路径确定工程周期。

表 5-2

作业代号	作业时间	先行作业
A	4	—
B	5	—
C	6	A
D	7	B
E	8	B
F	5	C,D
G	7	C,D
H	5	E,F
I	6	G

(1)把所有的项目活动及活动的持续时间估计反映到一张工作表中,如表 5-2 所示。

(2)根据工程顺序绘制网络图(见图 5-4)。

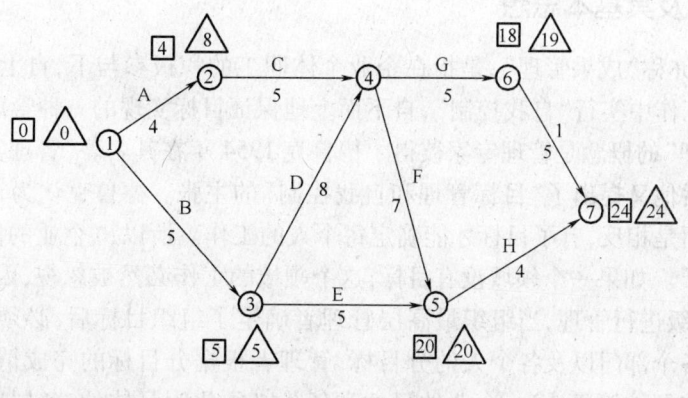

图 5-4 网络图

(3)计算每项活动的最早开始时间和最早结束时间,计算公式为 EF = ES + 活动持续时间估计。

(4)计算每项活动的最迟结束时间和最迟开始时间,计算公式为 LS = LF – 活动持续时间估计。

(5)计算每项活动的总时差,计算公式为 TF = LS – ES = LF – EF。

找出总时差最小的活动,这些活动就构成了关键路径。

3.方法评价。网络计划技术虽然需要大量且烦琐的计算,但因其显示出的一系列优点而被广泛应用于现代企业计划工作中。

(1)该技术清晰地表明整个工程各项目的时间顺序和相互关系,并指出了完成任务的关键路径。管理者在制订计划时可以统筹安排、全面考虑,同时对关键工序进行重点管理。

(2)对工程的时间进度和资源利用实施优化。管理者在计划的实施过程中,根据实际情况调动非关键路径上的人力、物力、财力从事关键作业,既节省资源又加快工程进度,实现优化。

(3)可事先评价达到目标的可能性。该技术指出了计划实施过程中可能发生的困难以及这些困难对整个任务产生的影响,可以使管理者准备好应急措施,从而减少完不成任务的风险。

(4)易于操作,便于组织控制。

第二节 目标和目标管理

一、目标的概念和作用

目标是目的或宗旨的具体化,是指个人或组织根据自身的需求而提出的在一定时期内经过努力要达到的预期成果。在组织中,目标的作用包括:①指明组织的管理方向。②激励和凝聚作用。③促进合理决策。④衡量组织绩效。

二、目标管理及其基本思想

目标管理亦称"成果管理",是指在企业个体职工的积极参与下,自上而下地确定工作目标,并在工作中实行"自我控制",自下而上地保证目标实现的一种管理办法。

"目标管理"的概念是管理专家彼得·德鲁克 1954 年在其名著《管理实践》一书中最先提出的,其后他又提出了"目标管理和自我控制"的主张。德鲁克认为,并不是有了工作才有目标,而是相反,有了目标才能确定每个人的工作。所以,"企业的使命和任务,必须转化为目标"。如果一个领域没有目标,这个领域的工作必然被忽视,因此管理者应该通过目标对下级进行管理,当组织最高层管理者确定了组织目标后,必须对其进行有效分解,转变成各个部门以及各个人的分目标,管理者根据分目标的完成情况对下级进行考核、评价和奖惩。他还认为,企业的目的和任务必须化为具体的、各层次的目标,企业的各级主管必须通过这些目标对下级进行领导和指导,以此来达到企业的总目标。乔治·奥迪奥恩 1965 年在《目标管理》一书中进一步阐述了目标管理的内容。这一管理方法是以泰罗的科学管理和梅奥的行为科学理论(特别是其中的参与管理理论)为基础形成的。

目标管理是以 Y 理论为基础的,即认为在目标明确的条件下,人们能够对自己负责。具体方法上是泰罗科学管理的进一步发展,它与传统管理方式相比有鲜明的特点,目标管理的指导思想可概括如下。

(一)重视人的因素

目标管理是一种参与的、民主的、自我控制的管理制度,也是一种把个人需求与组织目标结合起来的管理制度。在这一制度下,上级与下级的关系是平等、尊重、依赖、支持,下级在承诺目标和被授权之后是自觉、自主和自治的。

(二)建立目标锁链与目标体系

目标管理通过专门设计的过程,将组织的整体目标逐级分解,转换为各单位、各员工的分目标。从组织目标到经营单位目标,再到部门目标,最后到个人目标。在目标分解过程中,权、责、利三者已经明确,而且相互对称。这些目标方向一致,环环相扣,相互配合,形成协调统一的目标体系。只有每个人员都完成了自己的分目标,整个企业的总目标才有完成的希望。

(三)重视成果

目标管理以制定目标为起点,以目标完成情况的考核为终点。工作成果是评定目标完成程度的标准,也是人事考核和奖评的依据,成为评价管理工作绩效的唯一标志。至于完成目标的具体过程、途径和方法,上级并不过多干预。所以,在目标管理制度下,监督的成分很少,而控制目标实现的能力却很强。

目标管理提出以后,便在美国迅速流传。时值第二次世界大战后西方经济由恢复转向迅速发展的时期,企业急需采用新的方法调动员工的积极性以提高竞争能力,目标管理的出现可谓应运而生,遂被广泛应用,并很快为日本、西欧国家的企业所仿效,在世界管理界大行其道。目标管理方法提出来后,美国通用电气公司最先采用,并取得了明显效果。其后,在美国、西欧、日本等许多国家和地区得到迅速推广,被公认为是一种加强计划管理的先进的科学管理方法。我国 20 世纪 80 年代初开始在企业中推广,目前采取的干部任期目标制、企业层层承包等都是目标管理方法的具体运用。

目标管理应用最为广泛的是在企业管理领域。企业目标可分为战略性目标、策略性目标以及方案、任务等。一般来说,经营战略目标和高级策略目标由高级管理者制定;中级目标由中层管理者制定;初级目标由基层管理者制定;方案和任务由职工制订,并同每一个成员的利益相联系。自上而下的目标分解和自下而上的目标期望相结合,使经营计划的贯彻执行建立在职工的主动性、积极性的基础上,把企业职工吸引到企业经营活动中来。

三、目标管理的基本程序

目标管理的具体做法分三个阶段:第一阶段为目标的设置;第二阶段为实现目标过程的管理;第三阶段为测定与评价所取得的成果。

(一)目标的设置

目标设置是目标管理最重要的阶段,这一阶段可以细分为四个步骤。

1. 高层管理预定目标,这是一个暂时的、可以改变的目标预案。既可以由上级提出,再同下级讨论;也可以由下级提出,上级批准。无论哪种方式,必须共同商量决定。此外,领导必须根据企业的使命和长远战略,估计客观环境带来的机会和挑战,对本企业的优劣有清醒的认识,对组织应该和能够完成的目标心中有数。

　　2. 重新审议组织结构和职责分工。目标管理要求每一个分目标都有确定的责任主体。因此预定目标之后,需要重新审查现有组织结构,根据新的目标分解要求进行调整,明确目标责任者和协调关系。

　　3. 确定下级的目标。首先,上级明确组织的规划和目标,然后商定下级的分目标。在讨论中上级要尊重下级,平等待人,耐心倾听下级意见,帮助下级发展一致性和支持性目标。分目标要具体量化,便于考核;分清轻重缓急,以免顾此失彼;既要有挑战性,又要有实现可能。每个员工和部门的分目标都要和其他的分目标协调一致,支持本单位和组织目标的实现。

　　4. 上级和下级就实现各项目标所需的条件以及实现目标后的奖惩事宜达成协议。分目标制定后,要授予下级相应的资源配置的权力,实现权责利的统一。由下级写成书面协议,编制目标记录卡片,整个组织汇总所有资料后绘制出目标图。

　　(二)实现目标过程的管理

　　目标管理重视结果,强调自主、自治和自觉并不等于领导可以放手不管,相反,由于形成了目标体系,某一环节的失误就会牵动全局。因此,领导在目标实施过程中的管理是不可缺少的。首先进行定期检查,利用双方经常接触的机会和信息反馈渠道自然地进行;其次要向下级通报进度,便于互相协调;最后要帮助下级解决工作中出现的困难问题,当出现意外、不可测事件严重影响组织目标实现时,也可以通过一定的手续修改原定的目标。

　　(三)总结和评估

　　达到预定的期限后,下级首先进行自我评估,提交书面报告;然后上下级一起考核目标完成情况,决定奖惩;同时讨论下一阶段目标,开始新循环。如果目标没有完成,应分析原因、总结教训,切忌相互指责,以保持相互信任的气氛。

　　总结和评估的目的有二:一是掌握各级目标完成情况,为正确进行奖励或批评提供依据;二是为了认真总结经验教训,以便发扬成绩,克服缺点,进一步提高目标管理水平。进行成果评价的依据是目标的完成程度、目标的困难程度和为完成目标的努力程度。

　　成果评价的方法一般采取自我评价和领导考核相结合,以自我评价为基础的方法。成果评价以后,应根据评价结果,奖惩兑现。对未完成目标者,帮助分析原因,制定措施,明确今后的努力方向。

　　要使目标管理方法成功,还必须注意下述一些条件:①要由高层管理人员参加制定高级策略目标;②下级人员要积极参加目标的制定和实现过程;③情报资料要充分;④管理者对实现目标的手段要有相应的控制权力;⑤对实行目标管理而带来的风险应予以激励;⑥对职工要有信心。同时,在运用目标管理方法时,也要防止一些偏差出现,比如:不宜过分强调定量指标,忽视定性的内容,要根据多变的环境及时调整目标等。

四、目标管理的优点与缺点

目标管理在全世界产生了很大影响,但实施中也出现了许多问题。因此,必须客观分析其优劣势,才能扬长避短,收到实效。目标管理作为一种管理方式,与其他管理方式一样有其优点与不足,这是一个组织在运用目标管理方式之前应该认识清楚的。

(一) 目标管理的优点

目标管理的优点至少有五个方面:

1. 形成激励。当目标成为组织的每个层次、每个部门和每个成员自己未来时期内欲达到的一种结果,且实现的可能性相当大时,目标就成为组织成员们的内在激励。特别是当这种结果实现,组织还有相应的报酬时,目标的激励效用就更大。从目标成为激励因素来看,这种目标最好是组织每个层次、每个部门及组织每个成员自己制定的目标。

2. 有效管理。目标管理方式的实施可以切切实实地提高组织管理的效率。目标管理方式比计划管理方式在推进组织工作进展、保证组织最终目标完成方面更胜一筹。因为目标管理是一种结果式管理,不仅是一种计划的活动式工作。这种管理迫使组织的每一层次、每个部门及每个成员首先考虑目标的实现,尽力完成目标,因为这些目标是组织总目标的分解,故当组织的每个层次、每个部门及每个成员的目标完成时,也就是组织总目标的实现。在目标管理方式中,一旦分解目标确定,且不规定各个层次、各个部门及各个组织成员完成各自目标的方式、手段,反而给了大家在完成目标方面一个创新的空间,这就有效地提高了组织管理的效率。目标管理对组织内易于度量和分解的目标会带来了良好的绩效。对那些在技术上具有可分性的工作,由于责任、任务明确,目标管理常常会起到立竿见影的效果,而对技术不可分的团队工作(TNE)则难以实施目标管理。

3. 明确任务。目标管理的另一个优点就是使组织各级主管及成员都明确了组织的总目标、组织的结构体系、组织的分工与合作及各自的任务。这些方面职责的明确使主管人员也知道,为了完成目标必须给予下级相应的权力,而不是大权独揽,小权也不分散。另外,许多着手实施目标管理方式的公司或其他组织,通常在目标管理实施的过程中会发现组织体系存在的缺陷,从而帮助组织对自己的体系进行改造。

4. 自我管理。目标管理实际上也是一种自我管理的方式,或者说是一种引导组织成员自我管理的方式。在实施目标管理的过程中,组织成员不再只是做工作、执行指示、等待指导和决策,组织成员此时已成为有明确规定目标的单位或个人。一方面,组织成员们已参与了目标的制定,并取得了组织的认可;另一方面,组织成员在努力工作实现自己的目标过程中,除目标已定以外,如何实现目标则是他们自己决定的事,从这个意义上看,目标管理至少可以算作自我管理的方式,是以人为本的管理的一种过渡性试验。目标管理启发了自觉,调动了职工的主动性、积极性、创造性。由于强调自我控制,自我调节,将个人利益和组织利益紧密联系起来,因而提高了士气。

5. 控制有效。目标管理方式本身也是一种控制的方式,即通过目标分解后的实现最终保证组织总目标的实现,是一种结果控制的方式。目标管理并不是目标分解下去便没有事了,事实上组织高层在目标管理过程中要经常检查,对比目标,进行评比,看谁做得好,如果有偏差就及时纠正。从另一个方面来看,一个组织如果有一套明确的可考核的目标体系,那么,其本身就是进行监督控制的最好依据。

(二)目标管理的不足

哈罗德·孔茨教授认为目标管理尽管有许多优点,但也有许多不足,对这样的不足如果认识不清楚,那么可能导致目标管理的不成功。

1. 强调短期目标。大多数目标管理中的目标通常是一些短期的目标:年度的、季度的、月度的等。一方面,短期目标比较具体,易于分解,而长期目标比较抽象,难以分解,另一方面,短期目标易迅速见效,长期目标则不然。所以,在目标管理方式的实施中,组织似乎常常强调短期目标的实现而对长期目标不关心。这样一种概念若深入组织的各个方面、组织所有成员的脑海中和行为中,对组织的发展没有好处。

2. 目标设置困难。真正可用于考核的目标很难设定,尤其是组织实际上是一种产出联合体,它的产出是一种联合的、不易分解出谁的贡献大的产出,即目标的实现是大家共同合作的成果,这种合作中很难确定你已做多少,他应做多少,因此可度量的目标确定也就十分困难。一个组织的目标有时只能定性地描述,尽管我们希望目标可度量,但实际上定量是困难的,例如,组织后勤部门有效服务于组织成员,虽然可以采取一些量化指标来度量,但完成了这些指标,可以肯定地说未必达成了"有效服务于组织成员"这一目标。组织内的许多目标难以定量化、具体化,许多团队工作在技术上不可解,组织环境的可变因素越来越多,变化越来越快,组织的内部活动日益复杂,使组织活动的不确定性越来越大。这些都使组织的许多活动制定数量化目标是很困难的。

3. 无法权变。目标管理执行过程中目标的改变是不可以的,因为这样做会导致组织的混乱。事实上,目标一旦确定就不能轻易改变,也正是如此,使组织运作缺乏弹性,无法通过权变来适应变化多端的外部环境。中国有句话叫"以不变应无变"。许多人认为这是僵化的观点非权变的观点,实际上所谓不变的不是组织本身,而是客观规律,掌握了客观规律就能应万变,这实际上是真正的、更高层次的权变。

4. 目标管理的哲学假设不一定都存在。Y理论对人类的动机做了过分乐观的假设,实践中是有"机会主义本性"的,尤其是在监督不力的情况下。因此许多情况下,目标管理所要求的承诺、自觉、自治气氛难以形成。

5. 目标商定可能增加管理成本。目标商定要上下沟通、统一思想是很费时间的;每个单位和个人都关注自身目标的完成,很可能忽略了相互协作和组织目标的实现,滋长了本位主义、临时观点和急功近利倾向。

6. 有时奖惩不一定都能和目标成果相配合,也很难保证公正性,从而削弱了目标管理的效果。

鉴于上述分析,在实践中推行目标管理时,除了掌握具体的方法以外,还要特别注意把握工作的性质,分析其分解和量化的可能;提高员工的职业道德水平,培养合作精神,建立健全各项规章制度,注意改进领导作风和工作方法,使目标管理的推行建立在一定的思想基础和科学管理基础上;要逐步推行,长期坚持,不断完善,从而使目标管理发挥预期的作用。

【本章小结】

计划是组织依据其外部环境和内部条件的现实要求,确定未来一定时期的目标,并通过计划的编制、执行和监督来协调各类资源,以实现预期目标的过程。

计划工作的性质主要体现在目的性、首位性、普遍性、效率性和创造性五个方面。

一个完整的计划分为:宗旨、目标、战略、政策、程序、规则、规划、预算等表现形式。在一个组织中,不同形式的计划组成了一组相互关联的多层次体系。

计划编制的主要方法有滚动计划法和网络计划技术两种。

目标是目的或宗旨的具体化,是指个人或组织根据自身的需求而提出的在一定时期内经过努力要达到的预期成果。目标管理亦称"成果管理",是指在企业个体职工的积极参与下,自上而下地确定工作目标,并在工作中实行"自我控制",自下而上地保证目标实现的一种管理办法。目标管理的具体做法分三个阶段:第一阶段为目标的设置;第二阶段为实现目标过程的管理;第三阶段为测定与评价所取得的成果。

【复习思考题】

1. 计划编制包括哪几个阶段的工作?
2. 何谓目标管理?如何利用目标管理组织计划的实施?
3. 某工厂为推销甲产品,预计单位产品售价为 1 200 元,单位产品可变成本为 700 元,生产需固定费用为 1 800 万元。请问:
   (1)盈亏平衡时的产量是多少?
   (2)当企业现有生产能力为 5 000 台时,每年可获利多少?
   (3)为扩大生产规模,需添置一些设备,每年需增加固定成本 400 万元,同时可节约可变成本为每台 100 元,为扩大销路,计划降低售价 10%,请问此方案是否可行?

【案例分析】

运用分析与界定管理问题的方法,对案例"乔森家具公司五年目标"进行分析。

思考题:
1. 乔森家具公司的市场经营情况怎么样?
2. 乔森家具公司内部存在哪些问题?
3. 你如何看待约翰先生提出的目标及与托马斯的分歧?
4. 你能为解决这一问题提出建议吗?

【实践训练】

实训项目:分析企业计划。
实训目标:
1. 理解计划的分类。
2. 领会计划制订的方法。
实训内容与要求:
通过各种途径寻找一份企业计划书,并了解制订此计划相关的背景及实施情况。

要求：
1. 分析此计划是由哪些人和部门制订的，制订的流程怎样？
2. 制订计划的方法。
3. 该计划所属类别以及所要实现的目标。
4. 该计划的优缺点有哪些？

第六章 组 织

【学习目标】
  1. 了解组织结构的构成与形式,掌握组织结构设计的基本原理;
  2. 掌握职权配置的原理与方法,理解规范化管理;
  3. 掌握部门划分的方法;
  4. 学会协调职权关系的方法与艺术;
  5. 掌握制定制度规范的要求与方法。

【案例导入】

王厂长的等级链

　　王厂长总结自己多年的管理实践,提出在改革工厂的管理机构时必须贯彻统一指挥原则,主张建立执行参谋系统。他认为,一个人只有一个婆婆,即全厂的每个人只有一个人对他的命令是有效的,其他的都是无效的。例如:书记有什么事只能找厂长,不能找副厂长;下面的科长只能听从一个副厂长的指令,其他副厂长的指令对他是不起作用的。这样做中层干部高兴,认为是解放了。原来工厂有十三个厂级领导,每个厂级领导的命令都要求下边执行就吃不消了。一次有个中层干部开会时在桌子上放一个本子、一支笔就走了,散会了他也没回来。事后,我问他搞什么名堂,他说有三个地方要他开会,你这里热,所以就放一个本子,以便应付另外的会。此事不能怨中层领导,只能怨厂级领导。后来我们规定,同一个时间只能开一个会,并且事先要把报告交到党委和厂长办公室统一安排。现在实行固定会议制度,厂长一周两次会,每次两小时,而且规定开会迟到不允许超过五分钟。所以会议很紧凑,每人发言不许超过15分钟,超过15分钟就停止。

　　上下级领导界限要分明。副厂长是王厂长的下级,王厂长做出的决定他们必须服从。副厂长和科长之间也应如此。厂长对党委负责,王厂长要向党委打报告,把计划、预算决算弄好后,经批准就按此执行。所以王厂长跟党委书记有时一周一面也不见,跟副厂长一周只见一次面。他认为这样做是正常的。报忧不报喜,工厂一切正常就不用汇报,有问题来找厂长,无问题各忙各的事。

　　王厂长认为,一个人管理的能力是有限的,所以规定领导人的直接下级只有5~6个人。厂长现在多了一点,有9个人(4个副厂长,2个顾问,3个科长)。这9个人王厂长可以直接布置工作,有事可直接找厂长,除此以外,任何人不准找厂长,找厂长也一律不接待。

　　　　　　　　　　　　　　　　　　资料来源:百度文库,wenku.baidu.com。

请同学们思考:
1.王厂长主张"一个人只有一个婆婆"在理论上的依据是什么?在实践上是否可行?
2.你怎样理解王厂长说的"报忧不报喜"?你赞成吗?

3. 王厂长认为除直接下属外,"任何人不准找厂长,找厂长也一律不接待。"请说出赞成或反对的理由。

第一节 组织的基本内容

一、组织的概念

组织是随着人类社会的出现而出现的。人为了生存的目标,建立了各种生产组织;而具有社会属性的人,为了实现各种社会目标,又产生了各种社会组织。也就是说,组织是人们为了实现某种目标而形成的群体和集合。

然而,对于组织的理解,不同的国家有不同的含义。在我国古代,"组织"一词的含义是编织,是指将丝麻织成布帛。唐代学者孔颖达首先把"组织"一词延伸到社会管理中,认为组织就是把事物的构成部分组合为整体。我国《辞海》把组织定义为"按照一定的目的、任务和形式加以编制"。在西方,英文中的"组织"一词源于医学中的"器官",牛津大学辞典中将组织定义为"为特定目的所做的、有系统的安排"。

西方众多的管理学家都从不同的角度给"组织"一词下过定义。其中具有代表性的有:古典组织理论之父韦伯认为组织是为达成一定目标经由分工与合作,形成不同层次的权力和责任制度,从而构成人的集合。社会系统学派的代表人物巴纳德提出组织有正式与非正式之分,并将正式组织定义为一个有意识地协调两人以上的活动或力量的系统,并认为组织的三个基本要素为共同的目标、协作的意愿和信息沟通。当代著名管理大师孔茨认为,组织是一个正式的、刻意设计的角色或职位结构,他强调的是组织角色的性质、内容及对职务结构的设计。

因此,组织的概念具有两重性。一种是静态的名词性的实体组织,是指由若干因素构成的有序的结构系统。它又包含两个层次的含义:第一层是指组织机构,是指执行特定目的的各种资源的集合体,这是有形的组织体;第二层是指组织结构,任何组织机构都应该有它的框架体系安排和内部结构特征,这是一种无形的组织体。另一种是动态的动词性的组织,它强调的是组织工作或组织职能,是把组织的人、财、物、信息、技术等要素,在一定的时间空间内紧密联系并合理配置起来,与变化的外部环境相协调,向预定目标运行的活动过程。

综上所述,我们可以把组织的概念定义如下:组织是为有效地配置内部资源和开展活动,实现一定的共同目标而按照一定的规则程序所构成的一种责权结构安排和人员协作关系。组织的构成包括人员(组织构成的核心要素)、共同目标(组织构成的基本要素)、职责、协作意愿、信息交流几个要素。

二、部门化

(一)部门化的含义

在组织设计中,很大一部分是将管理职能部门化。

部门指的是组织中主管人员为完成规定的任务有权管辖的一个特殊领域。部门是组织设计的直接结果,是同类职位的集合,是组织的细胞。部门设置直接关系着组织的健康运作和绩效。不过,在不同的组织中,部门的具体名称不同,例如:军队中以班、排、连、营等形式出现;企业中以母公司、子公司、车间、各种职能部门等形式出现;政府中有委、办、司、局等。

部门化是指将整个管理系统分解,再分解成若干个相互依存的基本管理单位,其目的在于确定组织中各项任务的分配和责任的归属,以求合理的分工,做到职责明确,任务到人。

(二)部门设计的常用方法

部门设计的方法有按人数、时间、职能、产品、区域、顾客等各种不同角度的划分法。

1. 按人数设计的划分。单纯按人数设计划分部门是最古老的一种部门划分方法,虽然在当今社会这种方法已被更先进的方法取代而显得不再和以前一样重要,但在一些领域中仍在使用,如军队、学校等组织中。

这种方法的优点是简单,所以在组织内较低层次使用得比较普遍。但它的缺点也非常明确,由于这种方法是将工作职责相同的人员划归一名管理人员,以人员数量的多少决定部门的大小,在划分时主要考虑的是人力,在今天科学技术高度发达的社会,人数的多少已不能代表组织的生产能力,所以这种方法已趋于淘汰。

2. 按时间设计的划分。这也是一种较早的部门划分的方法。它被运用于正常的工作日难以满足工作需要时的资源配置,如医院等具有连续工作性质的组织。按照时间划分部门的优点是能最大限度地利用资源,具体体现为:第一,工作时间的最大限度的运用,最多可以达到整个自然时间;第二,有效利用了设备,特别是价值比较昂贵的设备;第三,可以满足一些特殊的不能间断的工作和部分人的特殊需要。但这种方法也存在一定的缺陷,如存在较多的协调和平衡工作以及更人性化的管理和监督。

3. 按职能设计的划分。按职能划分部门是最常见、应用最为普遍的一种组织设计的方法。这种方法遵循的是专业分工的原理,以工作的性质为基础,按照工作在组织中的重要程度分为各种职能部门。按职能划分部门的优点是服从分工原理,有利于充分发挥专业职能,提高效率,使管理者的注意力集中到专门的业务上,有利于工作绩效的提高。但它的缺陷是容易产生部门观念,形成本位主义,给部门间的协调带来一定的困难。

4. 按产品的划分。这种划分法多适用于生产多种产品和提供多种服务的大型组织。它是在职能划分的基础上建立起来的,随着组织规模的扩大,各个职能部门的管理者所面临的管理事务日趋复杂,而管理范围的规定又限制了职能主管增加下级管理人员的权力和范围,导致管理工作效率低下,于是按产品的生产划分部门的方法应运而生。

按照产品划分部门,优点是有利于专用设备的利用,有利于产品的研究开发,保证了效益。但它也存在缺陷,一是对高层主管的协调、控制能力的要求更高,在各个产品部门之间产生竞争和矛盾是否能合理处理;二是削弱了组织整体的研究开发能力。

5. 按区域的划分。按区域划分部门的方法是根据地理因素来设立管理部门,是将同一地区的经营活动集中委托给一个主管的划分方式,一般见于经营区域特别广泛的大公司,特别是跨国公司。

按照区域划分部门,有利于更好地占领地区市场,对多产品生产的大公司来说还可以避免内部竞争,有利于资源的合理配置和使用。但它仍存在一定的缺陷,如对管理者的要求更高,总公司对各区域的控制困难,同时平衡不同区域的难度较大。

除上述几种划分方法之外,还有一些部门划分法。如按顾客(服务对象)划分,运输公司划分出货运部、长途客运部、出租车部门等。

应当明确的是,上述部门划分并非相互排斥,而是相互结合的。在一个规模较大的组织中,常常要将多种方法结合起来运用,在不同的层次往往使用不同的划分方式。如在按区域进行了部门划分后,在已划分好的部门通常还需要按照职能标注划分出各个内部的职能部门,而在更下一级的生产层面上还可能按作业时间或人数对部门进行划分。

三、管理的幅度与层次

如果说部门划分是组织的横向结构设计,是为了建立分工协作关系,那组织的纵向结构设计就是解决层次划分问题,建立领导隶属关系。

(一)管理幅度和管理层次的概念

每一个组织的最高主管因受时间、精力等诸多因素的限制,不可能直接领导整个组织的所有活动,他往往需要委托一定数量的人来分担他的工作,这些承担受托责任的人也需要将受托担任的部分工作在委托给另一些人来协助进行,以此类推,直至受托人能直接安排和协调组织成员的具体业务活动。委托的结果是减少了他必须直接从事的业务工作量,但与此同时也增加了协调受托人之间关系的工作量。因此,任何管理人能够直接有效地指挥和监督的下属的数量是有限的。这就引出了两个概念:管理幅度和管理层次。

管理幅度也称管理跨度,是指一名管理者直接领导的下属数量。一般而言,人数越多,管理幅度就越大或跨度越宽;反之,人数越少,管理幅度就越小或跨度越窄。从形式上看,管理幅度仅表示一名管理者直接管理下级人员的人数,但由于下属人员都承担着某个部门或某个方面的管理业务,管理幅度的大小实际上反映着上级管理者直接控制和协调的业务活动量的多少。因此,管理幅度的概念本身就表明,它既同人(包括管理者和被管理者)的素质和业务能力相关,也同业务活动的特点相关。一个组织中如果员工业务能力强,或者员工从事的业务工作相似度高,那管理者的管理幅度就可以设计得较大。但也不是说管理幅度越宽越好。研究表明,受管理者时间、精力、知识等诸多因素的限制,其管理幅度也必然是有限制的,超过这一限度就难以具体、高效、正确、及时地领导和管理,造成指导监督不力,使组织陷入失控状态,影响管理职能的发挥。管理幅度过小,又会造成主管人员配备过多,降低管理效率。就管理者所处组织层次而言,组织高层管理层中,通常一个管理人员可以有效管理4~8人;在组织的低层,一个管理人员可以有效管理8~15人。

管理层次亦称组织层次,是指组织内部从最高一级管理组织到最低一级管理组织之间的等级。从表面上看,管理层次只是组织结构的层次数量,但实质上反映的是组织内部纵向分工关系,各个层次将负担不同的管理职能。

通常来说,一个组织由最高到基层作业人员间的管理层次越多,这样的组织就是高耸型的,这样的形态使组织机构多,人员多,不利于精简,同时过多的层次增加了组织的费用,影响了信息传递的速度,降低了高层管理者的控制力(如图6-1所示)。管理层次较少的组织则相对来说是扁平型的,这种形态的组织中信息传递迅速,有利于组织的协调和控制,高效的管理能降低组织的管理费用,同时能充分地对下属授权,激发下属的积极性,培养他们的管理能力。但是扁平结构的组织中,上层管理人员的管理幅度大,负荷较重,对其素质要求更高,优势难以对下属进行深入具体的指导和监督。(如图6-2所示)。管理实践表明,理想的管理层次是三个,即最高管理层、中间管理层和基层管理层。

(二)管理幅度与管理层次的关系

管理幅度与管理层次之间存在什么关系呢?我们来看一个例子。一家企业拥有4 096名员工,假设该企业组织机构中各层次的管理幅度相同,现在有三个组织结构设计方案,管理幅度分别是4,8和16,我们来看看组织的管理层次有什么变化,所需的管理人员数有什么区别,所构成的组织结构形态又有什么不同(如表6-1和图6-3所示)。

表6-1 管理幅度与管理层次的对应关系

项目	(a)	(b)	(c)
管理幅度	4	8	16
管理层次	6	4	3
管理人员数	1 365	585	273

从图6-3和表6-1可以看出,管理幅度与管理层次互相制约。当组织规模一定时,它们之间存在反比例的数量关系,管理幅度越大,即上级主管直接控制的下属越多,管理层次就越少,相反,管理幅度越小,则管理层次越多。

那么,我们在进行组织设计的时候到底该如何做呢?我们看到管理幅度与层次之间虽然互相制约,但其中起主导作用的是管理幅度。所谓起主导作用,就是管理幅度决定管理的层次,这是由管理幅度的有限性决定的。产生这种有限性的原因,一是任何管理者的经验、知识和精力都是有限的;二是下级人员受自身专业、知识、能力、思想素质等条件和岗位工作的负担以及工作条件的局限性影响,他们完成工作的成效是有差异的和局限的。同时也要看到管理层次对管理幅度也存在一定的制约作用。这是因为管理层次相对而言具有较高的稳定性,这就要求管理幅度在一定程度上应服从既定的管理层次。

(三)影响管理幅度的因素

由于有效管理幅度是决定管理层次的基础,因此,在进行组织设计的时候,就需要根据企业的具体条件,正确规定管理幅度,然后在这个数量界限内,再考虑影响管理层次的其他因素,提出管理层次的设计方案。影响管理幅度的因素有以下几个。

1. 工作能力。工作能力对管理幅度的影响包括两个角度:一方面是管理者的综合能力和素质,如果综合能力高,素质强,有较高的理解力和领导力,则能在复杂烦琐的管理事务中迅速把握解决问题的关键,对下属的工作提出恰当的指导和建议,从而提高管理效率。另一方面是被管理者,也就是下属的工作能力和责任心,如果下属具备完成工作或任务要求的能力,受到良好系统的培训,并具有很强的上进心和责任心,则可以在很多问题上根据自己的符合组织要求的主见去主动解决问题,从而减少向上司请示的时间,这样,管理的幅度便可适当宽些。

2. 工作的内容和性质。工作的内容和性质主要是指主管人员工作性质的相似度和下属工作的相似度以及计划的完善程度。

（1）主管人员的工作性质。主管人员的工作性质主要是从主管的非管理性事务的多少和主管所处的管理层次来分析的。首先,主管人员作为组织不同层次的管理者,往往要花费相当多的时间去从事一些非管理性事务,处理这些事务的时间越多,用于指挥和领导下属的时间就越少,此时管理的幅度就不可能扩大。其次,组织中不同层次的管理人员虽然在管理工作中有较高的相似性,即决策和用人,但处在管理系统的不同层次,两者的比重是各不相同的。决策的工作量越大,主管用于协调、指挥和领导下属的时间就越少,管理的幅度自然不能过大。所以,越是组织的高层管理人员,由于他主要的任务是做出正确的决策,所以相对于组织的中、基层管理者,其管理幅度一般越小。

（2）下属工作的相似性。同一管理者管理的下属人员,如果所从事的工作的内容和性质相近,则主管对每一个下属的工作的指导和建议会比较接近,在这种情况下,主管人员就可以指挥、领导和监督更多的下属人员,管理幅度自然就要扩大。反之,下属的工作内容如果相去甚远,那主管人员需要对不同岗位的工作人员进行具体的、单一的指导,这需要耗费主管大量的时间和精力,管理幅度自然就要缩小。

（3）计划的完善程度。任何工作都需要在计划的指导下进行,如果计划制订得非常详尽周到,下属人员在工作中就有了非常明确的目的和要求,有利于他们规范性地完成工作,而需要上司给予指导和督促的时间就越少,这样管理人员的管理幅度可以适当扩大;反之,如果计划制订得比较模糊或本身就不完善,那么,下属在工作中就会出现很多不明确、不规范的行为,需要上司花时间和精力去进一步指导、督促他们的工作,其有效管理的幅度就势必缩小。

3. 工作环境。组织面临的工作环境是否稳定在很大程度上影响着组织的活动,进而影响组织管理幅度的调整。环境变化越快,变化的程度越大,组织有可能面临的新问题就越多,下属的自主能力就越小,越需要向上级请示、汇报,此时,上级能用于对下属进行指导的时间和精力就越来越少,因为他必须花更多的时间去关注环境的变化和考虑应变措施,这样,管理幅度就会大大缩小。

除上述条件之外,工作地点的接近性、组织信息传递的快慢等都会在一定程度上影响组织的管理幅度。

[阅读材料]1992年,沃尔玛超过希尔斯公司成为美国的第一大零售商。管理大师汤姆·皮特斯(Tom Peters)早在几年前就预见到这一结果。他说:"希尔斯不会有机会的,一个12层次的公司无法与一个3个层次的公司抗争。"皮特斯也许有点夸大其词,但这个结论清楚地反映了近年来出现的管理幅度设计扁平化的趋势。

四、集权与分权的关系

（一）集权与分权的含义

我们对组织进行管理时,往往通过组织设计给某一个管理职位赋予一定的做出决策、发布命令和希望命令被执行的权力,这就是所谓的职权。职权因是由组织设计而来,与组织内的职位相关,与占据职位的人无关,所以又被称为制度权或法定权。

职权在整个组织中的分布可以是集中的,也可以是分散的。职权的分散化,即称为"分权",是指决策权在很大程度上分散到处于较低管理层次的职位上。与之对应的就是职权的集中化,也称"集权",是指决策权主要倾向于集中到组织的较高层次的管理职位上。

集权和分权是相对的概念,现实中不存在绝对的集权或绝对的分权。职权的绝对分散意味着组织的全部权力分散在各个管理部门,甚至分散在各个执行者和操作者手中,组织高层没有集中的权力,成为多余,组织只是保留了形式上的统一。职权绝对集中意味着权力全部集中于一个人的手中,使组织中的中、基层管理机构和人员形同虚设。实际上这两种结构都是不存在的,组织的存在必然意味着某种程度的分权。集权和分权是两个彼此对立但又相互依存的概念,它们只能存在于一个连续的统一体中。

(二)对集权和分权的评价

集权或者分权不能简单地用好或坏来加以判断。它们都有各自的优点和缺点,而且它们的优缺点是对应的。

1. 集权制的优点和分权制的缺点。集权制的优点就是分权制的缺点,具体表述如下:

(1)集权制有利于实现统一指挥,保证领导者个人意识的绝对性,分权制则不能。

(2)集权制有利于提高工作效率,能创造比较明显的工作成绩,是提高领导者在组织中的地位、增加升迁机会的重要途径。

(3)集权制可以保证组织各项活动的政策、命令、制度的统一性,便于协调关系。

(4)集权制能保证决策执行的效率。

2. 高度集权的缺点和分权的优点。集权制的缺点就是分权制的优点。

(1)集权制影响着决策的质量。组织规模大,影响信息传递的及时性和准确性,尤其影响决策者对基层问题的全面了解,自然会影响他对基层问题的决策质量,影响决策的实效性和准确性。

(2)集权制降低了组织的适应能力。组织的各项活动和策略都要根据外界环境的变化及时做出相应的调整。无论是全局性的调整,还是局部性的,都需要及时地决断。集权制的组织限制了基层各个部门的自主权,下级无权调整上级的决定、计划等,只能请示或等待上级的决策,从而削弱了组织的整体应变能力。

(3)集权制降低了组织成员的工作热情。在权力高度集中的组织中,组织的大部分决策权力归于最高主管或高层管理职位,基层管理人员几乎是被动地、机械地执行命令,这就会影响他们积极性、主动性和创造性的发挥,使其工作热情消失、效率下降。

总之,高度集权的组织,既加重了高层领导的工作负担,又不利于培养和锻炼人才。

(三)影响集权和分权的途径

实践中,集权和分权都是必要的。现代管理反对绝对的集权或绝对的分权。孔茨说过:"职权的集中和分散是一种趋向性,它的性质就像是'热'和'冷'一样。"在组织工作中必须研究集权和分权的程度、内容、形式、时间等,以提高管理效率。集权和分权的程度是依据条件的变化而变化的。影响集权与分权的因素有以下几个方面。

1. 组织的经营环境和业务活动的性质。如果组织面临的经营环境具有较高的不确定性,处于经常变动中,组织在开展活动时就必须保持较高的灵活性和创新性,这时就需要下属人员有较大的自主性,就要实行较大程度上的分权。反之,面临的环境比较稳定和开展的业务活动是常规性的,则可以实行较大程度的集权。

2. 组织的规模。当组织规模较小时,实行集权化管理可以使组织的运行取得较高的效率。但随着组织的发展,集权制的缺点日益显现,分权制就成为一种趋势。

3. 人员因素。

(1)领导者,包括领导者的管理哲学、性格、能力和喜好等,如组织中个性较强的领导人更乐意下属完全按照自己的意愿来管理组织事务,这时组织就倾向于集权化。

(2)下级管理人员的工作能力和综合素质。组织中各个级别的管理人员的素质较高的情况下,组织倾向于分权;组织中下级管理人员的素质低,则不宜分权。

4. 政策的统一性和决策的重要性。如果高层决策人员希望通过统一的命令、政策等来实现组织目标,则组织必然实行集权化管理;同时,涉及较高的费用支出和影响面较大的重要决策,宜实行集权。重要程度较低的决策则可以实行分权。

(四)分权的途径

分权可以通过两种途径来实现:一是改变组织设计中对管理权限的制度分配,这是对组织中职权关系的一种再设计,一般在组织变革过程中实现,一般称为制度分权;二是促成主管人员在工作中进行权力委让,系统地将决策权授予中下层管理者,使他们切切实实得到组织制度所规定的权力,所以也称授权。

制度分权与授权都是决策者赋予下层管理者较多的决策权,即将组织权力分散化,但两者是有区别的:

1. 必然性和临时性。制度分权是在详细分析、认真论证的基础上,对原有组织结构进行的一种变革,具有一定的必然性和稳定性;授权则往往是与管理者的能力和精力、下属的工作能力、特点及业务开展情况相联系的,具有很大的随机性和临时性。

2. 对象不同。制度分权是将权力分配给某个职位,这种授权与人的因素无关,但要求组织给相应职位配备素质较高的人员。而授权是将权力委任给某个人,是因人授权,权力到底授予谁?授予什么程度?与下属的工作能力密切相关。如果说制度分权是先分权再选人,那授权则是先选人,再分权。

3. 性质不同。制度分权主要是一项工作原则,是组织内部权力在纵向上的自然分工;而授权更多地可以看成领导者的管理艺术,是调动下属工作积极性、充分发挥下属作用的管理手段和方法。前者通过组织程序将组织权力划分到每个应得的部门,以便各部门更好地完成本部门的任务,后者则是领导把组织赋予自身的权力分给自己的下属,以便更好地进行管理。

制度分权与授权是互相补充的。组织设计中难以详细规定每项职权的运用,难以预料每个工作人员的能力,因此,我们需要各级领导在工作中科学、合理的授权来进行补充。

五、直线与参谋

(一)直线关系与直线职权

在组织中,受管理幅度的制约,组织规模越大,领导者越难以事必躬亲,为此,组织就需要为领导者配备若干副手来分担或协助其完成管理工作,这种由管理幅度的限制而产生的管理层次之间的关系就是直线关系。

直线关系是一种隶属关系,上下级之间是命令关系,而基于这种关系所产生的权力就是直线权力,也称直线职权。

职权是管理人员在职务范围内所拥有的管理权限,是履行管理职能的前提。

直线职权是某项职位或某部门所拥有的包括做出决策、发布命令和执行的权力,也就是通常所说的指挥权。组织中每一管理层的管理人员都具有直线职权,只不过根据其所在层级的不同,其职权大小、范围不同而已。例如,在企业的生产指挥体系中,从厂长—负责生产的副厂长—车间主任—工段长—班组长,等级链中的每一级管理人员都称为直线人员,都拥有各自的直线职权,但由于他们在组织中的层次不同,其职权大小和范围有所不同。

(二) 参谋关系和参谋职权

为保证直线人员工作的有效性,弥补其在知识、能力等方面的不足,按照组织原则,会给直线人员配备若干具有专业知识和专业技能的助手协助其工作,从而形成直线人员与专业技术人员之间的参谋关系,而这些具有不同专业知识的助手通常被称作参谋人员,他们所享有的权利称为参谋职权。

与直线关系的指挥和命令的本质不同的是,参谋关系是一种服务和协助的关系,授予参谋人员的权力不是直接的决策和行动的权力,而是思考、筹划和建议的权力,是一种顾问性的、咨询性的、服务性的和建议性的权力,其宗旨是协助直线人员有效地完成组织目标。所以,参谋人员需要具备丰富的专业知识和较强的分析、设计和规划的能力。

通常而言,参谋职权可分为如下几种:

1. 建议权。参谋人员的权力仅限于提供建议、提案,其意见可能被直线人员接纳,也可能被置之不理。

2. 强制协商权。此时参谋人员的影响力有一定的提高。有关的直线人员在做出决策前必须先询问和听取参谋人员的意见,但参谋人员的权力以不影响直线人员的自主决定权为基准。

3. 共同决定权。这时参谋人员的权限提高到足以影响有关直线人员自主决定权的程度。换言之,有关直线人员不仅在做出决定前要听取参谋人员的意见,而且在采取行动时还必须参谋人员的同意和许可。

4. 职能职权。这是对直线主管人员行使决策权和指挥权最高的限制了。职能职权是指参谋人员或某职能部门的主管人员所拥有的、由直线人员授予的、在一定范围内行使的决策权与指挥权。职能职权的设立主要是为了能充分发挥专家的核心作用,减轻直线主管的工作负荷,提高管理工作的效率。如企业中总经理拥有全面管理公司的职权,当他将职权授予人事、采购、财务或其他职能部门后,这些部门的主管便有了职能职权,可以在既定的范围内向相应的直线人员发布命令。需要注意的是,职能职权介于直线职权和参谋职权之间,是组织职权的一个特例,在组织设计中要谨慎对待。

(三) 直线权力与参谋权力的冲突和协调

直线人员和参谋人员是现代组织不可缺少的力量,但在实践中,直线人员与参谋人员经常会发生摩擦和冲突,影响管理工作和组织活动的有效性,这主要体现为:①信任危机。直线人员怀疑参谋人员不了解具体情况或可能对自身权力进行侵犯,产生对参谋的不满,对参谋人员的意见有抵触情绪,不采纳。②地位不平等。直线人员的指挥权和支配权与参谋人员的建议、服务权不平等,客观上使两种权力对组织活动的影响力不同,由此,在直线人员和参谋人员之间产生两种不同的心理效应。③强调自己。直线人员强调自己的权力和责任,忽视参谋人员的作用,取得成绩是自己的功劳,出现失误就责怪参谋人员没有发挥应有的作用。正是基于这种矛盾,正确处理直线人员和参谋人员之间的关系,有效融合两种权力,是组织发展的重大问题。

1. 发挥参谋职权的作用。从直线权力与参谋权力的关系来看,参谋的职权是为主管提供信息,出谋划策,配合直线人员工作。发挥参谋作用时,应注意以下几点:参谋应独立提出建议,参谋人员多是某一方面的专家,应让他们根据客观情况提建议,而不应该左右他们的建议;直线主管不为参谋左右,参谋应多谋,直线应多断,直线主管可广泛听取参谋的意见,但要切记,直线主管才是决策者。

2. 适当限制职能职权。职能职权的出现是为了有效地实施管理,但也带来了多头领导的弊端,所以,有效地使用职能职权在于正确地权衡这种"得"与"失"。限制职能职权的使用,第一要限制其使用范围,职能职权主要解决的是"如何做""何时做"的问题,绝不能包揽直线主管的一切权力;第二要限制级别,职能职权不能越级使用。

第二节 组织结构的基本类型

一、直线制组织结构

直线制组织结构又称单线型组织结构,是一种最古老的组织形式,最初广泛应用于军事系统中,后推广到企业管理工作中。直线制组织结构最大的特点是组织没有职能机构,从最高管理层到最基层,实行直线垂直领导(如图6-1所示)。

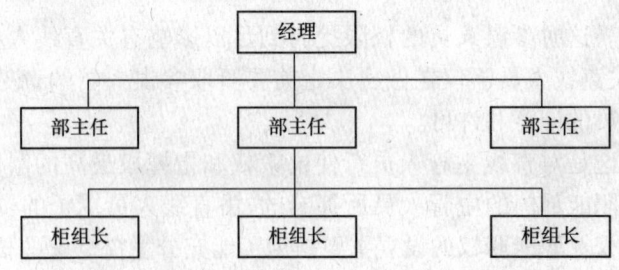

图6-1 直线制组织结构形式示意图

直线制组织结构的优点有:结构简单,沟通迅速;权力集中,指挥统一;垂直联系,责任明确。其缺点是,没有职能机构,管理者负担过重,难以胜任复杂职能。因此,直线制组织结构只适用于小型组织。

二、职能制组织结构

职能制组织结构是在组织内设置若干职能部门,各职能部门都有权在各自业务范围内向下级下达命令,即各基层组织除了要服从上级直接领导以外,还要接受各职能部门的领导(如图6-2所示)。

职能制的优点是①每个管理者只负责一方面的工作,有利专业管理职能的充分发挥。②管理分工较细,有利于工作的细致深入,对下级工作的指导也能比较具体。但是,这种职能制有明显的缺点,那就是"上头千条线,下边一根针",容易形成多头领导,破坏统一指挥原则。事实上,职能制也只是表明了一种强调职能管理专业化的意图,无法在现实中真正实行。

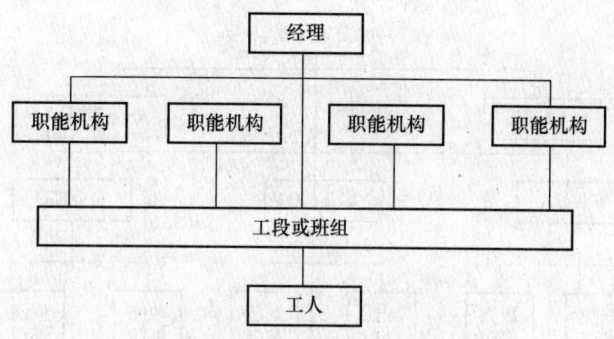

图6-2 职能制组织结构

三、直线—职能制组织结构

直线—职能制组织结构又称直线参谋制,最早由法约尔提出,是对职能制组织结构的一种改进,它是指在组织内部既设置纵向的直线指挥系统,又设置横向的职能管理系统,以直线指挥系统为主体建立的两维的管理组织(如图6-3所示)。它的特点是只有

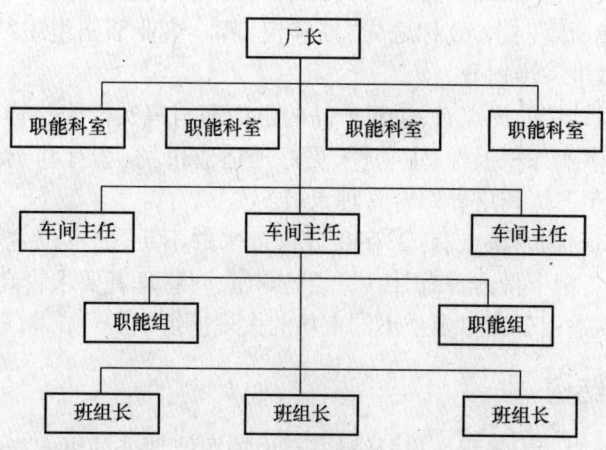

图6-3 直线—职能制组织结构示意图

各级行政负责人才具有对下级进行指挥和下达命令的权力,而各级职能机构只是作为行政负责人的参谋发挥作用,对下级只起到业务指导作用直线—职能制组织结构吸取了直线制和职能制的长处,也避免了它们的短处,既保证了组织的统一指挥,又加强了专业化管理,因此普遍适用于各类组织。

直线—职能制组织结构也有不足:①各职能部门联系不紧,易于脱节或难以协调;②下级缺乏必要的自主权;③直线人员与参谋人员的关系难协调。

四、事业部制组织结构

一些大规模的综合性的组织和产业中的大型企业有时采用事业部制或多维组织模式(如图6-4所示)。

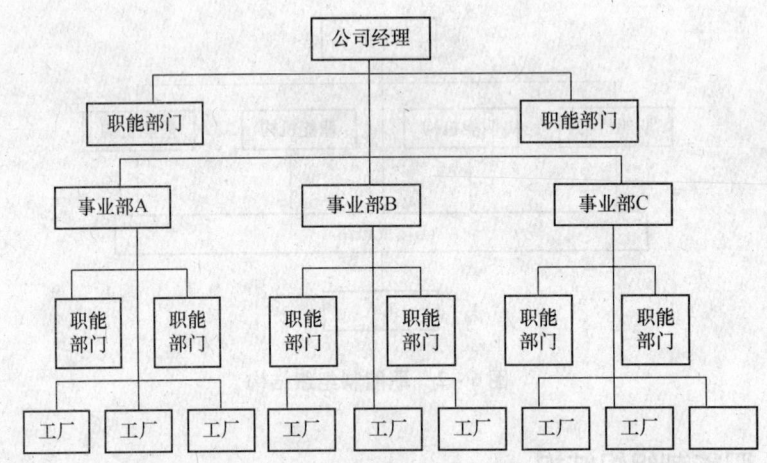

图6-4 事业部制组织结构示意图

事业部制组织结构也叫联邦分权化,它是一种分权制的企业内部组织形式。事业部制组织结构在直线职能制框架基础上设置独立核算、自主经营的事业部,各事业部在总公司领导下统一政策,分散经营,是一种分权化体制。事业部制组织结构最初由美国通用汽车公司副总裁斯隆创立,故称之为"斯隆模型"。事业部制组织结构可根据产品、项目或地域的不同做进一步划分。

事业部制组织结构的优点有:①对产品的生产和销售实行统一管理,自主经营,独立核算,有利于发挥事业部积极性、主动性,更好地适应市场;②有利于公司高层集中思考战略问题;③有利于锻炼和培养综合管理人员。

事业部制组织结构的缺点有:①存在分权带来的不足,如本位主义、指挥不灵、机构重叠;②要求管理者精干得力,知识面广,经验丰富,对管理者要求较高。

事业部制主要适用于面对多个不同市场的大规模组织。

五、矩阵制组织结构

矩阵制组织结构又叫规划—目标结构,是由按职能划分的纵向指挥系统与按项目组成的横向系统结合而成的组织结构。横向上,矩阵制组织结构是各运动项目或研究项目组,在项目负责人的主持下,从纵向的各职能部门抽调人员,组成项目组,共同从事运动项目或研究项目的工作。项目完成后返回本部门,项目组随即撤销(如图6-5所示)。

矩阵制组织结构的优点有:①使企业组织结构形成一种纵横结合的联系,有利于各职能部门之间的配合;②人员组合富有弹性,有利于发挥专业人员的综合优势,有利于改善整体工作效率。

矩阵制的缺点有:①由于组织成员必须接受双重领导,破坏了统一指挥原则,下属会感到无所适从;②工作出现差错时,不易分清领导责任。

这种组织结构主要适用于突击性、临时性任务。如运动项目集训、大型赛事组织、科研项目等。

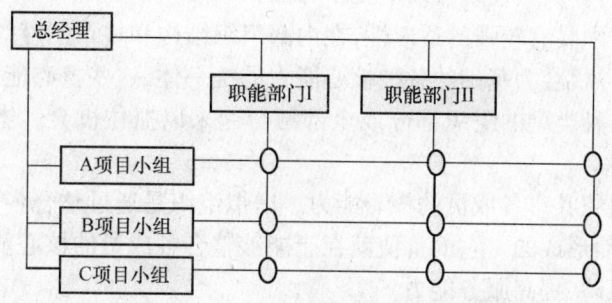

图6-5 矩阵制组织结构示意图

六、委员会制组织结构

委员会制组织结构也是一种常见的组织形式,是一种为执行某方面职能而设置的管理者群体的组织形式。委员会制组织结构实行集体决策、集体领导的体制。委员会组织结构在组织中广泛使用。

组织或运动中的委员会既可以是临时的,为某一特定目的而组织的,完成特定任务后即行解散,又可以是常设的;其职权属性,既可以是直线性质的,如董事会,它的决策要求下级必须执行,又可以是参谋性质的,只为直线人员提供咨询建议和方法。

委员会制组织结构的最大优点是集体领导和决策,有效避免了个人水平能力有限造成的各种失误,更加科学可靠;它可代表各方利益,协调各种职能;如果是临时性的委员会,可不设专职人员,富有弹性。它的缺点是委员会组织决策速度慢,可能出现决策的择中性,集体决策易导致责任不清。

委员会制组织结构主要适用于一些经常性的专项管理职能或临时性的突击工作。

除上述几种常见的组织形式以外,现代企业的经营已经超过企业内部边界的范围,开始在企业与企业之间结成比较密切的长期联系,这种联系在组织结构上的表现就形成了控股型和网络型组织形式。各组织形式各有利弊,没有哪种是十全十美的,组织应依目标与实际情况进行灵活选择,必要时也可以将几种形式进行有机结合,以更有效保证目标的实现。

七、虚拟组织

虚拟组织一般是指两个以上独立的实体为迅速向市场提供产品和服务，在一定时间内结成的动态联盟。虚拟组织不具体有法人资格，也没有固定的组织层次和内部命令系统，而是一种开放的组织结构，因此可以在拥有充分信息的条件下，从众多的组织中通过竞争招标或自由选择精选出合作伙伴，迅速形成各专业领域内的独特优势，实现对外部资源的整合利用，从而以强大的结构成本优势和机动性完成单个企业难以承担的市场功能，如产品开发、生产和销售。

网络的发展推动了虚拟组织的发展。网络本身也是虚拟组织的一种形式，同时，作为辅助工具，网络又推动了各个领域合作的开展和众多虚拟组织的形成。

虚拟组织的特征大致表现在以下几个方面：

第一，虚拟组织具有较强的适应性，在内部组织结构和规章制度等方面具有敏捷性。虚拟组织是一个以机会为基础的各种核心能力的统一体，这些核心能力分散在许多实际组织中，用于使各种类型的组织部分或全部结合起来以抓住机会。当机会消失后，虚拟组织就解散了。

第二，虚拟组织共享各成员的核心能力。虚拟组织是通过整合各成员的资源、技术、顾客和市场机会而形成的。它的价值就在于能够整合各成员的核心能力和资源，从而减少时间、费用和风险，提高服务能力。

第三，虚拟组织中的成员必须以相互信任的方式行动。合作是虚拟组织存在的基础。

第四，虚拟组织存在一定的风险。传统的组织结构横向实行职能分工，纵向实行高度的垂直整合，因此得以对企业活动、信息和技术维持广泛、严格的控制。而虚拟组织是一种松散的耦合系统，合作伙伴之间的协调和控制是通过市场机制和合同来进行的，因此，其对经营活动失去控制的可能性大为增加。

八、网络组织

网络组织是一种典型的虚拟组织，是指拥有一个较小的中心组织，以合同为基础，依靠其他组织开展制造、分销、营销或其他关键业务的经营活动的组织模式。在网络组织模式中，组织的大部分职能从组织外"购买"，这使管理层具有高度的灵活性，并使组织集中精力做它们最擅长的事。

图6-6是组织管理者将其经营的主要职能外包的一种网络组织模式。它的核心是一个小规模的经理小组，他们的工作是直接监督公司内部开展的各项活动，并协调同制造、分销和执行网络组织其他重要职能的外部结构之间的关系。图6-6中的虚线代表这种合同关系。从本质上讲，网络组织的管理者将大部分时间都花在协调和控制这些外部关系上。

网络组织具有如下特征：

一是组织的扁平化。组织结构设计中最可靠的结构是具有最少层次的组织结构，即拥有一个尽可能"平面"的组织。正是计算机技术及互联网技术的应用，使企业内外的信

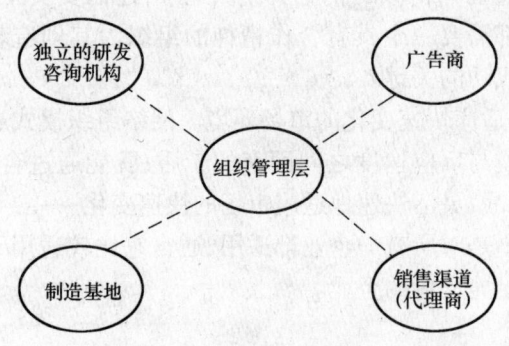

图6-6 网络组织模式

息传递更为方便、直接,管理层次的减少有助于增强组织的反应能力。企业的所有部门及人员更直接地面对市场,减少了决策与行动之间的延迟,加快对市场和竞争动态变化的反应,从而使组织能力变得柔性化,反应更加灵敏。

二是组织的网络化。网络组织的中心有一个由关键人物组成的小规模内核,他们为组织提供了持久的核心竞争能力。网络经济条件下,可以充分利用互联网强大的资源整合能力,进行网络化的管理。通过互联网的开发,将企业所面临的众多分散的信息资源加以整合利用,通过一个界面观察到很多不同的系统,从而实现迅速而准确的决策。

三是组织的无边界化。组织更多的不是表现为一种有形的障碍,其界限越来越趋向于无形。企业再也不会用许多界限将人员、任务、工艺及地点分开,而是将精力集中于如何影响这些界限,以尽可能快的速度将信息、人才等各种资源及行动落实到最需要的地方。"无边界化"并不是说企业不需要边界,而是不需要僵硬的边界,是使企业具有可渗透性和灵活性的边界,以柔性组织结构模式替代刚性模式,以可持续变化的结构代替原先那种相对固定的组织结构。

四是组织的多元化。企业不再只有一种合适的组织结构,企业内部不同部门、不同地域的组织结构也不再是统一的模式,而是根据具体环境及组织目标来设计不同的组织结构。目标决定战略,而战略决定结构。管理者要学会利用每一种组织工具,了解并且有能力根据某些任务的业绩要求,选择合适的组织工具,从一种组织转向另一种组织。

网络组织模式相较于金字塔形组织结构具有的优势体现在以下的几个方面:

第一,有利于员工相互沟通。这种沟通不仅发生在企业内部员工之间、部门之间,而且还可能发生在企业与外部客户、供应商、同行之间。这样不仅可以使员工了解其他员工在做什么,自己是否能够提供帮助,是否对自己的研究工作有启发,而且能使企业了解同行在做什么、同行是否走在了自己的前面、客户需要什么、本企业是否能够满足客户的要求等。

第二,有利于企业完成知识商品化。企业拥有知识的最终目的在于使知识商品化,使企业获得更大的市场效益。因此,网络组织模式有利于企业调动资源,集中力量完成知识的商品化,有助于协调知识商品化工程中的研究、设计、制造、营销等各种活动。

第三,增强企业员工团队精神。要组建一个充满合作精神的团队,需要员工、客户和供应商拥有共同的价值观和相似的企业文化。此外,还需要员工具有团队合作精神,认同集体主义。而这些都需要一个具有合作精神的组织为其创造基本条件。良好的合作是网络组织模式取得成功的关键。

第四,有助于企业适应快速变化的市场环境。网络组织模式通过合同构建战略合作联盟的形式解决了规模与反应速度之间固有的矛盾:既能通过合作实现规模效应,提高生产效率;又能各自为战,灵活快速地适应市场的快速变化。

网络组织模式并不是对所有的企业都适用,通常它比较适用于需要相当大的灵活性以对环境的变化做出迅速反应的企业。

第三节 组织变革

组织是一个由多种要素组成的有机体,与其他有机体一样,它经历着产生、成长、成熟和衰退的过程。在组织的运行过程中,其内部因素及其所处的外界环境一旦发生变化,组织要想求得生存和发展,就必须进行变革。那么,什么是组织变革?组织在什么情况下需要变革?

一、组织变革的必要性和原因

组织变革是指组织管理人员主动对组织原有状态进行改革,以适应外部环境变化,更好地实现组织目标的活动。这种变革包括组织的各个方面,如组织行为、组织结构、组织制度、组织成员和组织文化等。

组织的建立是为实现组织的目标,当组织目标发生变化时,组织需要通过变革自身来适应这种新的变化,即使组织目标没有发生变化,但影响组织的外部环境和内部环境如果发生变化了,那么,组织势必也要调整自身,才能保证目标的实现。因此,组织不是僵硬的、一成不变的。

一般来说,组织模式应力求相对稳定,频繁而不必要的变动对实现组织目标是不利的。组织总是处于动态的社会变化中,由于环境的变化,影响组织目标的各种因素相应地发生变化,所以变革是绝对的,组织的稳定是相对的。

对管理者来说,应当在何种情况下对组织进行变革是一个非常重要的问题,组织的变革大都不是突发性的,而是有先兆可循的,特别是当组织发生了频繁的决策失误、组织成员间沟通不灵、管理业绩长期不理想和缺乏创新的时候,组织变革就迫在眉睫了。

二、影响组织变革的因素

组织变革是任何组织都不可回避的,能否抓住时机顺利推进变革成为衡量管理工作有效性的重要标志。诱发组织变革的需要并决定组织变革目标方向和内容的主要因素有以下几个。

(一)战略

企业在其发展过程中,需要根据自身规模和面临的外部环境不断调整其战略的形式和内容,新的战略一旦形成,组一是不同的战略要求开展不同的业务和管理活动,由此就影响到管理职务和部门的设计;二是战略重点的改变会引起组织业务活动重心的转移和核心职能的改变,从而使各部门、各职务在组织中的相对位置发生变化,相应地就要求对各管理职务以及部门之间的关系作出调整。

(二)环境

环境之所以会对组织的结构产生重大的影响,是因为任何组织都或多或少是开放的系统。组织作为整个社会经济大系统的一个组成部分,与外部的其他社会经济子系统之间存在着各种各样的联系,所以,外部环境的发展和变化必然会对组织结构的设计产生重要的影响。外部环境因素可作用于组织,对其管理活动及生产经营活动产生影响,同时,组织也可以作用于环境,可以改变甚至创造适应组织发展所需要的新环境。

(三)技术

组织的任何活动都需要利用一定的技术和反映一定技术水平的特殊手段来进行。技术以及技术设备的水平,不仅影响组织活动的效果和效率,而且会对组织的职务设置与部门划分、部门间的关系,以及组织结构的形式和总体特征等产生相当程度的影响。

再从生产作业技术来看,组织将投入转换为产出所使用的过程和方法,在常规化程度上是各不相同的。越是常规化的技术,越需要高度结构化的组织;反之,非常规的技术则要求更大的结构灵活性。

(四)组织规模和成长阶段

伴随着组织的发展,组织活动的内容会日趋复杂,人数会逐渐增多,活动的规模和范围会越来越大,这样,组织结构也必须随之调整,才能适应成长后的组织的新情况。组织变革伴随着企业成长的各个时期,不同成长阶段要求不同的组织模式与之相适应。

管理者如果不能在组织步入新的发展阶段之际及时地、有针对性地变革其组织设计,那就容易引起组织发展的危机。这种危机的有效解决,必须依靠组织结构的变更。

三、组织变革中的动力和阻力

(一)组织变革的动力

组织变革的动力就是推动决策者和领导进行组织变革的力量。它是一个综合范畴,即推动组织变革的动力或动因是非常复杂的,归纳起来主要有以下几种类型:

1. 环境的动因。组织作为一个开放性的生态系统,必然要受到外部环境的深刻影响,环境的改变无疑是组织变革的根本动因。无论是一般社会环境、具体工作环境,还是团体社会环境都会不同程度地直接或间接地影响到组织结构和功能的变化,推动着组织的变革。特别是现代环境的变化速度越来越快,环境的这种变化对组织产生了持续的冲击和影响。

2. 目标和价值观的动因。组织的目标反映组织的价值观和对客观环境的判断,是组织战略的凝聚点,而组织战略则是组织的内外因素如环境和机会、内部的能力和资源等的一种函数。因此,组织目标的重新制定或修正,都将引起组织的变革。美国战略思想家柯林斯说:"我们必须了解这一点,即使利益丝毫未变,组织像目标一样,也可能在一夜之间发生变化。"①值得强调的是,价值观念在许多条件下构成组织变革的原动力,它往往对组织变革提供长期和持久的推动力。

3. 人事的动因。组织与人事密切相关,人事变动会影响到组织变动。这里所说的人事变动及影响包括两种情况:一是高级领导人的变动对组织的影响。不同的领导人总要采用不同的施政策略或领导对策,因此他总要对组织结构提出自己的特殊要求;二是人员素质的变化对组织的影响。以高质量的人员为基础的组织将是一个精干、高效的组织,以低素质的人员为基础的组织必然是一个臃肿低效的组织。

4. 专家的动因。专家不一定是组织的固定成员,也不一定拥有正式的行政职务,但他们丰富和先进的知识、理论和方法,有助于对组织的弊端以及组织变革的意义、步骤和前景作出科学的分析和论证,从而大大提高组织变革的前瞻性、合理性、可行性和可操作性。正是从这个意义上说,专家是推动组织变革的特殊动力,特别是日趋发达的网络社会更强调以知识和人才为中心的管理,更强调发挥组织内外有关专家学者在组织变革中的智囊作用。

5. 技术进步的动因。随着当代科学技术日新月异的发展,特别是电子信息技术、现代办公自动化技术,尤其是网络技术的广泛普及与应用,促使组织作出相应的变革:①组织结构形态趋于扁平网络化,即组织结构从金字塔型向扁平型发展,并且更加具有有机性、灵活性和适应性;②组织规模趋于小型化;③组织权力结构走向分权化;④组织信息结构走向网络化、交互化;⑤组织管理方式趋于民主化;⑥组织办公趋于虚拟化;⑦"学习型组织"的出现和发展。

(二)组织变革的阻力

阻力是动力的对立面,有动力就有阻力。组织变革也必然遇到各种各样的阻力或抵抗力。不弄清阻力的来源、性质和力度的改革是一种盲目的改革,因此,为了保证组织改革有条不紊地进行,有必要理清这些阻力。一般说,组织变革的阻力主要有:

1. 误解方面的阻力。人们对组织变革的目的、机制和前景是怎样理解看待的,有时差别很大,其结果可能导致基于理解不清或理解混乱而抵制、干扰变革。加上组织变革前的信息沟通不够,更会引起一些有关人员的不满和误解,形成一些阻力。事先消除误解之源将有助于改革与发展的顺利进行。

2. 利益方面的阻力。从实质上说,组织的变革意味着组织内权力、利益和资源的调整或再分配,因此必然会触动人的切身利益,进而形成不满和阻力。比如:在因机构变动而引起的权力再分配活动中,丧失权力的人将产生不满,并可能形成阻力。来自于利益方面的阻力是最顽强的和最富有破坏力的,一般来说,当组织变革所带来的预期收益低于预期成本时,人们就会对变革持反对态度。

3. 成本方面的阻力。组织的变革都要付出一定的成本,如果成本投资大于收效时,改革与发展就难以继续进行。这里所说的成本投资主要指所需用的改革时间、改革中所造成的各种损失、所需用的经费等。美国利特尔咨询公司提出一个公式:$C=(abd)>X$。式中 C 指变革,a 指对现状的不满程度,b 指对变革后可能到达情况的概率,d 指现实的

---

① 柯林斯:《大战略》,战士出版社,1978 年版,第 22,27 页。

起步措施,X 指对变革所花的成本①。此公式说明,是否进行组织变革还取决于需要变革的各种因素的乘积,要大于变革所花的成本,否则进行变革就得不偿失。

4. 变革不确定性方面的阻力。心理学研究表明,不确定性因素使人产生紧张和忧虑。变革的意义在"新",即通过变革给组织带来某一方面的新观念、新技术、新设备、新结构、新环境、新任务、新行为、新格局、新利益、新结果。但新的东西总是人们所不了解和不熟悉的,而对不了解和不熟悉的东西人们通常会产生程度不同的不安全感,从而对变革持一定的观望和保留态度。这种不安全感一般与守旧或稳妥的意识相联系,表现为由于担心变革可能带来的消极影响和前途未卜,因而对改革不轻易认可②。加上组织变革的复杂性,人们很难在变革付诸实践之前证明改革是有益的,更难对自己从变革中获得的预期收益进行精确计算,这容易造成人们产生不安心理,对变革产生疑虑,进而形成消极态度和抵触性行为,妨碍和制约变革的顺利进行。

5. 习惯性方面的阻力。组织人员长期处在一个特定的组织环境中从事某种特定的工作,就会在自觉或不自觉之间形成某种对这种环境和工作的认同和情感,形成关于环境和工作的一套较为固定的看法和做法,即习惯性。这种习惯性建立在时间延续和动作反复的基础之上,逐步沉淀在他们的意识深层,一旦形成,就会在一个较长的时期内影响甚至支配他们的心理活动和行为。除非环境发生显著的变化,否则他们通常总是按照自己的习惯,对外部刺激作出反应,而组织变更本身通常意味着某种习惯性的否定。因此,"不管一项建议有多少优点,叫人忘掉花在现在的系统中的血、汗和泪是困难的"③。甚至有时人们在理智上明明知道变革将带来比现在更多的收益,但在情感上宁愿维持现在的办法。当变革试图改变他们某种习惯性的时候,就会给他们带来强烈的感情震荡,容易失去公正地判断变革的客观尺度,或者招致他们下意识的不良反应,产生抵制态度。

四、组织变革的过程和方法

组织如何实施变革呢?不同的组织行为学家有不同的看法。现在我们来看推行组织变革的几种方法

(一)克—金组织变革模型

克—金组织变革模型是由克雷特纳(R. Kreinter)和金尼基(A. Kinicki)于 1995 年提出的。组织变革的系统模型主要分为三个部分:输入、变革的目标因素和输出。

1. 输入。在这一部分,输入的主要是内部信息和外部信息。内部信息主要是指企业自身状况,包括企业的优势和劣势。外部信息是企业所面临的外部环境,包括外部的机会和威胁。在这一阶段要注意输入的信息与战略相一致。一项战略规划指导了一个企业的长期方向,描述了组织的最终目标以及达到目标的必要行动,组织输入的信息要与之相适应。

---

① 孙彤,李悦:《现代组织学》,中国物资出版社 1989 年版,第 211 页。
② 张国庆:《行政管理中的组织、人事与决策》,北京大学出版社,1990 年版,第 276—277 页。
③ P. E. 卡斯特,J. E. 罗森茨韦克:《组织与管理——系统方法与权变方法》,中国社会科学出版社,1985 年版,第 678 页。

2. 变革的目标因素。变革的目标因素有 5 个：①人员，主要是指人的知识、能力、态度、动机和行为；②目标，主要包括要求最终的结果、优先考虑的事项、标准、资源以及贯穿整个组织的联系；③组织安排，主要包括政策、程序、角色、结构、奖励和物质条件；④社会因素，主要包括组织文化、群体过程、人际关系、沟通和领导；⑤方法，主要包括工序、工作流程、工作设计和技术。各因素以人员为核心，相互影响。

3. 输出。输出代表了变革的最终结果，可以从组织水平结果、部分或群体水平结果和个体水平结果三个方面去分析输出的结果。

（二）勒温三步模型

勒温认为，成功的组织变革应遵循三个步骤：解冻现状、变革到新的状态以及重新冻结新变革并使之持久（如图 6-7 所示）。

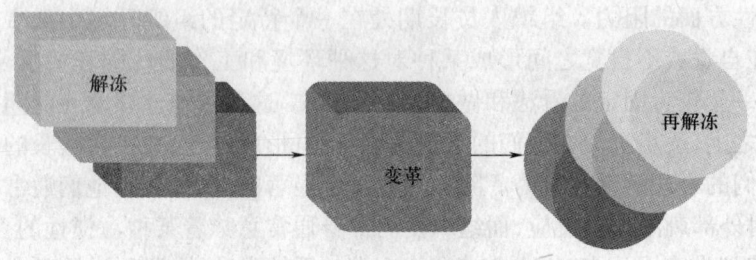

图 6-7 变革过程示意

按照这一模型，现状被看成是一种平衡状态，要打破这一状态，就要克服个体阻力和群体的从众压力，所以解冻是必需的。解冻的方法有：增强驱动力，使行为脱离现有状态，或减弱妨碍脱离现有平衡状态的力量，也可以两种方法混合使用。解冻一旦完成，就可以推行本身的变革，但仅引入变革并不能确保它的持久，新的状态需要加以再冻结，其目的是通过平衡驱动力和制约力，使新的状态能够稳定下来。

1. 解冻。由于任何一项组织变革都会面临来自组织成员一定程度的抵制，因此，组织的变革都需要有一个打破原有平衡的变革前奏，即解冻阶段。这一阶段的主要任务是发现组织变革的动力，克服组织变革的阻力，营造危机感和塑造改革的氛围，同时描绘变革的蓝图，明确变革的方向和目标，以形成待实施的变革方案。

2. 变革。这是组织变革的实质性阶段，主要的任务是按照所拟订的变革方案的要求开展具体的组织变革运动，是组织从现有模式转变到我们的理想模式。由于组织变革的涉及面较为广泛，往往是"牵一发而动全身"，这种状况使组织变革在真正全面实施前一般要进行一定范围的实验。通过实验，总结经验，修正进一步的变革方案，同时还可以使一部分对改革存有疑虑的人能通过实验阶段及早感觉到组织变革的潜在效益，从而有利于组织变革阻力向动力的转变。在实验取得初步成效后再进入大规模的全面实施阶段。

3. 冻结。在现实中经常会出现这种情况，组织变革行动发生后，个人和组织都退回到原有习惯了的行为方式中，所以组织变革并不是在实施了变革行动后就结束了的，由于变革涉及人的行为和态度的组织变革，从根本上说，只要前面有个解冻阶段，后面就要有个冻结阶段使变革后的新的行为方式和组织形态能够得到强化和巩固，缺乏冻结阶段的变革,成果就有可能退化和消失,对组织成员的影响也非常短暂。

【本章小结】

组织是为有效地配置内部资源和开展活动,实现一定的共同目标而按照一定的规则和程序构成的一种责权结构安排和人员协作关系。它的构成包括人员(组织构成的核心要素)、共同目标(组织构成的基本要素)、职责、协作意愿、信息交流几个要素。

部门化是指将整个管理系统分解,再分解成若干个相互依存的基本管理单位,目的在于确定组织中各项任务的分配和责任的归属,以求合理的分工,做到职责明确,任务到人。部门设计的方法有按人数、时间、职能、产品、区域、顾客等各种不同角度的划分法。

管理幅度,也称管理跨度,是指一名管理者直接领导下属的数量。管理层次亦称组织层次,是指组织内部从最高一级管理组织到最低一级管理组织之间的等级。管理幅度与层次之间虽然互相制约,但其中起主导作用的是管理幅度。

职权在整个组织中的分布可以是集中的,也可以是分散的。职权的分散化称为分权,是指决策权在很大程度上分散到处于较低管理层次的职位上。与之对应的就是职权的集中化,也称集权,是指决策权主要集中于组织的较高层次的管理职位上。集权或者分权不能简单地用好或坏来加以判断。它们都有各自的优点和缺点,而且它们的优缺点是对应的。

集权和分权的程度,是依据条件的变化而变化的。影响集权与分权的因素有以下几个方面:①组织的经营环境和业务活动的性质;②组织的规模;③人员因素;④政策的统一性和决策的重要性。

直线关系是一种隶属关系,上下级之间是命令关系,而基于这种关系所产生的权力就是直线权力,也称直线职权。直线职权是某项职位或某部门所拥有的包括做出决策、发布命令和执行的权力,也就是通常所说的指挥权。与直线关系的指挥和命令的本质不同,参谋关系是一种服务和协助的关系,授予参谋人员的权力不是直接的决策和行动的权力,而是思考、筹划和建议的权力,是一种顾问性的、咨询性的、服务性的和建议性的权力,包括建议权、强制协商权、共同决定权、职能职权。

组织结构的基本类型:直线制、职能制、直线—职能制、矩阵制等。

组织变革是指组织管理人员主动对组织原有状态进行改革,以适应外部环境变化,更好地实现组织目标的活动。这种变革包括组织的各个方面,如组织行为、组织结构、组织制度、组织成员和组织文化等。成功的组织变革应遵循三个步骤:解冻现状、变革到新的状态以及重新冻结新变革并使之持久。

思考题:
1. 简述管理幅度与管理层次的关系。
2. 简述组织设计的根本任务和工作步骤。
3. 论述现代组织设计的发展趋势。
4. 分析正式组织和非正式组织之间的关系。
5. 论述组织变革的必要性及其影响因素。

6. 论述组织变革的发展趋势。

【案例分析】

D公司面向市场优化企业组织机构

不断改革企业管理体制,是适应不同产品结构、人才结构和科技结构,发挥企业各种资源效率的内在要求。D公司近年来在组织机构方面的改革主要有:

1. 推行事业部制。为了适应快速多变的市场需要,提高企业的应变能力与管理效率已势在必行。D公司精心研究和策划企业组织机构的改革方案,做出了先实行模拟事业部制,而后实行独立事业部制的决定,将厂部的八个职能部门重新合并成八部一室,压缩或分流102名处室人员。这一措施激发了各经营分厂的活力,管理效率得以提高,而厂部的工作则着重于制定企业的发展战略及协调各经营分厂的经营战略、技术战略等更高层次的决策。

2. 生产组织管理从工艺专业化转向产品专业化。早在20世纪80年代末期,D公司采用以工艺专业化为核心的生产组织形式,但常常出现如下问题:①该种生产组织是跨行政部门的,在各生产工艺环节出现生产进度不一致时,有时难以协调;②由于原料品种多,可能会引起原料组织不到位而停工待料现象,影响生产效率。D公司对该公司产品的生产组织进行仔细研究后,发现其主导的三大类产品基本上是相对独立的,没有必要按照生产工艺划分车间,于是打破了原来低效率的工艺专业化生产格局,建立起产品专业化的新体系,一年内劳动生产率提高了50%。

3. 改革科研体制。1991年以前,D公司将研究所集中于总厂,负责全厂的技术开发,由于科研人员远离市场,缺乏市场意识,新产品开发的速度与品种均跟不上市场需求的变化。针对这一矛盾,D公司做出把科技人员推向市场的决策,即解散远离市场的集中式新产品开发研究所,而将其转移到相关的经营分厂。这一措施取得了很好的效果,表现为:①技术开发以市场为导向,消除了科研与生产、销售脱节的弊端;②由于有了经济观念,产品开发中的不合理费用得以减少。

4. 引进多种经营机制,实行"一厂多制"。在市场经济条件下,各种所有制有其各自的优势,国有企业引进多种经营机制、提高自身活力是一种新的尝试,D公司对此进行了初步的探索。例如,D公司的传输分厂积极采用横向联合方式进行生产经营,一方面与某省古荡镇政府合办企业,解决了产业发展所必需的土地与厂房和企业富余人员的流向问题;另一方面与香港一家公司组建了合资企业——爱华达有限公司,生产具有国际先进水平的SDH同步数字传输终端机,既获得了必要的资金,又得到了先进的技术。

资料来源:百度文库,wenku.baidu.com。

问题:
1. D公司推行事业部制的主要目的是什么?
2. 请对D公司的组织创新效果进行评判。

【实践训练】

建立组织结构与公司制度

实训目标：

1. 培养组织结构的初步设计能力。

2. 培养制定制度规范的基本能力。

实训内容与要求：

1. 设置公司组织机构。运用所学知识，根据所设定的模拟公司的目标与业务需要，研究设置所需的模拟公司组织机构，并画出组织结构框图。

(1)"公司"建立的是何种组织结构形式？

(2)"公司"设置哪些机构或部门？

(3)"公司"的基本业务流程。

2. 建立公司的制度规范，包括公司的企业专项管理制度、部门（岗位）责任制和生产技术标准、生产技术规程等。

成果与检测：

1. 公司的组织系统图。

2. 公司的基本业务流程。

3. 公司的主要制度规范。

4. 班级组织一次交流，每家公司推荐2名成员介绍其起草的管理制度。

5. 由教师与学生为各公司和学生评估打分。

第七章 人力资源管理

【学习目标】
1. 了解人力资源管理的定义；
2. 了解人力资源管理的职能及其演变过程；
3. 对比招聘中应聘者的来源渠道及其优缺点；
4. 阐述人员甄选手段；
5. 明确培训目标及方式；
6. 了解绩效评估方法及工资基本构成。

【案例导入】
  2004年3月，联想公司裁员，由于当时表现得果断有序，使联想裁减人员的流程很顺畅，从制订计划到人员离职，不过六天时间，整个过程一气呵成。具体裁员过程如下：
  第一步，营造氛围。在裁员前几天，联想内网主页上刊发了很多别有用心的文章，如《恐龙蜕变成狼》。这些具有导向性的文章促使员工考虑自己的前途，虽然没有直接公布裁员，但这些文章促使员工自我反思，对其心理形成一种潜在预期具有一定的开导作用，减少了裁员阻力。
  第二步，面谈沟通。首先肯定员工过去的成绩，感谢他们做出的贡献，然后解释裁员的战略意义，告知支付补偿。
  第三步，走出面谈室＝离开联想。在被裁员工进入面谈室时，公司已经办完他的一切离职手续；从面谈室出来的那一刻，他们就彻底与联想没有任何关系了，并要求其2小时内离开公司。这种迅速裁员的方法大大缩小了裁员可能给留任员工带来的情绪波动时间，同时也打破了联想原来宣传的"家"和"忠诚"的理念。
    资料来源：姚裕群：《人力资源管理案例教程》，中国人民大学出版社，2006。
  思考讨论题：
  1. 联想对人力资源进行重新配置的针对点是否合理？
  2. 从第三步可以看出，联想裁员的速度令人震惊，你认为这样做有什么利弊？
  3. 你了解中国其他企业的裁员管理吗？试从时间、薪酬、方法等方面与联想裁员进行比较。

第一节 人力资源管理概述

一、人力资源及其相关概念

  对于人力资源，不同的人有不同的解释。有人认为，人口就是人力资源；有人认为，劳动者就是人力资源;有人认为,人的劳动能力才是人力资源。我们认为,人力资源是指能够推动社会和经济发展的,能为社会创造物质财富和精神财富的体力劳动者和脑力劳动者的总称。

理解人力资源的含义要把握以下几点:一是人是组织最宝贵的资源;二是组织的全体成员都属于人力资源,而不仅限于人才;三是人力资源是可以被不断开发的;四是在狭义上特指为实现组织目标并做出贡献的全体成员能力的综合。此外,我们还要注意和人力资源相关的几个概念。人口资源是指一个国家或地区在一定时期内所有人的总和。在人口范围内,包括具备劳动能力者以及丧失劳动能力者。劳动力资源是指在人口中达到法定的劳动年龄,具备现实劳动能力,并且参加了社会就业的那一部分人。通常是指18岁至60岁的人口群体,不包括尚未进入就业领域的大学生、失业者以及丧失劳动能力者。人才资源是指人力资源中层次较高的那一部分人。目前,什么是人才尚无统一的说法,一般是以学历学位、专业技术职称和各种专业技术证书或资格证书作为认定标准的。那么,哪一级的学历学位、专业技术职称或专业技术证书才被认定为人才呢?在我国又以不同地区的具体情况和具体认定方法为准。假定内地人才比较少,或许以中专以上学历者或初级职称以上者就可以认定是人才;而在沿海地区,人才比较多,或许就以大专学历以上者或中级以上职称者被认定为人才。

二、人力资源的特点

(一)人力资源的时效性

人力资源的时效性是指人力资源的形成与效率要受其生命周期的限制,在儿童时期,人力资源投资开始,却不能有现实产出;在青年时期,人力资源开始产生并不断增加;而到了老年时期,人力资源产出下降,甚至丧失劳动能力,退出人力资源范围。可见,企业要考虑人力资源的时效性,及时调整人力资源的投入和产出,最大限度地保证人力资源的产出,延长人力资源的作用期。

(二)人力资源的主动性

人是通过主观意愿和意识来支配其他要素,并通过人的劳动过程来创造财富。因此,人的创造能力和创新精神是人力资源的精髓,人力资源是诸多生产要素中唯一具有主动性的生产要素。

(三)人力资源的可再生性

人力资源是"活"资源。一方面通过人口繁衍,人力资源不断地再生产出来;另一方面,人的体能在生产过程中消耗之后,又可以通过休息和补充能量得到恢复,人的知识陈旧了,也可以通过培训和学习得到再生。保证这种再生过程的顺利进行,将有利于人力资源的开发与利用。

三、人力资源管理职能的演变

(一)18世纪中叶到19世纪中叶——人事管理初级阶段

第一次工业革命后,出现了工人阶级,雇用劳动部门也随之产生,这一时期属于人事管理初级阶段。这一时期人事管理主要表现为雇用管理,出现了一些不干活的"监工",

他们的主要任务是指派、强迫和监督工人劳动,其管理以"事"为中心,以"目的"为指导,确立了工资支付制度和劳动分工,每个人都有自己的工作岗位和工作职责,按规定获得报酬。在人事管理初级阶段,把人视为物质人和经济人。

(二)19世纪末至20世纪初——科学管理阶段

随着资本主义从自由竞争向垄断的发展,这一时期人事管理思想进入了一个比较科学合理的阶段。这一时期已经将有目的的培训引入企业,根据一定的标准对在职员工进行培训,产生了劳动定额、定时工作制,明确划分了管理职能和作业职能,人事部门除负责招工以外,还负责调配人力。美国科学管理之父泰罗已经全面注意到劳动的低效率问题,并开始对工时、动作规范、专业化分工的管理加以研究。当时提出了对管理有重大贡献的三个原则:科学而非经验、合作而非个人主义、最大化产出而非限制性产出。

(三)20世纪初至第二次世界大战——工业心理学阶段

20世纪初与泰罗对效率的极端关注相反,工业心理学更加关心工作和个体差异,这一阶段,专职人事工作的部门产生了,承认领导是一门艺术,倡导以人为核心的管理方法;承认人是社会人,人除了物质、金钱需求外,还有心理、精神等各种需求。在这一时期,开始萌发了对人性和心理需求的尊重。人事管理思想主要将工业心理学引入人事管理,开始重视对个体心理和行为、群体心理和行为的管理。

(四)第二次世界大战后至20世纪70年代——人际关系管理阶段

第二次世界大战后的初期,虽然当时对人事管理的重要性依然认识不足,但劳资矛盾、人际关系、工作满意度等问题已被正式提出来了。这一时期的人事管理开始重视人的因素,企业意识到应当协调员工关系,避免内部冲突,加强企业内的人际沟通。许多企业不仅设立了专职的人事部门,而且人事部门下设若干个分支部门,分别管理薪酬、素质、劳资矛盾、福利、培训等。因此,协调员工关系就成为人事管理中十分重要的一个方面了。这时候,担任企业人事管理工作的已经是企业中层经理,即企业人事部门的经理。

(五)20世纪80年代至今——现代人力资源管理阶段

在这一阶段人力资源管理问世。从人事管理到人力资源管理,并不是名词上的变换,而是在员工管理上具有实质性意义的改变。这一时期管理思想是从以事为中心转变为以人为中心的管理,员工成为企业宝贵的财富,从以管理为主转化为以开发为主,注重培训员工的技能和自觉性,培养员工的职业道德和职业生涯规划,个性化和人性化管理被广泛提倡,开始重视团队建设,重视协作和沟通,让员工参与管理成为组织追求的目标。

四、人力资源管理的过程

人力资源管理是在经济学与人本思想指导下,通过招聘、甄选、培训、报酬等管理形式对组织内外相关人力资源进行有效运用,满足组织当前及未来发展的需要,保证组织目标实现与成员发展的最大化。现代企业的人力资源管理与企业其他职能管理一样,服务于企业总体战略目标,是一系列管理环节的综合体。从传统人事管理转向现代人力资源管理,适应这一重大转折,企业所面临的首要课题就是,必须建立适合自身特点的人力资源管理整体模式。

人力资源管理的主要环节或主要业务内容功能有:

第一,人力资源战略规划,它是指企业为适应内外环境的变化,依据企业总体发展战略,并充考虑员工的期望而制定的企业人力资源开发与管理的纲领性长远规划。人力资源战略规划是企业人力资源开发与管理活动的重要指南,是企业发展战略的重要组成部分,也是企业发展战略实施的有效保障。

第二,人力资源管理的基础业务,即岗位分析与岗位评价。岗位分析就是对企业所有工作岗位的特征和任职要求进行界定和说明。具体地说,岗位分析是对组织中某个特定工作职务的目的、任务、职责、权力、岗位隶属关系、工作条件、任职资格等相关信息进行收集与分析,以便对该职务的工作做出明确的规定,并确定完成该工作所要求的行为、条件、人员的过程。岗位分析的结果是形成每一工作岗位的职位描述、任职资格要求、岗位业务规范。岗位评价是对企业各工作岗位的相对价值进行的评估和判断。具体地说,岗位评价就是找出企业内各种职务的共同付酬因素(如岗位职责、任职资格要求、工作困难程度、工作环境的艰苦程度、岗位供求关系等),根据一定的评价方法来确定不同工作岗位的价值。岗位评价的结果是形成企业不同工作岗位的工资体系。岗位分析与岗位评价就如一个产品的说明书和产品标价,产品说明书和产品标价能够使消费者明明白白消费,而岗位分析和岗位评价能使员工"明明白白工作""清清楚楚拿钱"。岗位分析与岗位评价是企业人力资源管理的基础业务。

第三,人力资源管理的核心业务:招聘、培训、绩效考核、薪酬管理。①招聘是人力资源核心业务的首要环节,它是企业不断从组织外部吸纳人力资源的过程,它能保证组织源源不断的人力资源需求;②培训是企业人力资源开发的重要手段,包括对员工的知识、技能、心理素质等各方面的培训,它是企业提升员工素质的重要保障;③绩效考核是指运用科学的方法和标准对员工完成工作数量、质量、效率及员工行为模式等方面情况进行综合评价,从而确定相应的薪酬激励、人事晋升激励或者岗位调整,它是实施员工激励的重要基础;④薪酬管理是企业人力资源管理的一个极为重要的方面,它主要包括薪酬制度与结构的设计、员工薪酬的计算与水平调整、薪酬支付等内容,它是企业对员工实施物质激励的重要手段。

第四,人力资源管理的其他工作,如人事统计、员工健康与安全管理、人事考勤、人事档案管理、员工合同管理、退休员工管理等。

从以上分析可以看出,人力资源管理的内容是如此的丰富、复杂,过去传统的部门式人事专业管理模式已经不能适应现代人力资源管理的需要。如果仍然像过去一样,把人力资源管理的所有职能都交给人力资源专业部门,那么,人力资源部门就会因疲于应付繁忙的日常事务性管理而忽略人力资源管理的重要基础建设和核心工作。所以,人力资源管理必须在决策层、一线经理与人力资源部门之间进行科学合理的分工合作。

第二节 员工的招聘与培训

一、招聘计划的制订

员工招聘是企业获取人力资源最常用的方法,所有企业都会进行人员的招聘,企业要根据现实和未来对人力资源的需求做出计划。因此,科学的设计和制订一个具有影响力与吸引力的招聘计划,对整体招聘工作的开展以及人员招聘的质量都具有重要意义。

员工招聘计划的制订一般包括以下内容:认定岗位,包括招聘职务名称、人数、任职资格要求等内容;招聘信息发布时间和渠道;确定招聘小组人选;员工考核方案;招聘截止日期;招聘费用预算,包括资料费、广告费、差旅费、中介费等;招聘广告样稿。

二、员工招聘的来源

为了满足企业发展的需要,根据人力资源规划和工作说明书的要求,企业既需要从外部吸引人力资源,也需要通过内部招聘,优化配置企业现有的员工。

(一) 外部招聘

外部招聘就是根据组织制定的标准和程序从组织外部选拔符合空缺职位要求的员工,选择员工具有动态性。外部招聘方式有以下几种:

1. 职业中介机构。全国个大中城市一般都有许多人才交流服务机构,如人才交流中心,这些机构常年为企事业用人单位服务。它们一般建有人才资料库,每年都要举办多场人才招聘洽谈会。通过人才交流中心选择人员,具有针对性强、节省时间、选择余地较大、费用低廉等优点,但对如通信、计算机等热门人才或稀缺人才的招聘效果不太理想。

2. 校园招聘。对大学毕业生和假期工的招聘可以在校园进行,招聘方式主要有张贴招聘启事、招聘讲座、学校广播站宣传和学校就业部门推荐等。校园招聘有选择面广、费用低等优点,但受校园实训条件的限制,学生缺乏实际工作经验以及有时间限制。

3. 亲友介绍。亲友介绍对招聘专业人才比较有效,成功率高。据了解,美国微软公司百分之四十的员工都是通过亲友介绍获得的。亲友介绍的优点是招聘成本低,但容易形成小团体,出现任人唯亲的现象。

4. 媒体广告。在媒体刊登招聘广告,可以减少招聘的工作量。在报纸、杂志、车体、电视中刊登招聘广告,信息量大,覆盖面广,容易体现公司形象;但通过媒体广告招聘人才筛选工作量大,费用较高。如 2003 年爱立信准备招收 800 名员工,结果收到求职信 20 000 份。

5. "猎头"公司。对高级人才和尖端人才,通过传统方式招聘很难获得,但这类人才对企业作用非常大。"猎头"公司通过人才资料库,针对性很强,但招聘成本高,费用原则上是人才年薪的 30%。

6. 网上招聘。通过网络进行招聘是近年来新兴的一种招聘方式,它具有覆盖面广、费用低、方便快捷等优点,但网上有很多虚假信息,导致网上招聘可信度下降,还有很多企业没有上网条件,无法实现网上招聘。

(二) 内部提升

内部提升是指组织内部成员的能力和素质得到充分确认后,被委以比原来责任更大、职位更高的职务,以填补组织中由于发展或其他原因而空缺的管理职务。

内部提升制度有利于调动员工的工作积极性,可以给每位员工带来希望和机会,且会带来示范效应。被聘者熟悉企业的工作环境及情况,可以迅速展开工作,适应新的工作,从而能迅速打开局面。但内部提升也可能会导致组织内部近亲繁殖现象产生,引起同事之间的矛盾。提拔一名员工,虽然可能提升士气,也可能使其他员工产生不满情绪,这样不利于被提拔者展开工作,不利于组织中员工的团结与合作。

三、员工培训

员工培训是以企业为主体,有计划地组织员工从事学习和训练,提高员工的知识和技能,改善员工的态度和行为,增进员工的绩效,使企业发展目标和员工个人发展目标能够共同实现的活动。

(一)员工培训的目标

1. 补充新知识,提高技能。
2. 转变观念,提高绩效。
3. 全面发展,提高竞争力。
4. 交流信息,加强协作,实现组织目标。

(二)员工培训的方法

1. 讲授法。讲授法是指教师按照准备好的讲稿,系统地向受训者传授知识的培训方法,它是最基本的培训方法。讲授法主要有灌输式讲授和启发式讲授,学员可以面对面与教师进行沟通请教,有较好解决学员疑难问题等优势。但讲授法的培训过程是由教师控制的,讲授的内容和进度取决于教师,学员基本处于被动状态,缺乏实际直观指导。讲授法仅是从理论上传授知识和技能,不能给学员提供感性认识和指导。因此这种培训方法的针对性不强,对所有学员讲授内容相同,采用方法相同,不能解决学员个别的问题。

2. 专题讲座法。专题讲座法形式上和课堂教学基本相同,但在内容上有所差异。课堂教学是现实知识的传授,每节课涉及一个专题,连续授课;专题讲座则是针对某一个专题知识,安排一次培训。这种培训适合于管理人员或技术人员。专题讲座法不占用大量时间,形式比较矛盾;讲授内容集中某一专题,易于加深理解;可随时满足员工某一方面培训的要求。但专题讲座法传授的知识具有局限性。

3. 研讨法。研讨法是指在教师引导下,学员围绕某一个或几个主题进行交流讨论、相互启发的培训方法。研讨会可以多向式信息交流,教师与学员、学员与学员之间相互交流、启发和借鉴,及时反馈,有利于学员取长补短,促进能力提高。研讨法应事先将项目提供给学员,以便做研讨准备,题目应具有代表性,要切合实际,符合学员能力要求。

4. 现场指导法。现场指导法是指由一位有经验的工人或主管人员在工作岗位上对受训学员进行培训的方法。现场指导法应用广泛,但要注意培训要点:关键工作环节要求;做好工作的原则和技巧;避免、防止问题和错误。

5. 工作轮换法。工作轮换法是让受训者在预定时期内变换工作岗位,使其获得其他工作岗位经验培训方法。工作轮换法能丰富受训者的工作经验,增加其对企业的了解,使受训者明确自己的长处和弱点,找到合适的岗位;改善部门间合作。工作轮换法适合于一般直线管理人员,不适用于职能管理人员。

6. 案例研究法。案例研究法是一种信息双向性交流的培训方法。具体步骤是:首先让受训者阅读一则描述完整的经营问题或组织问题,然后要求受训者找出适当的解决方法。案例研究通过口头讨论或书面作业来进行反馈和强化。通过案例分析,受训者可以学习如何把一些原则应用到现实问题的解决中去。

7. 网上培训。网上培训是利用互联网对受训者开展培训，受训者可以通过网络进行交流和学习，发表自己的观点和看法，解决学习中存在的问题。

第三节 绩效评估及薪酬

员工进入企业并得到必要的知识和技能培训之后，能否有效地完成工作，达到组织既定目标，很大程度上取决于组织的绩效评估是否科学，薪酬分配是否合理。

一、绩效评估的含义与作用

绩效包括两个方面的含义：一方面是指员工的工作结果；另一方面是指影响员工工作结果的行为、表现及素质。绩效评估是对工作行为的测量过程，是用事先制定的标准来衡量工作成绩和效能，并将衡量结果反馈给员工的过程，是对员工一段时间的工作、绩效目标等进行考核，是前段时间的工作总结。

绩效评估的主要作用有：

第一，有助于提升组织人事决策效率。绩效评估是人事决策重要的参考指标，调薪、升迁、任免、调任等都涉及绩效的评估。在加薪和升迁之前，如果没有进行绩效评估，就失去了选择的标准。有了绩效评估，选拔标准的透明度增强了，就能选拔更合适的员工到重要的工作岗位上。一群年龄、学历都相当的员工，谁更适合当主管、当经理？当然是工作业绩最出色的。而且绩效评估还能对员工产生正面的引导作用，使他们明确自己努力的方向。

第二，有助于员工进行自我管理。绩效评估强化了工作要求，使员工工作责任心增强，明确自己怎样做才能更符合组织期望。绩效评估提供了上下级之间交流的一个契机，使他们在这种沟通和交流中达到彼此目标的一致、行动上的默契，而且也可以使员工明确自己工作中的成绩与不足，从而促使他们在今后的工作中发扬成绩，改正不足，不断提高工作绩效。

第三，有助于提高企业的生产率和竞争力。衡量生产力的传统方式是考察员工工作成果的数量和质量、有没有按工作程序办事、上下班是不是守时，以及出勤率、事故率、离职率等的高低。人力资源管理理论认为，衡量生产力的主要因素应该是员工的招聘、培训、任用、激励和绩效评价，并以绩效评价为核心。现在，许多西方企业都已经清醒地认识到员工的工作绩效对公司生产力和竞争力所产生的重大影响，纷纷加强了员工绩效管理，把通过提高员工工作绩效来增强各部门的产出效率看作增强本公司生产力和竞争力的重要途径。

二、绩效评估的原则

根据国内外企业管理的实践经验，在绩效评估中应注意把握以下原则：

一是具体可衡量原则。考评目标要具体、明确。绩效考核指标应当设计成员工可以通过劳动运作起来、结果可以量化的指标。考核的项目应当分解为一个个可以度量的指标。比如,对销售人员进行考核时,考核"销售成果"显然不如考核新市场占有率、销售成本率、资金回笼率等具体指标更有效。

麦当劳快餐店品牌之所以成功,直接原因是美味可口的食物和干净舒适的用餐环境,实质是高标准的服务。美国的麦当劳对每一个流程的细节都进行了量化,连炸薯条、制作牛肉汉堡都有详细的规定。

二是公开、透明原则。在考评之前,应做充分的调查,使员工认识到绩效管理的必要性,并且有清晰的职务说明书作为工作参考。要公布考评标准细则,让员工知道考评的条件与过程,对考评工作产生信任感,也可以让员工看到公司制度革新的决心,营造良好的氛围。

三是客观、公正原则。在制定绩效评估标准时,应从客观、公正的原则出发,坚持定量与定性相结合的方法,建立科学适用的绩效指标评价体系:这就要求制定绩效考评标准时多采用可以量化的客观尺度,尽量减少个人主观臆断的影响,要用事实说话,切忌主观、武断或长官意志。

四是反馈原则。考核与员工的收入挂钩,更重要的是改善员工的工作绩效,使员工认识到工作上的不足并加以改善。所以,绩效评估的结果应直接反馈给员工,使其明确努力的方向。

五是定期化与制度化原则。评估考核是一个连续性的管理过程,因而必须定期化、制度化。评估考核既是对员工能力、工作绩效、工作态度的评价,也是对他们未来行为表现的一种预测。因此,只有定期化、制度化地进行评估考核,才能真正了解员工的潜能,发现组织的问题,从而有利于组织的有效管理。

三、绩效评估的方法与实施

(一)绩效评估的方法

1. 序列比较法。序列比较法又分直接排序法和间接排序法。在直接排序法中,主管按绩效表现从好到坏的顺序一次性给员工排序。这种绩效表现既可以是整体绩效,也可以是某项特定工作的绩效。只适合于小企业,因为当员工人数众多时,以此方法区分员工比较困难。这时可以采用间接排序法:分别挑选、排列"最好的"与"最差的",然后挑选出"第二好的"与"第二差的",这样依次进行,直到将所有的被考核人员排列完全为止,并以优劣排序作为绩效考核的结果。

2. 相对比较法。相对比较法是指在某一绩效标准的基础上把每一位员工都与其他员工相比较来判断谁"更好",记录每一个员工和任何其他员工比较时被认为"更好"的次数,根据次数的高低给员工排序。相对比较法能够发现每个员工在哪些方面比较出色,哪些方面存在不足和差距,在涉及人员范围不大、数量不多的情况下可采用本方法。

3. 强制比例法。假设员工的工作行为和工作绩效整体呈正态分布,表现分为好、中、差的一定比例关系。在中间的员工应该最多,好的和差的应该是少数。强制比例法按照一定的比例,把员工强制分布到各个类别中,如:优——10%;较优——20%;中——40%;较差——20%;差——10%。这种方法适合于相同职务员工较多的情况。

4. 评级量表法。评级量表法是采用最普遍的绩效考评法,它采用一定的评定量表,对员工在每一考评项目上的情况做出评判和记分。评级量表通常包括几项有关的考评项目,如考评中级管理人员的工作绩效时,一般制定的考评项目有:政策水平、责任心、决策能力、组织能力、协调能力、应变能力和社交能力等,对每个项目设立评分标准(如"很好"5分,"好"4分,"一般"3分,"较差"2分,"差"1分),最后把各项得分加权相加,即得出每个人的绩效评分。需要注意的是,每项考评项目都不应是对员工个性的评价,而是对员工工作行为方式的评价。

5. 重要事件法。考核人在平时要注意收集被考核人的"重要事件"。这里的"重要事件"是指被考核人的优秀表现和不良表现,并对这些表现形成书面记录,普通的工作行为不必记录。根据这些书面记录进行整理和分析,最终形成考核结果。该考核方法一般不单独使用。

6. 行为评等法。行为评等法首先要进行工作分析,收集描述胜任该工作岗位的行为事实,把这些行为事实细分为多个方面(如管理能力、人际关系等),每个方面都设立具体的标准,并对每个方面的重要性进行量化,即分配权数。根据这些基于行为事实的等级标准和权重,形成一张含义明晰、衡量公正、易于使用的表格。考评者可以利用这张行为评等表格进行员工考评。

行为评等表格把行为考评与评级量表结合起来,用量表对工作成绩做出评级,并以关键行为事件对量表值做出定位。该表格一般由劳动人事心理学家和评级表的使用者共同开发,因此,各类别的定义比较明确,应用时准确性较高,差误较小,具有较高的表面效度。

行为评等法也有一定的局限性。因为大多数表格只能包含有限的行为方式和标准,而员工的工作行为是多样化的,很难全部包括在内;而且行为并不等于业绩,单用这种方法评估容易得出片面结论。

7. 行为观察评等法。行为观察评等法是行为评等法的发展。它与上述几种方法的不同之处在于:行为观察评等法并非考评被考评者工作的水平或优劣程度,而是要求通过对其进行一段时间的观察,对其工作过程中关键行为出现的频次做出评定。例如,一名营业员在一个月之内与顾客发生0次争执得5分,发生1~2次争执得3分,发生3~4次争执得2分,发生5次争执得1分,发生5次以上争执得0分。这样,在每项行为方面评定分值的基础上,我们可根据实际需要为各个方面设定不同的权数,从而得出综合分。

行为观察评等法的突出优点是直观、可靠,被评估者更易接受反馈,提高自身绩效。但这种方法的缺点是工作量极大。

8. 混合标准评等法。混合标准评等法综合了关键事件法和行为评等法的长处,避免了两者的缺陷,更具优越性。混合标准评等法使用混合标准量表,在设计的系统性方面与行为观察评等法颇为相似,但它不同于行为评等法对每一行为表现的精确量化,是就某项工作的几个特定方面分别做出三种行为描述表示绩效的高、中、低三档,而没有明确的分值。

混合标准评等法的优点是能使评估者的注意力不过度集中在分值上,而更关注被考评者的行为模式。因为对某一特定工作来说,并非整体分值越高的员工胜任力越高,而应是在某一特定方面有专长或有特定行为模式的员工最能胜任。此外,它还克服了关键事件法在收集和分析员工行为表现时的随机性和不确定性的缺点,在评估表格设计时体现了高度的系统性。

9. 目标考核法。目标考核法是根据被考核人完成工作目标的情况来进行考核的一种绩效考核方法。在开始工作之前,考核人和被考核人应该对需要完成的工作内容、时间期限、考核的标准达成一致。在时间期限结束时,考核人根据被考核人的工作状况及原先制定的考核标准来进行考核。这种方法适合于企业中实行目标管理的项目。

10. 情景模拟法。这是一种模拟工作的考核方法。它要求员工在评价小组面前完成类似于实际工作中可能遇到的问题,评价小组根据其完成情况对被考核人的工作能力进行考核。情景模拟法是针对工作潜力的一种考核方法。

(二)绩效评估的实施

1. 确定绩效评估项目的内容。绩效评估体现了企业管理的要求和岗位的重要工作事项。虽然不同的岗位有不同的要求,考核的内容也不一样,但绩效考核的内容一般都可以从业绩、态度、能力、潜力、适应性等几个方面入手进行。当然,这些考核内容都需要进一步细化。

2. 制定评估实施程序。评估内容制定完成后,要制定相应的评估实施程序。一般可分为自评、互评、上级评估、评估沟通等几个步骤。

(1) 自评是被评估人的自我评估。有效的自我评价有利于评价者进行自我认识、自我提高和自我完善,而且评估人可能会发现自己忽略的事情,从而更客观地进行评估。

(2) 互评是员工之间相互考评的考评方式。互评适合于主观性评价,如"工作态度"部分的考评。互评的优点在于:首先,员工之间能够比较真实地了解相互的工作态度,并且由多人同时评价,往往能更加准确地反映客观情况,防止主观性误差。互评在人数较多的情况下比较适用,如人数多于5人。另外,在互评时不署名,在公布结果时不公布互评细节,都可以减少员工之间的相互猜疑。

(3) 上级评估。上级评估是评估中不可缺少的环节,因为被评估人的上级对他的工作情况最为了解。上级评估要评估所有项目,该评估一般由直接上级进行。

(4) 评估沟通。评估成绩统计结束后,评估人要与被评估人进行一次沟通,主要是通报评估成绩,并指出被评估人的优缺点和努力方向,指导被评估人改善自己的工作。

3. 搜集信息。即搜集并记录被评估人的工作行为表现,这是绩效评估的基础工作。若不注重这一基础工作,评估就失去了客观依据。

4. 做出综合评价。

5. 运用评估考核结果。绩效考核的结果不只用于发放奖金,还要与其他激励措施挂钩。随着企业招聘的高学历、高素质员工的增加,对该群体员工的激励仅从物质激励入手远远不够,企业还必须采取一些精神激励措施,如晋升、培训、绩效改善等。

四、薪酬

一个组织除了要有一个公平合理的考评制度外,还必须有一个好的薪酬制度,这样才能吸引人才、留住人才,并激励他们取得良好的绩效。

(一)薪酬和薪酬体系

薪酬是指员工向其所在单位提供所需要的劳动而获得的各种形式的补偿,是单位支付给员工的劳动报酬。薪酬体系是指薪酬的构成,即一个人的工作报酬由哪几部分构成。一般而言,员工的薪酬可以分为直接薪酬和间接薪酬。直接薪酬包括工资、奖金、津贴补贴和股权;间接薪酬即福利和保险。

1. 工资。工资是以一定的货币形式定期支付给员工的劳动报酬。通常由基本工资、职位工资、技能工资、工龄工资等几部分组成,它是完成定额内劳动就应该得到的报酬,其特点是比较稳定。

2. 奖金。奖金是员工在完成定额任务的基础上进一步付出超额劳动的报酬,是对员工工作行为和所取得的成绩的奖励。它与员工的工作业绩及单位的经济效益相衔接。

3. 津贴。津贴是指对员工在特殊条件下工作时所付出的额外劳动消耗、额外生活费用以及对员工生理、心理方面带来的损害进行的物质补偿,如苦、脏、累、险、差和特殊要求等特殊岗位津贴,老少边穷特等地区补贴,中班、夜班等特殊劳动时间津贴。

4. 股权。股权是单位为员工提供的购买或持有本公司股票的权利,员工可以以优惠的条件得到公司股票。如果公司经营好,股票升值,员工可以得到长期可观的收入。

5. 福利。福利是通过建立集体生活设施、提供劳务和实行补贴制度等方式,解决员工在物质与精神生活上的普遍需求和特殊困难而举办的公益事业,包括建立食堂、浴室、俱乐部、图书室、运动场等集体福利设施,也包括提供住房补贴、伙食补贴、交通补贴、探亲补贴、独生子女补贴、生活困难补贴等补贴福利,还包括教育培训福利、健康福利、假日福利等。

6. 保险。保险是给予员工在暂时或永久丧失劳动能力及虽有劳动能力但无劳动机会后的物质生活保障。保险包括养老保险、医疗保险、工伤保险、失业保险和生育保险等内容。大部分保险基金由国家、集体和员工共同筹集。

(二)建立激励性的薪酬体系

1. 合理确定不变薪酬与可变薪酬的比例。不变薪酬主要是员工的基本薪金;可变薪酬则包括奖金、红利等。不变薪酬能保障员工的基本生存需要,不可太低也不可太高。太低了不利于留住员工;太高了又起不到激励作用。我国不少企业家和人力资源专家认为,在我国,企业员工的可变薪酬部分无论如何不能低于15%,并且应逐渐提高到40%左右,以保持员工的工作动力和企业的经营活力。

2. 引入长短期激励薪酬计划。短期激励性薪酬计划旨在激励员工提高短期绩效,大多数企业选择年终分红这种方式。分红是指企业每年年终时,先按比例提取一部分企业利润构成分红基金,然后根据雇员的业绩状况确定分配数额,最后以红利方式发放的劳动收入。

长期激励性薪酬计划旨在通过为员工提供激励财富的机会,建立员工的长期观念,激励他们与企业共同奋斗,同时满足企业长期繁荣发展和个人物质方面的需求。长期激励性薪酬计划通常有股票期权计划、员工持股计划等。股票期权计划是指面向高层人员实行的,企业与之约定,在一定期限内享有以某一事先确定的价格、购买本企业一定数量股票的权利。员工持股计划是指企业员工通过投资购买、贷款购买或红利转让、无偿分配等方式认购本公司部分股权,委托员工持股集中管理。员工持股管理委员会或理事会作为社团法人进入董事会参与按股分享红利的一种新型股权形式。

一般说来,对企业的普通员工,可以更多地采用短期薪酬激励。因为普通员工的工作成就或绩效在较短的时期内及能够表现出来,其工作对企业的影响程度也比较容易判定。而对企业的核心人才,包括技术人才、管理人才和高级技术工人等,应更多地采取长期激励的方式,在他们的薪酬中,长期激励薪酬应占较大的比例。因为他们的工作成就或绩效往往需要较长的时期才能表现出来,他们的工作对企业的经营产生的影响也较大,影响的程度也不太容易判定。

(三)薪酬水平与企业发展战略相结合

员工薪酬的决定会涉及许多因素:如国家的经济形势、劳动力市场的供求状况、物价水平、行业报酬水平等外部环境因素;如企业的经济效益、员工的岗位差别、个体劳动差别等内部条件因素。企业在确定员工的薪酬水平时要综合考虑这些因素。

要把员工的薪酬计划和企业的总体战略目标结合起来,有三点必须考虑:第一是薪酬水平能够吸引和保持所需要的员工;第二是组织有能力支付薪酬水平;第三是实现组织的战略目标所要求的报酬水平。

【阅读材料】

企业如何招聘到好员工?

一、制定切实可行的目标并组织整个面试过程

1. 对每次面试设定明确目标。
2. 准确考核,评估岗位适合与否。
3. 管理统一的公关信息(面试官的状态要体现公司形象或者想招聘人员的要求)。
4. 评估面试过程。
5. 评估面试过程的效果。

二、确定胜任某工作岗位所需的预期业绩

1. 确定目标(什么时间要达到什么结果)。
2. 确定工作障碍(确定接受下限,触及底线即通过)。
3. 确定能力要求(通过行为、业绩考核,任何触及职责未完成的内容都视为不满足)。

三、通过提问预测应聘者是否具备达到预期业绩的能力

1. 示范(具体实例可以给出准确时间、具体活动、条件、重要性、绩效)。
2. 描述带有工作障碍的以往经历(描述情形、处理方法、个人表现)。
3. 要求描述类型行为(提问:举例说明同时完成多个重要工作,如何安排,可以用工作上或之外的经历说明)。
4. 要求应聘者描述过去的行为与预期业绩的关系。
5. 描述成就(提问:举例说明你对细节的关注曾给组织带来的好处。你用什么行动让组织的工作有效进行)。要有"有效回答"和"无效回答"的处理方式。

四、事前确定面试问题的答案,进行一次有效面试

1. 制定面试指南(对每一个人都问一样的问题,通过面试了解应聘者是否了解岗位,对提问是否有效进行考核。尽量避免面试者回答无效答案,面试过程逻辑流程,结束面

试要通知之后的安排)。

2. 向应聘者介绍面试过程(为什么记录,告知想从每次回答中得到更多信息,告知已看过简历,闲聊)。

3. 进行探查以期获得更加完整的行为信息(问题:您做过什么,你怎么做的,你为什么这样做,你的行为产生了什么结果,你的团队从行动中得到什么好处,你会有什么不同做法,为什么?)。

询问工作经历的变化,询问行为的结果(如何考核业绩,这样行吗?)改变探查方式消除盘问感,探查可以接受的但是不够道德的行为如何处理。描述记录而不是评价记录最后回想后再下结论。

4. 强化你想留给他人的印象(职业化着装,真诚,微笑,职业化举止,交流,避免迷惑行为)。

5. 管理面试环境(安静,柔和适宜,舒适的座位,距离,侧面而不是正面,没有干扰)。

6. 用团队面试优化面试过程。

五、最大限度地确保有效的信息沟通和准确的评价,做出聘用决定

1. 收集适当信息支持或反驳直觉(什么行为让我有什么感觉,是不是正确的感觉)。

2. 运用有序方法翔实记录做出聘用决定的过程(期望,评论;业绩行为,评论;回答范本,评论;前三项分数)

3. 审核决策过程和结果(预期业绩是否有明确定义,是否明确具体的行为,业绩行为对现实具体的能力要求是否合适,是否清楚说明每个分数对应的例子),确认清楚描述,联系正确,对应正确。

4. 在可行与适合的情况下采用团队面试(共同探查,有利于做出正确判断)。

六、运用行为决策法预测应聘者上任后的业绩。让招聘面试为你发挥作用

收集信息评估岗位和岗位描述是否一致;通过设定目标组织面试;运用标准化减少多重面试造成的重复;尽可能采用团队面试;确定预期业绩目标工作障碍以及能力要求;制定面试官指南提高效率和有效性;运用有效沟通给面试者留下积极、专业的印象;遵循面试指南;运用探查技巧获得可能工作情况面试者的处理方式;运用行为探查获知对方道德水平;判断预期业绩;填写评估表;审核面试决定及理由;审核面试客观性。

资料来源:百度文库,wenku.baidu.com。

【本章小结】

人力资源是指能够推动社会和经济发展的,能为社会创造物质财富和精神财富的体力劳动者和脑力劳动者的总称。它与人口资源、人才资源既有联系又有区别。

人力资源管理是指对人力资源的取得、开发、保持和利用等方面所进行的计划、组织、指挥、控制和协调的活动。

人力资源管理的内容包括人力资源需求预测与规划、人员选聘与组合、人员培训、人员考核等。

员工招聘要科学制订招聘计划,内部提升和外部招聘相结合,多渠道招聘组织所需人才。

员工培训要明确培训目标,根据不同对象,合理选择培训方式、方法。

绩效评估是提高企业生产率和竞争力、加强企业人事管理和员工自我管理的重要手段。

绩效评估中应把握具体可衡量、公开透明、客观公正、反馈、制度化经常化等原则,才能达到绩效评估的目的。

绩效评估常用的方法主要有:比较法、重要事件法、行为评等法、目标管理法等。

绩效评估要与薪酬挂钩,才能起到激励人才,实现组织目标的作用。

思考题:

1. 什么是人力资源管理?它的意义何在?
2. 企业招聘员工的渠道主要有哪些?
3. 员工培训的方法有哪些?
4. 为什么要做好绩效评估工作?绩效评估的主要方法有几种?

【案例分析】

××市电气公司规模较大,效益也不错。公司的人事政策包括一年一度的员工绩效评定,评定的方法是:公司将评定表格下发给各部门经理,由各部门经理对下属的每一个员工进行评估,公司不限定评估方式,由各部门经理决定。

辛迪是公司销售部经理,在绩效评定期间,她总是与其下属的每一位员工单独见面,讨论每个人的工作绩效情况及她所做出的评估,这样员工就能清楚地了解对自己是如何评价的。她评估的方式非常有效,总能为员工找到需要改进的地方,并帮助他们改进工作。但从去年开始,她的评估方式开始出现问题:在她第一次与配件分部的主管王力进行评估会面时,她发现他的抵触情绪很强,不接受任何批评。

王力是一个能力很强的管理人员,辛迪不想失掉他,但辛迪对他进行评估并指出他工作上的不足后,他在这些方面没有任何的改进。因此,今年辛迪想换一种评估方式:自我评估,即员工对自己的评估与班组长的定期评估相结合。在安排好的评估会面前一周,她发给王力一份表格,让他自己填好并在会面时带上。在会面的那天,王力来得很准时,辛迪看了他对自己的评估情况,发现他在表中的每一项目上都为自己评了最高分,并在表格的最后注明:他已做好被提升到更有挑战性的职位上工作的准备。

思考:

1. 你认为自我评估的效果如何?应如何发挥自我评估的作用?
2. 如果你是辛迪,你将如何把握与王力的会面?
3. 辛迪为某一特定员工而改变她的评估方法,你对她的做法有何评价?

【实践训练】

角色扮演——招聘

实训目标:

1. 培养学生的招聘组织能力。
2. 训练学生作为应聘人员的心理素质与应变能力。

实训内容与形式：

1. 角色分工——分为两组：招聘组与应聘组。

招聘者负责制订招聘计划，拟定招聘广告，发布招聘信息。

应聘者写出应聘提纲或应聘讲演稿。

2. 面试——招聘组抽调人员担任"考官"；人员轮流进入"试场"进行"面试"，每个"考官"根据"应试人员"的表现客观评分，最后进行综合。

第八章 领导

【学习目标】
1. 加深对领导概念的理解；
2. 掌握领导的实质和权力的来源与作用；
3. 理解领导与管理的区别；
4. 重点掌握领导的相关理论；
5. 了解领导应具有哪些素质和领导的艺术。

【案例导入】
　　一个人去买鹦鹉，看到一只鹦鹉前标有：此鹦鹉会两门语言，售价二百元。另一只鹦鹉前则标有：此鹦鹉会四门语言，售价四百元。该买哪只呢？两只都毛色光鲜，非常灵活可爱。这人转啊转，拿不定主意。结果突然发现一只老掉了牙的鹦鹉，毛色暗淡散乱，标价八百元。这人赶紧将老板叫来：这只鹦鹉是不是会说八门语言？店主说：不。这人奇怪了：那为什么又老又丑，又没有能力，会值这个数呢？店主回答：因为另外两只鹦鹉叫这只鹦鹉老板。
　　思考题：
　　你觉得什么才是真正的领导？

第一节　领导概述

一、领导的含义

　　领导是指在一定的社会组织和群体内，领导者运用组织赋予的职权和自身影响力来指挥或带领、引导或鼓励被领导者为实现组织目标而努力的过程。它包含以下几层含义：
　　一是领导者必须有下属或追随者。
　　二是领导的实质是一种影响力，这种影响力不仅来源于组织赋予领导者的职位和权力，也来源于其个人所具有的影响力。
　　三是领导的目的就是影响下属以实现组织目标。

二、领导的作用

　　美国军事家克里奇曾提出过一个有名的克里奇定理：没有不好的组织，只有不好的领导。从这个定理中我们可以得知：好的领导的作用是不言而喻的，好领导是好组织的塑造者，是企业的核心，是企业决策的制定者与有力执行者。领导者为企业制定出符合市场需求与企业内部需求的各项政策,在企业的生存与发展过程中起到决定性的作用。

在组织绩效的实现过程中,领导也起着不可或缺的决定性作用,通常包括以下三个方面的。

(一)指挥作用

只有在乐队指挥的统一指导下,各个演奏家才能互相配合,演奏出和谐悦耳的音乐;反之,若没有乐队指挥的统一指导,将会出现一片混乱的嘈杂之声。领导的作用正如乐队的指挥一样重要。在组织的集体活动中,需要领导者运筹帷幄、高瞻远瞩、胸怀全局,根据组织所处的环境、组织自身所具有的资源以及既定的目标,引导、指挥和带领组织的全体成员最大限度地实现组织目标。

(二)沟通作用

一个组织中存在许多的部门、许多的管理层次、许多的生产要素,在实现组织既定目标的过程中,人与人、部门与部门之间、各生产要素之间难免会产生各种矛盾和冲突,在行动上出现偏差或不一致的情况,这就需要领导者做好协调和沟通。领导者要调整好成员之间的人际关系和活动,要巧妙地引导组织成员将个人愿望和需求的满足与组织目标的实现结合起来,使组织的全体部门和全体成员都朝着既定目标前进,保证管理决策和管理活动的顺利进行。

(三)激励作用

对组织来说,调动员工的积极性非常重要。实践中,尽管大多数员工都有积极工作的热情和愿望,但这种热情也不会一直自觉地变成现实的行动,并且在工作、学习、生活中难免会遇到困难,这必然会影响其工作的热情。领导者应关注员工各方面的需求,为其排忧解难,激发他们的工作热情和积极进取的动力。

三、领导的权力

领导的权力从广义上来说包含两个方面:一是来自职位所赋予的权力,即职权;二是来自其自身的影响力。

(一)职权

职权是由领导者在组织中所处的地位直接赋予的,是法律、制度明文规定的正式权力。这种权力与所处的职位有关,而与处在这个职位上的人没有关系,而且权力的大小、拥有以及丧失等直接由职位决定。职权是领导者实施领导行为的前提条件,没有职权,领导者就不可能有效地影响下属。一般来说,职权具有强制性、潜在性、与职务相关性等特点,具体包括以下三个方面:

1.法定权。这是领导者所具有的正式合法的权力,通常由组织按照所处的领导层次和岗位授予相应的权力。法定权对下属的影响来源于职权的权威性与下属传统的习惯观念,下属必须按照下级服从上级的原则来行事,必须接受领导者的影响。

2.强制权。这种权力是建立在下属惧怕基础上的,如果下属不按照上级的指示,出现违规情况,则上级有处罚的权力。处罚方式有批评、经济惩罚、降薪、降职、调职、解雇等,下属会因为惧怕而服从。当然,强制权是一种负面强化的方式,在运用不当时容易引起下属的反感、抵触,导致上下级关系紧张。

3. 奖励权。与强制权相对应,奖励权是指领导者拥有对下属进行物质奖励和精神奖励的权力。奖励权能满足下属对物质与荣誉的欲望和需求,是一种正面强化的方式,有利于巩固和维护权力关系。

(二) 个人影响力

个人影响力是指由领导者所拥有的知识、能力、良好的品德、优良作风等个人因素所产生影响力,与所处职位无关。

1. 专长权。领导者拥有某方面的专业知识、特殊技能、知识创新能力、管理能力等,从而赢得同事和下属的敬佩和服从,由此产生的影响力。

2. 个人魅力。诸如领导者高尚的道德品行、优秀的性格、气质、良好的社交能力、领导力等这些领导者本身的因素会使同事和下属产生尊敬、拥戴、追随等心理,进而对他们造成影响力。

个人影响力是合法权力的重要补充,对领导职能的有效发挥起着非常重要的作用。一个领导者若只注重运用职权来领导他的下属,就会使权力影响力的发挥失去民心基础,难以在下属中赢得威信。因此,要想成为一个有效的领导者,除正确认识自己身上的任务与责任之外,还应树立正确的权威观(如表8-1所示)。

表8-1 职权与个人影响力的比较

	来源	大小	方式	效果	性质
职权	组织规定的法定职位	由职位而定,不因人而异	通过行政命令实现	敬畏,被动服从	外在的、强制性的影响
个人影响力	个人的知识、技能、素质、品质、魅力等	因人而异	自觉主动地接受	敬佩,主动追随	内在的、自然的影响

课堂讨论: 假如你是一个领导,你将怎样做来增强你的权威?

四、领导与管理

领导与管理关系密切,两者既相互联系,又相互区别。

领导是管理的基本职能之一,从词性上来看,领导有两层意思,一是作为名词,即领导者;二是作为动词,即领导者所从事的管理工作和管理职能。所以说,领导与管理是相互联系的。

领导与管理之间又是相互区别的,主要表现在以下几个方面:一是两者的权力构成不同,领导靠的不仅是职位权力,更多的是依靠个人的人格魅力和领导艺术,使被领导者自觉、自愿地追随;而管理者的权力是建立在合法、强制性的职位权力基础上的。二是两者面对的对象不同,领导者面对的对象是人,主要是协调人与人之间的关系;而管理所面对的对象则是组织内的各项资源,人、财、物等都包括在内。三是两者所使用的手段不同,领导者多采用激励与沟通手段,有利于处理人与人之间的关系;而管理者注重正式的规章制度,强调刚性,多采用控制和约束手段。所以领导者不一定是管理者,管理者也不一定是领导者。

第二节 领导理论

一、人性假设理论

领导者采用什么样的领导方式和方法,根本上取决于对人性的基本看法,它是一切管理思想和管理行为的认识基础,是从事管理和领导活动的起点。所谓人性假设,是指领导者对管理活动中人的本质及其行为特征的基本看法。在不同的社会发展时期,不同的管理学流派都对人性有不同的假设,其发展历程几乎是伴随着管理科学的产生和发展一起进行的。

(一)从"经济人"到"复杂人"的假设

1."经济人"假设。最早提出"经济人"假设的是英国早期经济学家亚当·斯密,这种假设是对人性的一种早期的、传统的认识。"经济人"观点认为,人的一切行为都是为了最大限度地满足自己的经济利益,工作目的只是获得经济报酬,人天生是懒惰的,缺乏进取心的,逃避责任的。

在这种认识下,管理工作的重心就是提高生产效率,完成任务,而忽视了人的社会心理。这种管理方式被称为任务导向型。管理者为激发和诱导人们也以他们所期望的方式去完成任务,就用金钱为主要手段来刺激工人的生产积极性,同时对消极怠工者采用严厉的惩罚措施,即"胡萝卜加大棒"政策。

泰罗就是"经济人"假设的典型代表。他的科学管理理论虽有其科学性的一面,但其基本出发点就是考虑如何提高生产率,如何根据工人的劳动量给予恰当的报酬,而不考虑工人的思想感情,把人看成是"经济动物"。

2."社会人"假设。"经济人"假设不能完全解释工人积极性波动的原因,而且随着梅奥在霍桑试验中提出的人际关系学说,由此形成了"社会人"的假设。"社会人"观点认为,工资、奖金等经济报酬不是唯一刺激工人积极性的手段,人行为的动机不仅是追求金钱,工人还有一系列的社会心理需求,如工人有追求人与人之间友情的需求,有追求归属感、安全感的需求,有对尊重、对良好的人际关系的需求等。

因此,管理者要调动员工的积极性,就要改变传统的任务导向型领导方式,应该关心和体贴下属,重视满足员工的社会心理需求,重视人际关系的协调,重视非正式组织对工人的影响,鼓励员工参与管理等。

3."自我实现人"假设。随着管理实践的进一步发展、行为科学的盛行以及马斯洛的需要层次理论的提出,出现了"自我实现人"的假设,其代表人物就是美国的心理学家马斯洛。"自我实现人"观点认为,人有充分发挥自己的潜能和实现自我价值的需要,这是人类需要的最高层次。

与这种人性观相适应,管理者应当把人当作企业中最宝贵的资源来看待,通过提供富有挑战性的工作,采用目标管理、参与管理等方式激发员工的内在积极动力,最终实现组织目标。

4."复杂人"假设。20 世纪 60 年代末 70 年代初沙因(Schein)提出了"复杂人"假设。

这一观点认为,一方面现实组织中存在着各种各样的人,其价值取向是千差万别的,没有统一的追求,不能把所有的人都简单地归类为上述某一种人性假设之下。另一方面,人是会变的,同一个人在不同的时间、不同的场合也会表现出不同的动机和需要,任何人都不可能只单纯地具有某一方面的属性。这是一种体现权变思想的人性观。在这种观念下,管理者应该采用权变的领导方式,做到因人、因问题和因环境不同而灵活地采取相应的领导策略。

(二)X理论和Y理论

在人性假设研究领域中,还有另一个基本的分类。美国著名的行为学家、心理学家道格拉斯·麦格雷戈(Douglas M. McGregor,1906—1964年)在1960年出版的《企业的人性面》(*The Human Side of Enterprise*)一书中提出,管理的根本问题在于管理者对人性的假设,越接近事实的就越理性。他认为,当时的管理者之所以对员工进行强制性管理,是因为基于错误的人性假设观念的指导。他把这种消极的传统观念称为X理论,X理论认为:①大多数人天生是懒惰的,他们都尽量地逃避工作。②多数人是胸无大志,不愿意负任何责任,宁可受别人指挥。③多数人以自我为中心,反对改革,对组织漠不关心。④人性是被动的,多数人缺乏自制能力。

因此对大多数人来说,工作是为了满足自己的生理和安全需要,只有金钱和其他物质利益才能激励他们努力工作。但仅用奖赏的办法不足以战胜其厌恶工作的倾向,必须采取强制、监督、指挥、惩罚的办法,需要另外少数人从外部施加压力。

麦格雷戈同时还提出了一套对人性不同的积极看法,称之为Y理论,他认为:①一般人都是勤奋的,如果工作条件有利的话,人们会把工作看作游戏和休息一样自然。②正常情况下,多数人不仅乐于承担责任,而且主动寻求承担责任。③人能够自我控制、自我指导,若在适当激励下,人能激励自己而富有创造力。④在个人目标与组织目标发生冲突时,会自觉地把个人目标与组织目标统一起来。

因此,管理者必须清楚员工个人的特性与环境特性之间的关系,外界的控制和处罚不是实现组织目标的唯一方法。企业应采用柔性化、参与式的管理方式,通过提供富有挑战性的工作,使员工在工作中不断激发潜能,从而努力工作。

二、现代领导理论

(一)领导特质理论

特质理论也称为伟人理论,主要研究的是领导者应具备的素质。这一理论认为,领导者的心理特质与领导效能的高低是相关联的,成功的领导者大都具有某些共同点,只要找出好的领导者与差的领导者在个人品质或特性方面的差异,就可确立优秀的领导者应具备的特性。

1. 传统领导特质理论。早期传统的领导特质理论认为,领导者是天生的,而不是后天形成的。研究人员做了大量的有关领导特性的研究,试图从成功的领导者身上分离出非领导者所不具备的特性。比如,是什么使拿破仑、温斯顿·丘吉尔、甘地、马丁·路德·金等与众不同?1969年,美国心理学家吉普通过研究认为,领导者应该健谈,外表英俊潇洒,智力过人,自信,心理健康,喜欢支配别人,外向而敏感。这类研究虽然在现实生活中找到了一些依据,但也有很多领导者并不完全具备这些个性特征,而且也有很多具有这些特征的人并未成为领导者。因此,研究同时也表明,一个成功的管理者,特殊的性格特点不一定是必需的,研究以失败告终。

2. 现代领导特质理论。现代领导特质理论认为,领导者的特性和品质是在实践中形成的,是可以通过教育训练培养的。美国普林斯顿大学包莫尔教授(W. J. Baumol)提出的企业家应该具备的10个条件非常有代表性:

(1)合作精神。能与他人合作共事,对其他人不是压制,而是说服或以情动人。

(2)决策能力。能依据客观事实,而不是凭主观想象决策。

(3)组织能力。善于组织人力、物力、财力。

(4)精于授权。大权独揽,小权分散。

(5)关于应变。能随机应变,善于通达。

(6)敢于求新。能敏锐感受新事物、新环境、新观念。

(7)敢担风险。敢担风险,对开拓新局面充满信心。

(8)勇于负责。有高度责任心,敢担责任。

(9)尊重他人。重视采纳他人的意见,不武断狂妄。

(10)品德高尚。品德高尚,为社会各阶层人士所敬佩。

此外,日本企业界也提出了有效领导者应具备的十项品德和十项能力。不同的研究所得出的结论往往不一致,而且有时会出现相互矛盾的情况。无论是传统的领导特质理论还是现代的领导特质理论,大量的研究表明,具有某些品质特征确实能帮助领导者提高领导效能,获得成功,但没有一种特征是成功的保证。

(二)领导行为理论

由于领导特质理论没有指明各种特征之间的相对重要性,忽视下属的需要及情境因素,使它在解释领导行为有效性方面出现困难,因而人们转而研究领导者所实际表现出来的行为对领导有效性的影响。该理论的代表有勒温(K. Lewin)的领导方式理论、领导行为四分图理论和管理方格论。

1. 领导方式理论。领导方式是指领导者在活动中所表现出来的特点和倾向,又称为领导工作作风。社会心理学家勒温在实验研究的基础上,以权力定位为基本变量,把领导者的行为方式分为专制型、民主型和放任型三种基本类型。

(1)专制型,也称专权式或独裁式,是指领导者个人决定一切,独揽大权,然后命令下属予以执行,并要求下属不容置疑地遵从其命令。这种领导方式的优点是决策迅速、统一,责任明确,通过严格管理能够在较短时间内达到既定的任务目标,但缺点是容易造成个人决策失误,组织成员被动、没有责任感、情绪消极、士气低落。

(2)民主型。这是指领导者发扬民主,在做出决策之前会主动听取下级的意见,或者吸收下级参与决策的制定,在执行时也能给下属充分的自由发挥空间,工作有一定的自主性。这种领导方式的优点是能够充分地调动下属的积极主动性,关系融洽,凝聚力增强,富有创造性。但若是遇到危急情况,易延误时机,因此不适宜。

(3)放任型。这是指领导者把一切权力下放给下属,领导只布置任务,由下属自行决策和实施,对下属既没有指导,也没有约束,放任自流。这种领导方式工作效率最低,容易导致下属各自为政,缺乏团队精神,目标难以实现。

勒温同时指出,实际工作中,大多数领导都是介于这三种类型之间,并且在实际的管理活动中也不能简单地说哪种方式更好、更有效,应根据具体情况,选择合适的领导方式。

2. 领导行为四分图理论。1945年,美国俄亥俄州立大学商业研究所在对大型组织的领导行为进行一系列深入调查的基础上,提出了领导行为四分图理论。他们列出了1 000多种刻画领导行为的因素,通过逐步概括和归类,最终将领导行为的内容归结为两个方面,即"抓组织"和"关心人"两大类。

"抓组织"强调以工作为中心,是指领导者只重视工作任务是否有效完成,强调组织的需要,建立明确的组织模式及交流渠道和工作程序,并使用职权去监督和促使绩效目标的实现。

"关心人"强调以人为中心,是指领导者注重与下属之间建立相互信任、相互尊重的良好关系,关爱员工,并鼓励员工参与决策的制定和管理。

同时,调查结果还发现,"抓组织"和"关心人"这两类领导行为在同一个领导者身上有时一致,有时并不一致,领导行为是这两方面的任意结合,由此形成了四种基本的领导风格(如图8-1所示)。

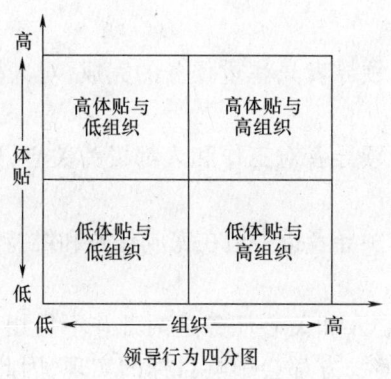

图8-1 领导行为四分图

(1)高组织低关心人的领导者,最关心的是工作任务;
(2)低组织低关心人的领导者,对组织对人都不关心,这种领导方式效果较差;
(3)低组织高关心人的领导者,大多较为关心上下级之间的合作,重视互相信任和相互尊重的良好人际关系;
(4)高组织高关心人的领导者,对工作对人都比较关心。这种领导风格被认为是最好、最有效的领导方式。

3. 管理方格理论。在领导行为四分图的基础上,美国德克萨斯大学的行为科学家罗伯特·布莱克(Robert R. Blake)和简·莫顿(Jane S. Mouton)于1964年提出了管理方格理论。他们设计了一个横轴和纵轴各9等分共81格的方格图,横坐标表示对生产的关心程度,纵坐标表示对人的关心程度,每一个小格表示一种领导方式。其中五种典型的领导方式(如图8-2所示)。

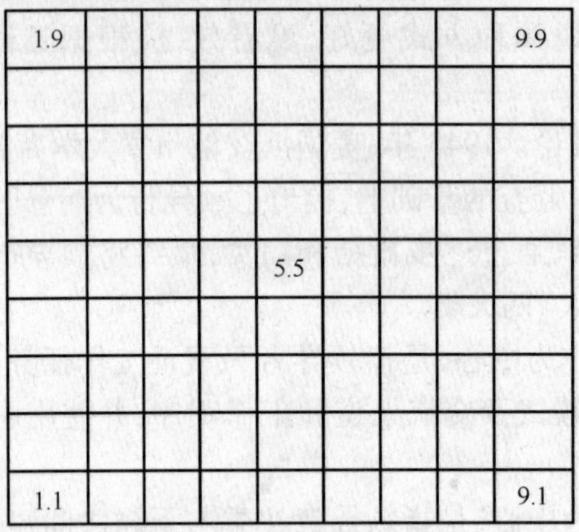

图8-2 管理方格图

(1) 1.1型——贫乏型,领导者对生产和人都不关心,放任自流,领导者自己也以最低限度的努力来完成必须做的工作。

(2) 1.9型——俱乐部型,领导者只注重关心下属,注意搞好人际关系,不关心工作任务本身。

(3) 9.1型——专制型,领导者只注重任务的完成,对人极少关心,不利于调动下属的积极性。

(4) 9.9型——团队型,领导者对工作和人都极为关心,通过与员工的互敬互信、共同协作来完成任务。

(5) 5.5型——中间型,领导者折中地在完成任务和维持一定的士气之间寻求平衡,以免顾此失彼。

管理方格理论认为,关心人和关心任务这两者并不是相互排斥的,只不过是同一事物的两个不同方面,忽视任何一方都会影响目标的实现,因此应根据具体情况而有所侧重。布莱克和莫顿认为,9.9型的领导方式最理想、最为有效,是领导者改进其领导行为的目标模式。但这种领导方式只能说是一种理想上的理想模式,现实中一般很难做到。因此,布莱克和莫顿提出要对领导者进行培训,把领导者现行所采取的领导方式根据该领导者"对人的关心"和"对生产的关心"在态度和行为方面的实际表现来进行衡量,在81个方格中找到其所处位置而大致确定其类型,然后通过专门的管理方格法训练和学习,使之向理想的领导方式转变。

(三) 领导权变理论

领导权变理论又称领导情境理论,主要研究与领导行为有关的情境因素对领导效力的潜在影响。领导行为效果的好坏不仅取决于领导者自身的素质和能力,还取决于诸多客观因素,如被领导者的特点、领导环境等。该理论的基本主张是:没有万能的领导方式,即在不同的情境中,需要不同的素质和行为才能达到有效的领导。该理论的代表有领导行为连续统一体理论、菲德勒的权变模式和领导生命周期模型。

1. 领导行为连续统一体理论。美国管理学家坦南鲍姆(R. Tannenbaum)与施密特(W. H. Schmidt)于1958年在《怎样选择领导模式》一文中提出了领导行为连续统一体理论。他们认为,领导方式多种多样,按领导者授予下属自主权的程度来划分,在两个极端点——专制的领导行为到民主领导行为之间存在多种过渡形式,组成了领导行为连续统一体。该理论主要描述了从以领导人员为中心到以下属为中心的一系列领导方式的转化过程,这些方式因领导者授予下属权力大小的差异而发生连续性的变化。他们专门列举了七种有代表性的领导风格,并指出这七种领导方式不存在哪一种是正确的,哪一种是错误的,领导者应根据自身的个性、下属的特点、环境等因素来选择适宜的领导方式(如图8-3所示)。

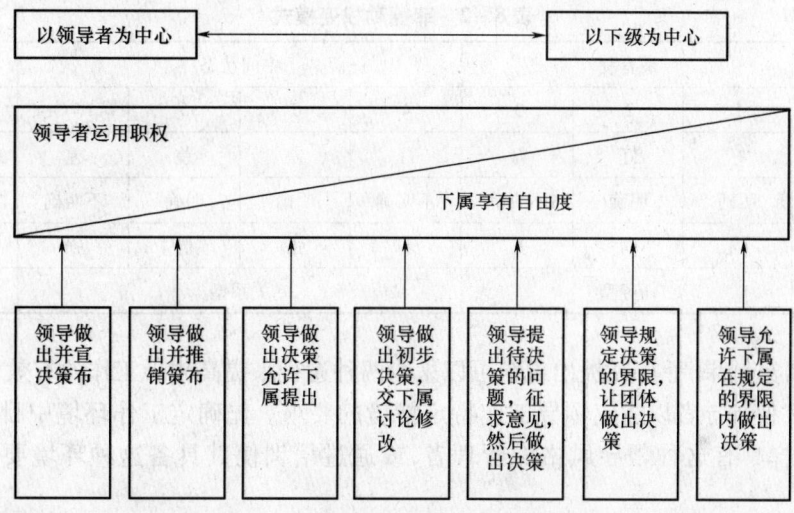

图8-3 领导行为连续统一理论示意

(1)领导做出并宣布决策,也就是责令下属执行领导个人做出的决策。
(2)领导做出并推销决策,即在下属接受决定前做适当说明和解释。
(3)领导做出决策,允许下属提出疑问,并予以解释和回答。
(4)领导做出初步的决策,交下属讨论修改。
(5)领导提出待决策的问题,征求意见,然后做出决策。
(6)领导规定决策的界限,让团体做出决策。
(7)领导允许下属在规定的界限内做出决策。

2. 菲德勒的权变模式。美国管理学家菲德勒(Fred Fiedler)从1951年开始,经过长达15年的调查试验,提出了"有效领导的权变模式",即菲德勒权变模式。他认为,任何领导方式均可能有效,也可能无效,关键是看它是否与所处的环境相适应。他把影响领导者领导风格的环境因素归纳为三个方面:职位权力、任务结构和上下级关系。

(1)职位权力。职位权力是指与领导者职位相关联的正式职权以及从上级和整个组织各个方面所得到的支持程度。领导者职权的强弱会影响下属服从领导的程度,当领导者拥有这种明确的职位权力时,则组织成员将更顺从他的领导,有利于提高工作效率。

(2)任务结构。任务结构是指工作任务明确程度和下属对职责的明确程度。当下属对工作任务和职责都明确清晰时,领导者对工作过程就易于控制;若工作任务不明确,下属不知道如何去做,就会降低领导者对工作的控制度。

(3)上下级关系。上下级关系是指下属对领导者信任、尊重、爱戴和愿意追随的程度以及领导者对下属的关心、爱护程度。这一点是决定领导者在群体中的控制力和影响力的最重要因素。因为职位权力和任务结构可以由组织控制,而上下级关系是组织无法控制的。

菲德勒根据这三个因素的不同组合,把领导者所处的环境从最有利到最不利共分为八种类型、三种状态(如表8-2所示)。

表8-2 菲德勒权变模式

状态	最有利			中间状态				最不利
情境	1	2	3	4	5	6	7	8
上下级关系	好	好	好	好	差	差	差	差
任务结构	明确	明确	不明确	不明确	明确	明确	不明确	不明确
职位权力	强	弱	强	弱	强	弱	强	弱
领导方式	任务型			关系型				任务型

根据研究结果,菲德勒提出组织可以采取两种途径来提高领导工作的有效性:

一是替换领导者以适应领导工作特定情境的要求。先确定工作环境中哪种领导有效,然后选择具有这种领导风格的管理者,或通过培训使其具备这种环境要求的领导风格。

二是改变领导工作情境以适应现有领导者的风格。改变现有领导者所处的工作环境,即上下级之间的关系、任务结构、职位权力等,以新环境适应领导者的风格。

3.领导生命周期理论。领导生命周期理论由赫塞(Paul Hersey)和布兰查德(Ken Blanchard)于1966年提出。他们认为,在工作行为和关系行为这两个影响因素之外,还有第三个影响领导有效性的因素,即被管理者的成熟度。当被管理者由不成熟逐渐成熟时,领导者要采取不同的领导方式,才能取得有效的结果(如图8-4所示)。

所谓成熟度,是指人们对自己的行为承担责任的能力和愿望的大小。成熟度包含两个要素:工作成熟度和心理成熟度。工作成熟度是指一个人的知识、技能和经验的多少。心理成熟度是指一个人做某事的意愿、动机、承担责任的愿望及对成就感的向往等。对工作成熟度和心理成熟度都高的个体,并不需要太多的外部激励和指导,他们靠内部动机激励。

赫塞和布兰查德把被管理者从不成熟到成熟分为四个阶段,即不成熟—初步成熟—比较成熟—很成熟,这是被管理者成熟度发展的生命周期。

生命周期理论认为,当被管理者从不成熟走向成熟时,领导者要相应地改变自己的领导方式,不仅可以相应地减少对工作的控制,还可以减少关系行为,逐步向授权式的领导方式转变。

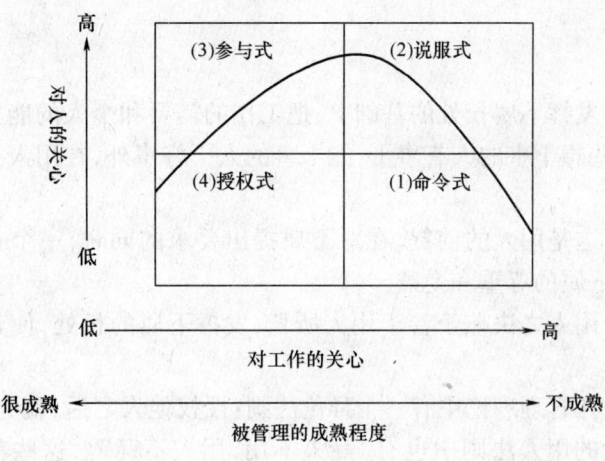

图8-4 领导生命周期理论示意

(1)高工作、低关系——命令式领导方式,适用于下属成熟度低,此时下属既不愿意也无能力执行某任务,领导者对下属进行分工并具体明确下属应当干什么、如何干、何时干,它强调直接指挥。

(2)高工作、高关系——说服式领导方式,适用于下属较不成熟,此时下属愿意担负起工作责任,但缺乏足够的技能和经验。领导者应给下属以一定的指导,同时又注意鼓励下属的积极性。

(3)低工作、高关系——参与式领导方式,适用于下属比较成熟,此时下属的工作能力强但工作意愿比较低,要求领导者与下属共同参与决策,并着重给下属以支持及内部的协调沟通。

(4)低工作、低关系——授权式领导方式,适用于下属高度成熟的情况,此时下属既愿意又有能力承担责任,领导者则不需要做太多的事情,由下属自己独立地开展工作,完成任务。

第三节 领导艺术

领导者的工作效率和效果很大程度上取决于他们的领导艺术。领导艺术是指在领导的方式方法上表现出的创造性和有效性,它是领导者个人素质的综合反映。著名哲学家黑格尔(Hegal)曾经说过:"世界上没有完全相同的两片叶子。"同样也没有完全相同的领导者和领导模式。有多少个领导者就有多少种领导模式,领导艺术是因人而异的。领导艺术是富有创造性的领导方法的体现。在执行领导职能的过程中,领导者应在各种领导方法和原则的基础上加以创造性地运用,率领和引导下属顺利地实现组织目标。

领导艺术的内容大致包括以下三种:一是履行职能的艺术,主要包括沟通、激励和指导的艺术,以及决策艺术、用权艺术、授权艺术、用人艺术等;二是提高领导工作有效性的艺术;三是人际关系的协调艺术。这里重点介绍用人艺术和授权艺术以及合理安排时间的艺术。

一、用人艺术

在充分了解和发挥下属长处的基础上,把工作的需要和个人的能力、兴趣、爱好很好地结合起来,让那些想干事的人有事干,能干事的人干好事外,在用人技巧上还要注意以下原则:

1. 以身作则。这是用人的前提,在对下属提出要求的同时,一个有效的领导者要以身作则,才能赢得下属的尊重和爱戴。

2. 用人所长。用人之诀在于善于用人所长,发挥下属的长处,使其和组织的目标更好地结合起来。

3. 用人不疑。在管理理论中有一个拜伦法则:授权他人之后,就完全忘掉这回事,不去干涉。我国古代的用人法则中也有"疑人不用,用人不疑"。这些都说明领导者用人时,要充分信任下属,让他们发挥自己的聪明才干。

4. 奖赏公平、惩罚有度。奖赏要一视同仁,对下属的批评要采取谨慎的态度,选择合适的时机和场合,用正确的态度教育下属,处理结果要公平公正。

二、授权艺术

根据管理中的"例外原则",一个领导者的时间和精力都是有限的,应该是有所为,也有所不为。授权就是领导者将自己手中的部分权力和责任交给下属去履行和承担,提供给他们有效开展工作所必需的权限和行动空间。合理的授权能极大地调动下属的积极主动性,有利于培养和锻炼下属,不断提高下属的管理能力和综合素质。

领导者的授权并不意味着权力和责任的脱离。实践中也有很多领导要么不肯授权,要么不会授权,事事亲自过问,下属毫无自主权,遇事逐级请示,既影响了下属积极主动创造性的发挥,也影响了组织效率。因此,授权应遵循以下原则:

1. 明确职责。做到职、责、权、利相统一。

2. 因事择人,因能授权。一切以工作的需要和被授权者能力的大小、水平的高低为依据,做到权能统一。

3. 授权留责。权力下授给下属,但并不等于放弃责任,对于领导者来说,仍然负有对该项工作的责任。

4. 适度原则。领导在授权时,要把握"度",如果过度授权,就等于领导者放弃了权力,会导致放任的领导方式;如果授权不足,则会限制下属的行动,导致被动。因此,对领导者的核心权力不能下放,而对领导者不必参与下属也能处理的问题,则可以授权给下属。

5. 有效控制的原则。领导者在授权的同时应做好有效的监督、控制工作。

三、合理安排时间的艺术

德鲁克在《有效的管理者》一书中曾指出:"不能管理时间,便什么都不能管理。"时间就是金钱,对一个领导者来说,时间更为重要。实践中,有的领导者花大量的时间去处理公司的日常事务,而仅用很少的时间来思考公司的未来发展思路和企业的核心竞争力,这显然是不科学的。一个优秀的领导者应学会合理有效地统筹自己的时间,注意关注重要事务,重点管理,提高会议效率,正确把握时机等。

【本章小结】

领导的实质是一种影响力,这种影响力来自于两个方面:职权和个人影响力。领导的作用主要表现在指挥引导、沟通协调和激励鼓舞等方面。

领导者采用不同的领导方式都是基于对人性的不同假设,随着管理实践的发展和对人性认识的不断深入,人性假设理论主要经历了从"经济人"到"复杂人"的不同阶段。

领导特质理论研究的重点是领导者应具备的品质特征,具有某些特质确实能增强领导者成功的可能性,但不是成功的保证。

领导行为理论中具有代表性的有领导方式理论、领导行为四分图理论和管理方格理论,主要研究领导者所实际表现出来的行为对领导有效性的影响。

领导权变理论包括领导行为连续统一体理论、菲德勒的权变模式和领导生命周期理论,主要研究与领导行为有关的情境因素对领导效力的潜在影响。

【阅读材料】

克罗克的"走动管理"

麦当劳的创始人克罗克1902年出生在芝加哥西部近郊的橡树园。他不爱读书,喜欢长时间的思考,设想各种情况发生时自己应该如何处理。妈妈有时会问:你在干什么呢?他通常回答说:没干什么,想事儿呢。

12岁,读完初中二年级的克罗克就开始工作了,他的幻想或多或少地被付诸行动。如他想开一个卖柠檬水的摊点,没过多久他就真的开了。他还和两个朋友一起开过一个很小的唱片店。他们每人投资100美元,租了一个月租25美元的小店卖唱片和稀有乐器,如奥卡利那笛、口琴和尤克里里琴等,克罗克负责弹钢琴唱歌来吸引客人。这些店都获得了意想不到的成功。

克罗克还推销过很多东西,曾经给一个叫华尔格林的食品连锁店供应纸杯。他们用小容量可折叠纸杯给客人盛放酱料。那是在1930年,克罗克在中午时间观察了他们的客流量,发现一个可以大幅提升双方生意额的黄金机会——完全可以在生意非常繁忙、座位不够时,用带盖的纸杯卖啤酒或软饮料给那些找不到座位的客人打包带走。

克罗克去拜访了那儿的经理并给他演示了产品,但经理摇头摆手地说:不是你疯了,就是你把我当疯子。客人在我的柜台前喝一杯啤酒付15分钱,用纸杯带走也是付这么多。我为什么要多支出1.5美分而使成本提高呢?克罗克说:因为这样一来可以帮你提高生意额。你可以在柜台前单独设一个地方来做外卖,用纸杯装饮料,加上盖子,把客人要的其他食品一起放在袋子里给他们拿走。最后,经理同意免费试用他提供的纸杯。结果,外卖非常成功,没过多久他就成了华尔格林所用纸杯的供应商。

克罗克不喜欢坐在办公室里,大部分的工作时间都用在走动管理上,即到下属各公司、部门走走、看看、听听、问问。麦当劳公司曾有一段时间面临严重亏损,克罗克发现其中一个重要原因就是公司各职能部门经理有严重的官僚主义,习惯躺在舒适的椅背上指手画脚、抽烟和闲聊。于是,克罗克想出一个奇招,将所有经理椅子的靠背锯掉,开始很多人骂克罗克是一个疯子,但不久大家开始悟出他的一番"苦心",他们纷纷走出办公室,深入基层,开展"走动管理",及时了解情况,现场解决问题,终于使公司扭亏为盈。

资料来源:《茂名晚报》,2008-04-02,第十一版。

【复习思考题】

1. 人性对管理具有什么意义?
2. 领导权力的种类和来源是什么?
3. 怎样理解领导的作用?请举例说明。
4. 如何理解领导的特质理论?其意义何在?
5. 谈谈如何提高领导的行为效率?
6. 领导权变理论的主要观点是什么?

【案例分析】

谁的方式更有效

方华是一位彩电销售公司的总经理。他刚接到有关公司销售状况的最新报告:销售额比去年同期下降了20%、利润下降了10%,而且顾客的投诉上升了。更为糟糕的是,公司内部员工纷纷跳槽,甚至还有几名销售分店的经理提出辞呈。他立即召集各主管部门的负责人开会讨论解决该问题。会上,方华说:"我认为,公司的销售额之所以下滑都是因为你们领导不得力。公司现在简直成了俱乐部。每次我从卖场走过时,我看到员工们都在各处站着,聊天的、打电话的,无处不有,而对顾客却视而不见。他们关心的是多拿钱少干活。要知道,我们经营公司的目的是赚钱,赚不到钱,想多拿钱,门儿都没有。你们必须记住,现在我们迫切需要的是对员工的严密监督和控制。我认为现在有必要安装监听装置,监听他们在电话里谈些什么,并将对话记录下来,交给我处理。当员工没有履行职责时,你们要警告他们一次,如果不听的话,马上请他们走人……"

部门主管们对方华的指示都表示赞同。唯有销售部经理张燕提出反对意见。她认为问题的关键不在于控制不够,而在于公司没有提供良好的机会让员工真正发挥潜力。她认为每个人都有一种希望展示自己的才干为公司努力工作并做出贡献的愿望,所以解决问题的方式应该从和员工沟通入手,真正了解他们的需求,使工作安排富有挑战性,促使员工们以从事这一工作而引以为豪。同时在业务上给予指导,花大力气对员工进行专门培训。

然而,方华并没有采纳张燕的意见,而是责令所有的部门主管在下星期的例会上汇报要采取的具体措施。

资料来源:百度文库,wenku.baidu.com。

问题:请根据相关领导理论分析一下谁的方式会更有效,并阐述你选择它的理由。

【实践训练】

实训项目:

领导者领导艺术的分析。

实训目标:

1. 使学生结合实际,巩固和加强学生对领导艺术知识的学习和认识。

2. 锻炼运用领导艺术以及相关知识分析问题的能力。

实训内容与要求:

1. 从实际企业中或者借助互联网、报纸杂志等媒介,搜集感兴趣的领导以及领导方式方面的案例或资料。

2. 运用自己所掌握的领导理论知识分析他们在工作方面成功的领导艺术。

实训成果与检测:

1. 每人提交一份简要的书面分析报告。

2. 组织一次课堂交流与讨论。

3. 教师根据分析报告及讨论表现进行点评和评估打分。

第九章　激励与沟通

【学习目标】
1. 掌握几种主要的激励理论；
2. 识别不同的激励方式；
3. 能运用激励理论对员工进行有效激励；
4. 能识别不同的沟通方法；
5. 能与人进行有效沟通。

【案例导入】
　　甲公司是一家从事研制开发高精密仪器的高科技公司，拥有350名员工，最近雇用了一名刚刚获得MBA的张先生，他能力强，基础扎实，性格果断，有开拓精神，人际关系也很好。他进入公司后的工作表现令人满意，很快就提升为部门主管，这时他才干了3个月，而其他同样的员工往往要干一年才能升到这个位置。在张先生任职的第二年初，他由于出色的工作表现，被任命为一项尖端项目的开发负责人，这项工作非常重要，而且正面临另一家公司的竞争。新的任命刚过了两个月，甲公司老总意外地接到这个项目组中5位专家的辞呈，他们都有可能跳槽到另一家公司，为竞争对手服务。老总找他们谈话，他们对张先生的工作没有什么不满意，甚至认为他是最勤奋的人，但是他们不满意他居然比他们这些在公司干了七八年的人升迁快得多，因此，他们要到其他公司去显示才干，与他一比高低。

请思考：
(1) 如果你是老总，你怎么处理这个事件？
(2) 如果你是张先生，你该怎么办？
(3) 甲公司的激励制度有没有问题？如何设计新的激励制度？

第一节　激励

　　要经营好企业，人是第一要素，企业管理的本质就是对人的管理。因为企业是人的集合体，企业的一切生产经营活动都是靠人来进行的。那么，对员工的管理实质是什么呢？就是如何调动员工的积极性。无论在哪种体制下，人的精神、人的志气、人的积极性都是最关键的，这就涉及激励的问题。一位有效的管理者，必须掌握激励理论和技巧，对员工进行激励，这样才能实现组织目标。

一、激励的含义

　　"激励"就是组织通过设计适当的外部奖酬形式和工作环境，以一定的行为规范和惩罚性措施,借助信息沟通来激发、引导、保持和规划组织成员的行为,以有效地实现组织及其成员个人目标的活动,这一定义包含以下几方面的内容:

第一,激励的出发点是满足组织成员的各种需要,即通过系统地设计适当的外部奖酬形式和工作环境来满足企业员工的外在性需要和内在性需要。

第二,科学的激励工作需要奖励和惩罚并举,既要对员工表现出来的符合企业期望的行为进行奖励,又要对不符合员工期望的行为进行惩罚。

第三,激励贯穿于企业员工工作的全过程,包含对员工个人需要的了解、个性的把握、行为过程的挖掘和行为结果的评价等,因此,激励工作需要耐心。正如赫茨伯格所说,如何激励员工:锲而不舍。

第四,信息沟通贯穿于激励工作的始终,从对激励制度的宣传、企业员工个人的了解、到对员工行为过程的控制和对员工行为结果的评价等,都依赖于一定的信息沟通。企业组织中信息沟通是否通畅,是否及时、准确、全面,直接影响着激励制度的运用效果和激励工作的成本。

第五,激励的最终目的是在实现组织预期目标的同时,让组织成员实现其个人目标,即达到组织目标和员工个人目标在客观上的统一。

"激励"从字面上看是激发和鼓励的意思,在管理工作中,可以把"激励"定义为调动人们的积极性的过程。如果讲得再全面一点,可解释为:为特定目的而去影响人们的反复过程。"激励"从心理学术语上,是指心理上的驱动力,含有激发、动机、鼓励行为、形成动力的意思,即通过某种内部和外部刺激,促使人奋发向上努力去实现目标。

每个人在加入一个组织或者群体时,都是为了达到他们独干所不能达到的目标。然而,进入组织的人不一定会努力工作,贡献出他们潜在的能力,他们为组织服务的意愿程度是有高低的,有的强烈,有的中等,有的一般,也有的消极。怎样使组织中的各类成员为实现组织的目标热情高涨地工作,并有效地贡献出他们的智慧和才能,这才是管理者要研究的激励问题。

管理学家从不同的角度来研究"激励"这个概念,概括地讲,激励就是激发人的动机,诱发人的行为。从本质上讲,领导给予部下激励恰似将食物给予饥民,能够随时随地体察部下最需要、最关切的东西是什么,并且毫不吝啬地给予,这样才能激发员工对领导的全力拥戴并且更好地效力于领导。激励也是一种博得好感和维系好感的有效方法,它具有的深远意义远不止这些。领导时常给员工鼓舞和信任可以使员工的自信心不断增长。总之,一位好的领导者应时常激励下属,下属自然会服从严格的工作要求,并且一个个都成为好的下属。行为学家则认为,激励是通过某种方式引发行为,并以积极状态表现出来的一种手段。需要激发人的行为就要激发人的需要,在满足个体需要的过程中同时实现组织目标。可见,激励就是刺激需要,引发行为满足需要,实现目标的一个动力过程。它一般是指一个有机体在追求某些稳定目标时的愿意程度,含有激发动机鼓励行为、形成动力的意义。

二、激励理论

在经济发展的过程中,劳动分工与交易的出现带来了激励问题。激励理论是行为科学中用于处理需要、动机、目标和行为四者之间关系的核心理论。行为科学家认为,人的动机来自需要,需要确定人们的行为目标,激励则作用于人内心的活动,激发,驱动和强化人的行为。激励理论是业绩评价理论的重要依据,它说明了为什么业绩评估能够促进组织业绩的提高,以及什么样的业绩评价机制才能够促进业绩的提高。

激励理论主要研究人类动机激发的因素、机制与途径等一系列问题。心理学家和管理学家进行了大量的研究,形成了一些著名的理论,在管理工作实践中得到了广泛的应用。这些理论大致分为三类:激励的内容理论、激励的过程理论和激励的强化理论。下面将对有代表性的理论做简要介绍。

(一)需要层次理论

需要层次理论是由美国心理学家马斯洛在1943年所著的《人的动机理论》一书中首次提出的。这一理论揭示了人的需要与动机的关系及规律,认为人类有多种需要,需要是以层次的形式出现的。

1. 两个基本观点。人是有需要的动物,已经得到满足的需要不再能起激励作用,只有尚未满足的需要才能够影响其行为。

人的需要是有高低层次的,只有当较低层次的需要得到满足后,才会追求更高一层次的需要。

马斯洛认为,在特定的环境和特定的时刻,人的一切需要如果都未得到满足,那么满足最主要的需要就比满足其他需要更迫切。只有排在前面的那些需要得到了满足,才能产生更高一级的需要,而且只有当前面的需要得到充分的满足后,后面的需要才能显出激励作用。

2. 五大需要层次。马斯洛的需要层次理论由低到高形成阶梯排列:生理需要、安全需要、社交需要、尊重需要和自我实现需要(如图9-1所示)。

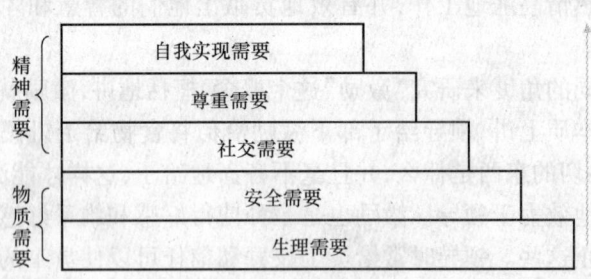

图9-1 五大需要层次示意图

(1)生理需要。这是人类的最基本、最低层次的需要,即对衣、食、住、行的需要。这些需要如果得不到满足,人类就不会追求更高层次的需要,换句话说,其他需要都不能起到激励的作用。所以管理首先研究并尽力满足员工的生理需要,给予最基本的生存保障。

(2)安全需要。当人类最基本的生理需要得到满足后,就会追求安全需要,即对生命安全、财产安全、职位安全等的需要。这些需要又可分为两类:一类是现在的安全需要,如现在的生活保障、就业岗位的稳定、社会生活中的人身安全以及财物的安全等;另一类是未来的安全需要,如人们关心病、老、残、伤后的生活保障等。

(3)社交需要。人是社会人,因此,人们常希望在一种被接受和属于情况下工作,也就是说,人们希望在社会生活中受到别人的注意、接纳、关心和友爱,在感情上和组织上有所归属。

(4)尊重需要。这主要包括自尊的需要和受人尊重的需要两方面。具体表现为对名誉、地位、人格、成就的追求,要求个人的能力和成就得到社会的承认。当一个人得到这些需要的时候,就会赢得人们的尊重,就会使自信心增加,就会觉得自己在这个社会上有价值、有实力、有能力、有用处。如果这些需要得不到满足,就会使人产生自卑感、软弱感,生活无意义,学习无兴趣,工作缺乏积极性。所以,管理者在激励员工时,要充分尊重他们的人格,员工取得了成绩,要及时公开地给予表扬和奖励,布置工作任务时,要强调工作的坚决性、取得成功所需要付出的努力和必须掌握的技能技巧,使员工产生自信和获得成功的欲望。

(5)自我实现需要。这是指要求最充分地发挥一个人的能力,实现个人的理想和抱负的需要。这种需要具体表现为强烈的事业心和上进心,工作的胜任感,成就感和对理想的不断追求。这是人类最高层次的需求。对于有这种需要的员工,管理者在设计和布置工作时,要强调运用最富有创造性和建设性的技巧鼓励人们大胆创新,以使工作变得更具有开拓性和挑战性,充分发挥人的潜能。

(二)双因素理论

双因素理论是美国犹他大学教授赫茨伯格在1959年与他人合著出版的《工作的激励因素》一书中提出的。人的需要存在两种类型,对激励而言,存在两种不同类型的因素,一类因素能促使人们产生对工作的上进心、事业心和发展的欲望,能调动人们的工作主动性,我们称之为激励因素,另一类因素只能使人产生对工作的满足感,保持工作情绪的稳定与安心使其积极性不会降低,我们称之为保健因素。激励因素和工作内容关系密切,而保健因素则与工作环境相关。

1. 保健因素。保健因素属于和工作环境或工作条件相关的因素,主要包括政策与制度、监督与控制、工作环境与条件、人际关系环境、报酬与薪水、福利待遇、职务地位、工作安全度等因素。当这些因素具备时,员工工作情绪稳定,工作安心是保持员工努力工作的基本条件,但对员工起不到明显的激励作用。

2. 激励因素。激励因素属于和工作内容相关的因素,主要包括成就感、责任感、荣誉感、创造性、挑战性、开拓性、认可与赞赏、发展前景、个人成才与晋升的机会等因素,当上述因素具备时员工会对工作产生浓厚的兴趣,工作主动性强,积极性高,对员工有明显的激励作用,反之,此类因素不具备时,则员工工作积极性缺乏,但不会产生明显的不满情绪。

(三)成就激励理论

成就激励理论是美国心理学家麦克利兰在1961年出版的《获得成就的社会》一书中提出来的。他认为,人的最基本的生存需要得到满足以后还有三种需要,即成就感、权力需要和社交需要。

1. 成就需要,是指对成就的强烈愿望和对成功及目标实现的执着,有些人追求的是个人的成就而不是成功后的报酬,他们有一种欲望想将事情做得比以前更好,更有效率,这种内驱力就是成就需要。

2. 权力需要,是指人有较强权力欲,希望担任领导和控制别人,有影响和控制他人的愿望。具有高权力需要的人喜欢承担责任,努力影响他人,喜欢处于竞争性的环境和令人重视的地位。

3. 社交需要,是指人希望在集体中和他人那里得到友爱,并从友爱中得到快乐,有强烈归属感的需求。

在上述三种需要中,成就需要的满足所产生的激励作用最强烈而持久,一个组织的成败,与它们拥有高成就需要的人数多少有关。高成就需要的人越多,组织目标的实现越有希望。在一个组织中,具有高成就需要的人的基本特点是:十分关心事业成败;喜欢独自找出解决问题的方法;喜欢适度冒险和挑战性工作;目标明确且具有社会责任感;不怕疲劳和困难等。

(四)期望理论

期望理论是美国心理学家弗鲁姆提出的。弗鲁姆认为,在任何时候,人们从事某一工作的动机强度,或者被激发的力量(积极性)大小,取决于目标价值(效价)和预计能够达到这个目标的概率(期望值)两个因素。换言之,激励是一个人某一行为的效价和预计达到目标的期望值之乘积,用公式表现即为:

$$激励力 = 效价 \times 期望值$$

从公式中可以看出,人们对某项工作积极性的高低取决于他对这项工作能满足其需要的程度及实现可能性大小的评价。如果一个人对实现目标认为是无足轻重,效价为零,或目标的实现反而对自己不利,效价为负,都不会产生激励力量。如果一人把目标价值看得很大,估计能实现的概率越高,那么激发的动机就越强烈,激励力就越大。为了使激励力最大化,费鲁姆提出了人的期望模式,即:

$$个人努力——个人成绩——组织奖励——个人需要$$

根据期望模式,为了有效地激发人的动机,必须正确处理好努力与成绩的关系、成绩与奖励的关系、奖励与个人需要的关系。

【讨论】某公司营销主管为了激励推销员更好地完成营销指标,发布了一项奖励措施:年终销售业绩排名最前的两位推销员可得到由公司出资到夏威夷旅游的奖励。公司有以下三位推销员:A 是一位先生,他从未去过夏威夷。凭他的能力,在三人中成功的可能性是 50%。B 也是一位先生,他去过夏威夷,但他的夫人没有去过。他夫人听说后给他鼓励:"老公,你好好努力,争取带我去玩玩。"凭 B 的能力,在三个人中成功的可能性是 70%。C 是一位小姐,是三人中最出色的推销员,凭她的能力,在三人中成功的可能性是 100%。但她也去过夏威夷。

试运用期望理论分析这项措施在 A,B,C 三人身上产生的反应。

(五)公平理论

公平理论亦称权衡理论或社会化比较理论,是美国心理学家亚当斯于 1967 年提出来的,主要研究报酬的公平性对员工积极性的影响程度。亚当斯认为,人的工作积极性不仅受其所得的绝对报酬的影响,更重要的是受相对报酬的影响,这里的相对报酬是指个人所付出的劳动与所得到的报酬的比较值。付出的劳动包括体力和脑力的消耗、技术水平高低、能力大小、工龄长短、工作强度及工作态度等;报酬包括工资、奖金、晋级晋职、名誉、地位等。人们对工作的满意度取决于其在群体中的公平感,这种公平感是由付出与报酬的比较来实现的。比较方式有两种,一是横向比较,即人们在判断自己的付出是否得到应有的回报时,首先将自己同别人比较;二是纵向比较,即人们会将自己不同时期的付出与报酬进行比较。通过比较后,人们会做出积极或消极的反应。是否感到公平,主要取决于相对报酬多少,即付出与报酬之间的比较值大小,相对报酬不合理,则员工有不公平感,对员工的激励度下降,员工就会出现心理上的紧张不安,就会采取相应行为以消除这种紧张心理状态,如试图改变其所得报酬或付出、有意无意强调自己或他人的报酬或付出、竭力想改变他人的报酬、工作情绪低落或怠工等。员工公平感受可用下列公式表示:

①个人所得报酬÷个人付出劳动=他人(或历史上个人)所得报酬÷他人(或历史上个人)付出劳动→公平的感受

②个人所得报酬÷个人付出劳动<他人(或历史上个人)所得报酬÷他人(或历史上个人)付出劳动→不公平的感受

由此可见,在一个组织中,员工对自己付出的劳动是否能得到公平合理的结果是十分敏感的,这种敏感性主要来自于同他人相比较的结果。在比较时,人们总是对自己的付出做出高估,对别人的付出做出低估;而对自己的报酬做出低估,对别人的报酬做出高估。由于这种感觉上的偏差,人们对自己的报酬总是产生不满情绪,从而对组织或个人造成破坏性影响。

(六)强化理论

美国心理学家斯金纳·桑迪克等人认为,个体对外部事件或情境(刺激)所采取的行为或反应取决于特定行为的结果。当行为结果对他有利时,这种行为会重复出现;当行为的结果不利时,个体可能会改变自己的行为以避免这种结果,这就是著名的效果法则。强化是指某种反应能够在未来重复发生可能性的任何事物,如员工努力工作并取得成就,企业会给予相应奖励,则全体员工的积极性就会提高。强化理论属于行为主义学派,侧重于研究个体外在的行为表现,强调人的行为结果对其行为的反作用,但行为结果有利于个体时,这种行为就可能重复出现,反应就会消退和终止。

强化激励理论认为,管理者可以利用效果法则,通过对工作环境和员工行为结果的系统管理来修正员工行为,使其行为符合组织目标。常见的修正行为的方法有以下四种。

1. 正强化,就是以某种强化物来奖励那些符合组织目标的行为,必须使这些行为得到进一步加强,从而有利于组织目标的实现,即以某种形式对员工的行为表示肯定的态度。如奖赏、表扬、认可、加薪、晋升、培训、考察等。

2. 负强化,就是惩罚那些不符合组织目标的行为,使这些行为削弱直至消失,从而保证组织目标的实现,不受干扰,即以某种形式对员工的行为表示否定的态度,制止此种行为的重复出现,如处罚、批评、预先告知、违纪处理办法等。

3. 惩罚,就是运用消极的结果以阻止或更正不当的行为。例如,对员工批评、斥责、处分、降级、撤职或者是减薪、扣发奖金、重新分派任务、解雇等。惩罚与负强化不同,负强化只是包含了惩罚的威胁,在员工表现满意时并不付诸实施,而惩罚则是落实对组织不利行为的惩罚措施。

4. 忽视,就是对行为不给予强化的结果,行为也会逐渐消退,比如,对出色的工作不予表扬、对他人的帮助忘记致谢、不理睬开玩笑的人。忽视就是对员工行为的"冷"处理,以达到行为的自然消退。

强化理论认为,在塑造组织过程中应当重视积极的强化,而不是简单的惩罚,惩罚往往会对员工的心理产生不良的副作用。创造性地运用强化手段对管理者是十分必要的。在现代扁平化组织中,管理者不能像过去那样过多地指望通过加薪、提升来激励员工。因此,创造性地设计出新的强化方法和奖励的措施,例如,才智的挑战,更大的责任,弹性的工作时间等,仍然是管理者的重要课题。

你如何看待某些单位实行的"末位淘汰制"?

三、激励方式

（一）金钱激励

金钱激励就是利用增加工资、奖金以及各种形式的福利、津贴和实物奖励等来激发员工的工作热情。虽然对生活水平较高的国家或地区的人们来说,物质激励的作用越来越小,但对我国相当一部分收入水平较低的群体来说,金钱激励仍然是主要的激励手段。

另外,要使金钱能够成为一种激励因素,管理者必须注意以下几点:第一,金钱价值不一;第二,金钱激励必须公正;第三,金钱激励必须反对平均主义,平均分配等于无激励。

（二）目标激励

无论是管理学家德鲁克的目标管理理论（MBO），还是心理学家卢克的目标设定理论,都有一个共同基础:一个为员工所接受的清楚目标可以使员工受到激励。目标激励就是以目标为诱因,通过设立明确的目标,使员工受到激励。以目标为诱因,通过设立明确的目标,使员工了解努力的方向,从而自觉地表现出组织所期望的行为,以此激发动机,调动积极性的方式。可用以激励的目标有三类:工作目标、个人成长目标和个人生活目标。目标是行为的先导,员工的行为是围绕设定的目标进行的。所以,目标设定要科学合理,具有可操作性,使员工明确目标通过努力是能够实现的,激励员工的自信心。

（三）参与激励

参与激励以让员工参与管理及决策为诱因,激发员工的积极性和创造性。员工参与管理有利于满足他们的尊重需要,也有利于集中群众意见,保证决策的科学性与正确性。目前常见的员工参与主要有四种形式:①员工持股制,员工投资基金制度;②员工董事会制;③劳资协商委员会,工作委员会;④自律性工作小组,工作丰富化制度,质量圈等。成功的参与管理应当建立在民主管理的基础上,组织内的成员相互了解,相互支持,团体决策,并且有一个为全体成员认可的高标准的目标。

（四）关心激励

作为一名好的领导,关心和体贴员工是对员工最好的激励方式之一。当员工生活上遇到困难时,管理者要积极主动地为他排忧解难,并给予物质上的帮助,不但使员工获得物质上的利益,而且使员工获得尊重和归属感上的满足,从而产生报恩心理,提高工作积极性。

（五）工作激励

工作本身就是一种激励力量。双因素理论告诉我们,对人最有效的激励因素是员工满意于自己的工作。因此,管理者在分配工作时,应考虑员工的特长和爱好,使人尽其才,才尽其用,同时,对工作的要求应富有创造性和挑战性,要想尽办法,使员工对自己的工作满意,有兴趣、有信心。在管理实践中,要实现工作激励,主要有如下几种途径:①工作丰富化,是指让员工参与一些具有较高技术或管理含量的工作,提高其工作的层次,使员工获得一种成就感,使其要求得到尊重的需要得到满足。如将部分工作交给员工,吸收员工参与决策和计划,对员工进行业务培训,让员工承担一些较高的技术工作等。②工作扩大化。管理者通过设计和调整工作思路及工作层次,增加工作内涵,丰富工作内容,克服工作单调乏味和简单重复,减少工作的枯燥感,增加工作的趣味性,以吸引员工、激励员工。例如,兼职作业,即同时承担几种工作或几个工种的任务;工作延伸,即向前向后地接管其他环节的工作;工作轮换,即在不同工种或工作岗位上进行轮换,这既有利于增加员工对工作的兴趣,又有利于促进人的全面发展。③工作的完善性与自主性,员工一般愿意在工作实践中承担完整的工作,从头至尾的完成一项工作,在自己完成的工作得到肯定时,员工们可获得一种强烈的成就感。所以,管理者应根据工作的性质与需要,结合员工特点,将工作划分成较为完整的单元,再分配给员工,使每位员工所承担的工作任务都是完整的。同时,出于员工自尊和自我实现的需要心理,他们都愿意自主完成工作任务,这样工作成果就完全归自己所有。没有人愿意让别人指使和强制工作。因此,管理者可通过目标管理等方式,明确目标和任务,提出规范与标准,适当授权给员工,让员工独立自主地工作,以此来满足员工工作自主性的心理需求,调动员工的积极性。④工作的适应性与挑战性。有研究表明,科学合理的人与事的配合是有效激励的重要手段。根据工作的性质和特点,对工作安排与员工的条件和特长相吻合,能充分发挥其优势,用人之所长,用人之兴趣,这样员工的满意度就会增强。因此,管理者对工作及人员要进行科学调配和重组,实现人与事的最佳配合,这也有利于调动员工的积极性。人们愿意从事重要工作任务并对具有创造性,挑战性的工作感兴趣,它反映了人们追求自我价值实现,渴望获得别人尊重的心理状态。因此,管理者布置工作时,应向员工强调工作的重要意义,适时增加工作的技术难度,以激发员工对工作的高度重视和全身心投入,提高工作质量和工作效率。

第二节 沟 通

沟通是我们日常生活中非常熟悉的一部分,因此我们常将其视为当然,对管理者来说,有效沟通不容忽视,因为管理者做的每一件事中都包含沟通。如果没有沟通或缺乏沟通,再好的想法、再有创意的建议、再优秀的计划都将可能无法实施。然而,我们常常只是以发送者或接受者的身份参与沟通过程,并且倾向于从有限的角度来看待它。结果,我们常常并不完全了解沟通过程有哪些步骤,沟通过程如何进行,个人怎样利用沟通以及怎样才能有效地利用沟通过程。因此,管理者要掌握有效的沟通技巧。

一、沟通的含义

沟通是借助一定手段把可理解的信息、思想和情感在两个或两个以上的个人或群体中传递或交换的过程,目的是通过相互间的理解与认同来使个人或群体间的认知以及行为相呼应。因此,所谓沟通,就是指人们之间传递信息、指令、感情或观念的过程。发出信息的人、群体或组织叫作信息发布者,接受信息的人、群体或组织则叫作信息接收者。

沟通一般有两种类型:人际沟通和管理沟通。所谓人际沟通,就是指人与人之间的沟通。所谓管理沟通,就是指一定组织的人为达成组织目标而进行的管理信息交流的行为和过程。简单地说,要达到有效的沟通,信息的传递要能达到互相理解。库芬(Coffin)和肖(Shaw)认为,沟通就是理解的交换。此定义有两个根据。第一,该定义暗示单独一个人是无法沟通的,换言之,要形成一个完整的沟通过程至少需要两个人;第二,这些人进行交流时不一定要通过语言或图形,但是他们如果不能体会交流的信息及其含义,则沟通无法存在。奥斯古德(Osgood)说,每当一个系统(信源)通过它和另一系统(信宿)之间的某一渠道操作信号对其施加影响时,沟通就产生了。这个定义强调沟通并不一定非得发生在人与人之间,它也可以发生在组织与组织之间。这个定义还强调了媒体的重要性。麦金森(Megginson)的定义比较全面,他以组织沟通为其背景,指出沟通即是组织成员从上到下、从下到上以及在平行方向上融为一体的理解链条。该定义的一个重要之处在于提出了沟通能够在所有方面向上进行。

二、沟通方式

在一个组织中,最普遍使用的沟通方式有口头沟通、书面沟通、非语言沟通及电子媒介沟通。

(一)口头沟通

口头沟通是采用口头语言进行信息传递的沟通,它是以口语为媒体的信息传递,主要包括面对面的交谈、电话交谈、开会、讲座、讨论会等。口头沟通的优点是比较迅速、灵活,并且可以马上得到反馈。在这种沟通方式下,信息可以在最短的时间里被传送,并在最短的时间里得到对方的回复。其缺点是,信息经过多人传送,失真的潜在可能性就越大。如果组织中的重要决策通过口头方式从最高层向下传送,则信息失真的可能性就会相当大。

(二)书面沟通

书面沟通是指采用书面文字的形式进行的沟通,它是以文字为媒体的信息传递,主要包括文件、报告、信函、通知、备忘录等。书面沟通的优点是沟通比较规范,信息传递准确度高,传递范围广,有据可查,便于保存。书面沟通比口头沟通考虑得更全面,并且书面沟通显得更为周密,逻辑性强,条理清楚。其缺点是沟通周期比较大,缺乏亲近感并且沟通双方的反应性比较差，难以得到及时反馈。

（三）非语言沟通

非语言沟通是指非口头和书面形式进行的沟通。例如，运用目光、动作表情、手势、体态等方式进行沟通。体态语言（包括手势、面部表情和其他身体动作）和语调是日常沟通中使用最广泛的非语言沟通形式。其实任何口头沟通方式都包含了非语言信息，在口头交流中，信息的55%来自于面部表情和身体姿态，38%来自语调，而仅有7%来自真正的词汇。

（四）电子媒介沟通

电子媒介沟通是以电子符号的形式通过电子媒体进行的沟通。除了极为常见的媒介（电话及公共邮寄系统）外，将闭路电视、计算机、经典复印机、传真机等一系列电子设备与语言和纸张结合起来就产生了更有效的电子沟通方式。如电报、电子邮件、互联网、录音录像等。随着现代科技的发展，电子媒介在现代信息沟通中将扮演越来越重要的角色。

三、有效沟通的障碍和方法

（一）影响有效沟通的因素

有效沟通，简单地说，就是传递和交流信息的可靠性和准确性高。在沟通过程中，常会受到各种因素的影响和干扰，使沟通遇到障碍，影响沟通的效果。影响有效沟通的因素是多样的，从文化、社会、心理和物理四个方面都能影响有效沟通的效果。

1. 文化因素。文化因素是指来自文化、知识、经验等方面的因素所造成的沟通障碍。

（1）表达能力不佳。如用词不当，语意表达不明，观念含糊，逻辑混乱，无意疏漏，模棱两可等。

（2）语义障碍。人与人之间的沟通主要是借助语言来进行的，但在日常生活中，一词多义的情况是常见的，这就容易产生语义上的障碍。每个人的语言修养不同，层次等级也有差别。因此，用语言表达意思往往会产生语义障碍。

（3）文化程度障碍和双方的教育程度。文化素质相差太大，会使对方理解不了难以接受。

（4）经验障碍。发送者和接收者由于经验水平相距太大，会产生沟通障碍。这是因为发送者将信息编码时，只是在自己的知识和经验基础上进行解码，理解对方传送信息的含义。因此，当发送者与接收者的知识、经验水平相距太大时，接收者因没有这方面的知识或经验，便难以理解和接收。造成这种状况的原因是双方没有"共同经验区"，相反，如果沟通双方有较多的"共同经验区"，则信息就容易传送和接收。

2. 社会因素。社会因素主要有地位障碍、职业障碍及组织结构障碍。

（1）地位障碍。发送者和接收者双方地位悬殊，容易造成沟通障碍。比如，占据高位、掌握实权的人如果有官僚主义、命令主义作风，那么，员工会敬而远之，影响上下级之间信息传递的畅通；若领导者平易近人，发扬民主，接触员工，那么，这种地位上的障碍就会消除。

（2）职业障碍。由于职业不同，不懂对方的行业用语，也会造成沟通。所谓"隔行如隔山"就是这个道理。消除的办法是双方使用都能理解的语言，尽量不使用行业语言。

(3)组织障碍。由于组织层次过多、部门设置不合理等，当信息从较高层逐级向下传递到最底层，或从最底层逐渐向上传递到较高层时，因为每经过一个层次都会出现失真，积累起来便会对信息沟通的效果带来极大的影响。信息从基层向高层沟通时，许多细节会被过滤掉；而信息由高层向基层传递时，又会逐渐添加许多细节。要消除组织障碍，应该精简机构，减少层次，提倡越级交往。

3.心理因素。心理因素主要有认识障碍、态度障碍、情绪障碍和人格障碍。

(1)认识障碍。认识方面的障碍是由双方认知失调引起的，这是由于人的认识水平、需求动机、看问题角度的不同，所以对同一信息往往会有不同的理解和评价。

(2)态度障碍。如果交流双方存在偏见，对事物持有不同的态度，也会造成沟通障碍。

(3)情绪障碍。情绪障碍对信息的传递影响很大。如果双方心情处于不佳状态，就难以沟通意见，甚至会歪曲双方的信息。当某人情绪较好时，对别人的意见和建议大打折扣，不愿接受。即使是同一个人，由于接受信息时的情绪状态不同，也可能对相同信息作出不同的解释和行为反应。

(4)人格障碍。一个人的性格、气质、价值观等方面的差异常常会成为沟通障碍。人们在进行沟通时，由于价值观的不同，就会对信息有不同的观点。气质也影响沟通效果，情绪急躁的人对信息的理解容易片面，情绪温和的人能较好地接收和理解信息。

4.物理因素。物理因素主要是客观上的障碍，包括自然障碍、机械障碍、距离障碍和信息过量的障碍。

(1)自然障碍，如刮风下雨，闪电雷鸣，或环境中存在较大的噪声干扰，都会造成沟通困难，甚至信息失真，沟通中断。

(2)机械障碍，如通信设备的性能不好，质量不高甚至发生故障，也会造成沟通困难，甚至信息失真，沟通中断。

(3)距离障碍，空间距离过远，环节过多，同样会影响信息传递，造成沟通困难。

(4)信息过量的障碍。信息过量不仅使管理者缺少处理信息的时间，而且使他们难以向同事提供有效的、必要的信息，沟通也随之变得困难。所以，应该筛选有用的优质信息进行沟通。

(二)影响有效沟通的障碍

通过对上述影响有效沟通的因素的分析，下面我们总结一下组织中存在的几种障碍，这几种障碍降低了沟通的有效性，所以，主管人员必须能够识别和辨认这些障碍。成功的主管必须具备识别这些障碍并对其进行有效处理的能力。这些障碍是：

1.距离。主管与下级之间的物理距离减少了他们面对面的沟通。物理距离还使主管和下级之间的误解不易澄清。

2.曲解。当一个人分不清实际材料和自己的观点、感觉、情绪等的界限时，就会发生曲解。卡尔·罗杰斯(Carl·Rogrs)认为，沟通的主要障碍是向别人谈话中加注价值判断的倾向。主管和下级都倾向于根据自己的观点、价值、观念、意见和背景来解释信息，而不对它做客观的解释，有些主管人员的头脑是封闭式的。

3. 语义。语义方面的障碍涉及沟通语言。格拉哈姆(Graham)指出,我们的语言结构导致了对事情本质的错误描述。无论是在英语中、汉语中还是其他语言中,很多词是具有多种含义的。在信息传递中如果包含有多义词,则可能会导致误解。

4. 层次不一。这是指主管和下级的层次之间存在各种差异。比如,主管和下级的知识及专业技术层次存在差异,如果主管不考虑下级的知识层次,那么,沟通自然会出现障碍。组织中存在该种障碍,其原因在于组织的权责结构。

5. 缺乏信任。此障碍与下级和主管相处的经历有关。一方面,下级觉得把坏消息报告给上级于己无益,就会隐瞒这些消息。另一方面,如果他觉得主管能体谅并且帮助人,他就不会把坏消息或不利信息过滤掉。此外,还有一些主管,利用下级来谋私利。例如,提升职位、增加功劳以及树立良好的形象,这些活动都会损坏下级对上级的信任。

6. 不可接近性。在一些组织中有这样一些主管,常常出差或把自己置身事外,下级根本没有机会与他们进行商谈、讨论或获得他们的指导,这样难以接近的主管会导致沟通失败。由于主管采取严厉的态度,下级们想弄清他的观点或许并不容易。

7. 职责不明确。当一个下级的职责不明确时,他们就会找替罪羊或捏造理由。职责不明会导致职务和作用的含糊,这就意味着下级对其所处的职位以及所履行的职责感到模糊。

8. 个性不相容。主管与下级的个性常常发生冲突,并因此产生沟通障碍,不是客观地看事情。相反,因素占了主导地位,问题也就被个性化了。

9. 拒绝倾听。有些主管在听下级意见时漫不经心、高傲自大,这种态度严重影响了沟通。拒绝倾听或者源于"我知道所以事情"的优越情绪,或者源于"我一无是处"的自卑感。

10. 没有利用恰当的媒介。在组织环境下进行沟通可以利用好几种媒介。沟通的有效性依赖于主管如何根据自己的情绪选择恰当媒介。有些主管人员以给下级发送充满行话的便条为自豪,却不顾及下级缺乏阅读和理解技巧。

11. 沟通缺口。这是指沟通的正式网络中所存在的缺陷或漏洞。特别是在大而复杂的组织中,此障碍是一种普遍的现象。随着组织的增长和扩大,这些情况下导致沟通网络出现缺口,过分依赖正式沟通而不利用其他来源和方法,使沟通系统产生缺陷。

12. 方向迷失。信息内容缺乏导向可能会导致沟通障碍。有些信息有两部分:外显的或明显的意义和潜在的或真正的含义。有些情况下,消息的外显意义被弄得过分吸引人,从而导致真正意义的丢失。

13. 负载过重。当人们负载的信息过度时,他们就倾向于业绩完成不佳。其绩效比接收信息不足的员工的绩效还要低。

【讨论】

小张是去年刚分到某单位的一名毕业生,因为工作努力、踏实,又接连代表本单位处理了几个棘手的难题,最近被领导提升为助理。本来小张信心满怀,准备再创佳绩,可他突然发现自己的工作很难开展下去。原先来自同事们的友好帮助和氛围消失了,取而代之的是紧张和尴尬。小张很苦恼,不知道该怎么处理。你说这是怎么回事?

（三）有效沟通的方法

选用恰当的沟通方法对增强组织沟通的有效性也十分重要,因为组织沟通的内容千差万别,针对不同的沟通需要,应采取不同的沟通方法。

1. 正确使用语言文字。改善沟通效果,必须正确使用语言文字。要使用人人都能理解的语言,讲话意思要明确,条理要清晰,不能模棱两可,要使对方一听就懂。书面语言要言简意赅,字斟句酌,笔画清楚,便于获得良好的沟通效果。

2. 能容忍不同意见。上级在开会或工作时要给下级以充分讲话的机会,多倾听,少评价,特别是对于不成熟的评价,一定不要急于做出,听不得反面意见是某些领导者的致命弱点,一定要注意克服。

3. 一定要注意非语言信息。在面对面沟通中,管理者要给予对方合适的表情、动作和态度等非语言提示,如轻松的谈话应面带微笑,严肃的话题应该庄重认真,这样可以给员工一种亲切、易接近的感觉。非语言信息是展示交流双方内心世界的窗口,一个成功的沟通者必须懂得辨别非语言信息的意义,充分利用它来提高沟通效率。一定要注意细节问题。把握好非语言信息的使用,不能以为这是"雕虫小技"而忽视。

4. 采用断言型的沟通风格。这种风格是相对于两种极端性的沟通,即非断言型与侵犯型沟通风格而言的。前者特征是犹豫、畏缩、缺乏自信、欲言又止,这种沟通毫无影响力。后者则是盛气凌人、粗暴武断、语言讥讽或斥骂,这种沟通往往只有消极影响的。断言型风格的态度是不卑不亢、诚恳坦率、直截了当、一针见血,这种风格最易取得积极效果。因此,在沟通中,沟通主体应采用断言型的沟通风格。

5. 积极倾听,认真地听对方讲话,并尽量弄清楚所听到的内容,这对沟通双方来说都很重要。在倾听时应注意少讲多听,保持沉默和冷静,不轻易打断对方,不轻易下结论,尊重别人,设法使交流变得轻松,使双方都感到舒畅,消除紧张感,充分表达自己的观点,说出自己想说的话。用动作语言表现出倾听者对对方谈话的浓厚兴趣,如用目光接触展现出肯定的眼神、点头和恰当的面部表情,表示在认真听。尽可能排除外界干扰,避免使对方分心的举动和手势。站在对方的角度考虑问题,也许你会发现他讲得有道理。注意不要立即与对方发生争论或当面批评。在必要时提出一些问题,以显示你在倾听或进行理解和思索。尤其值得注意的是,在倾听过程中一定要采取"换位思考"的方法。假如你说一句话要用十秒钟,那么,再用3秒钟把话说出去。

6. 正确对待传言。传言属于非正式沟通方式,通常采用的是口头传播。传言具有传播速度快、范围广、易失真等特点。对传言的多样性应采用不同的对待方式。在对待传言时,不妨广开言路,言者无畏,如设立意见箱、建议箱、接待室等方式,应采用有效措施进行消除辟谣。很多情况下,小道消息之所以不胫而走,传播甚广,主要原因在于正式沟通渠道不畅通,给人可乘之机,对谣言应通过正式沟通渠道发送信息使之真相大白、不攻自破。对小的传言,不妨置之不理,让其自生自灭。对一般的传言者,应加强引导、教育,增强他们辨别是非的能力。但对传言引起严重后果的,应予以重视,视情节轻重和造成的后果加以处理。对制造谣言并大肆传播者,应严加处理。

7. 提高面谈艺术。组织中最常见的沟通是面谈方式,作为管理者,掌握好面谈的艺术,对提高沟通的有效性有很大的作用。提高面谈艺术要选择恰当的谈话地点。不同的谈话地点往往会产生不同的沟通效果。一般而言，在办公室谈话要严肃、认真、重视,如果是非正式场合,要显得友好、亲近、关怀;边走边谈时就要显得轻松、随意等。所以,管理者应根据谈话内容来选择谈话地点。二要创造相互信任的谈话环境。交谈气氛对信息沟通效果会产生重大影响。如果过于紧张或不信任,交谈则十分困难,所以在谈话时一定要诚恳,切忌言不由衷。三要做好充分的交谈准备。面谈是一种双向沟通,随时可能发生出乎意料的情况和信息,所以,在交谈前一定要做好充分准备。四要做好谈话的计划,这样有利于正式交谈时思路清晰、条理层次分明。谈话要结构严谨,观点明确,具有说服力。五要合理安排交谈时间。面谈的时间应适宜、适度,讲究时机,防止干扰别人的正常生活。六要合理把握时间表长度,时间过于紧迫往往言犹不尽,难以充分交换意见。当然也不能闲谈、空谈,应集中主题。七要注意控制情绪。管理者进行面谈时有时会碰到下级的顶撞、争论甚至对抗,或者上级讽刺、挖苦、怒骂等,这时,不论是上级还是下属都应做到胸怀坦荡,有理有利有节,控制自己的情绪,尽量避免受对方情绪的影响。

如果你是一名普通员工,你该怎样与你的主管沟通?

【阅读材料一】

管理者不得不知的五种激励技巧

一、先教后用激励技巧

在做某件事之前要打好基础,以得到他人的意见或同意。也就是说在施以激励之前,必须先对人员进行启发、教育,使他们明白要求和规则,这样在采用激励方法时他们才不至于感到突然,尤其是对处罚不感到冤枉。所以,最好的管理方法是启发,而不是惩罚。

二、公平激励技巧

在民国时期,地处西南地区的宝元通百货公司完全由考核结果来决定提升与受奖。考核的内容包括意志、才能、工作、行动四个方面。多半年评比一次,评比的依据主要是组长和门市纠察人员在日记中专设"人事"一栏,每天记录售货员在这四个方面的表现。经过这样的考核,职工就有可能由每月0.5元的工资一步步往上爬,一直爬到宝元通"九等三十六级"的顶峰。主任级以上职员就是通过这样的考核逐步提升起来的。这一做法给人一种印象:凡是能力较强而又积极工作的,在宝元通必有出头之日;凡是考核成绩不好的人,绝无侥幸提升的可能,表现极差者甚至有被辞退或者开除的危险。因此宝元通规定,每年将总盈余的31.5%分配给全体职工,在具体进行分配时才没有发生多大的困难,大家基本上无异议。

充分利用激励制度就可能极大地调动企业职工的积极性,保证企业各项工作的顺利进行。要保证激励制度的顺利执行,就应当像宝元通一样,不唯亲、不唯上、不唯己,只唯实,公平相待。

三、注重现实表现激励技巧

西洛斯·梅考克是美国国际农机公司创始人、世界第一部收割机的发明者。有一次,一个老工人违反了工作制度,酗酒闹事,按照公司有关管理制度的条款,他应受到开除的处分,梅考克在管理人员做出的决定上签署了赞同意见。决定一发布,那位老工人立刻火冒三丈,他委屈地说:"当年公司债务累累时,我与你患难与共。3个月不拿工资也毫无怨言,而今犯了这点错就把老子开除,真是一点情分也不讲!"梅考克平静地对他说:"你知不知道这是公司,是有规范的地方……这不是你我两个人的私事,我只能按规定办事,一个也不能例外。"

在实施激励方法时,应该像梅考克一样,只注重激励对象的现实表现,将现实表现同过去的情况分开来看,当奖则奖,该罚就罚。

四、适时激励技巧

美国一家名为福克斯波罗的公司专门生产精密仪器、设备等高技术产品。在创业初期,一次在技术改造上碰到了若不及时解决就会影响企业生存的难题。一天晚上,正当公司总裁为此冥思苦想时,一位科学家闯进办公室阐述他的解决办法。总裁听罢,觉得其构思确实非同一般,便想立即给予嘉奖。他在抽屉中翻找了好一阵,最后拿着一件东西躬身递给科学家说:"这个给你!"这东西非金非银,而仅仅是一只香蕉。这是他当时所能找到的唯一奖品了,而科学家也为此感动。因为这表示他所取得的成果已得到了领导人的承认。从此以后,该公司授予攻克重大技术难题的技术人员一只金制香蕉形别针。

行为和肯定性激励的适时性表现为"赏不逾时"的及时性,公司总裁在没有别的东西,只有一只香蕉也要拿出来作为奖品。这样做至少有两个好处:一是当事人的行为受到肯定后,有利于他继续重复所希望出现的行为。正如小孩学走路时,当他走出一步姿态并不雅的第一步后,就立即鼓励他走出第二步、第三步,直到他真正学会走路为止。二是使其他人看到,只要按制度要求去做,就可以立刻受奖,这说明制度和领导是可信赖的,因而大家都会争相努力,以获得肯定性的奖赏。

五、适度激励技巧

有人对能通宵达旦玩游戏机者不可理解,但一旦自己去玩时,也往往废寝忘食,原因何在?游戏机上电脑程序的编制是基于由简到繁、由易到难的原则,在每一个具体的程序中,操作者在与电脑相较量时能轻而易举地获胜。但经过一段时间的操作之后又能够过一些关。这样稍有努力就进、不努力就退的若得若失的情况对操作者最有吸引力。

游戏机的事例说明,激励标准有个适度性问题,保持了这个度,就能使激励对象乐此不疲地努力。反之,如果激励对象的行为太容易达到被奖励和被处罚的界限,那么,这套激励方法就会使激励对象失去兴趣,达不到激励的目的,所以说"赏罚不中则众不威"。

资料来源:百度文库,wenku.baidu.com。

【阅读材料二】

沃尔玛:企业成功源于沟通

美国沃尔玛公司总裁山姆·沃尔顿曾说过:"如果你必须将沃尔玛管理体制浓缩成一种思想,那可能就是沟通。因为它是我们成功的真正关键之一。"

沟通是为了达成共识,而实现沟通的前提就是让所有员工一起面对现实。沃尔玛决心要做的,就是通过信息共享、责任分担实现良好的沟通交流。

沃尔玛公司总部设在美国阿肯色州本顿维尔市,公司的行政管理人员每周花费大部分时间飞往各地的商店,通报公司所有业务情况,让所有员工共同掌握沃尔玛公司的业务指标。在任何一个沃尔玛商店里,都定时公布该店的利润、进货、销售和减价的情况,并且不只是向经理及其助理们公布,也向每个员工、计时工和兼职雇员公布各种信息,鼓励他们争取更好的成绩。

沃尔玛公司的股东大会是全美最大的股东大会,每次大会公司都尽可能让更多的商店经理和员工参加,让他们看到公司全貌,做到心中有数。沃尔顿在每次股东大会结束后,都和妻子邀请所有出席会议的员工约 2 500 人到自己的家里举办野餐会,在野餐会上与众多员工聊天,大家一起畅所欲言,讨论公司的现在和未来。为保持整个组织信息渠道的通畅,他们注重收集各工作团队成员的想法和意见,通常还带领所有人参加"沃尔玛公司联欢会"等。

沃尔顿认为让员工们了解公司业务进展情况,与员工共享信息,是让员工最大限度地干好其本职工作的重要途径,是与员工沟通和联络感情的核心。而沃尔玛也正是借助共享信息和分担责任,适应了员工的沟通与交流需求,达到了自己的目的,即使员工产生责任感和参与感,意识到自己的工作在公司中的重要性,感觉自己得到了公司的尊重和信任,积极主动地努力争取更好的成绩。

沟通的管理意义是显而易见的。如同激励员工的每一个因素都必须与沟通结合起来一样,企业发展的整个过程也必须依靠沟通。可以说,没有沟通,企业管理者的领导就难以发挥积极作用,没有顺畅的沟通,企业就谈不上机敏的应变。

资料来源:人力资本管理,www.hroot.com ,2004 – 04 – 17。

【本章小结】

激励是组织通过设计适当的外部奖酬形式和工作环境,以一定的行为规范和惩罚性措施,借助信息沟通来激发、引导、保持和规划组织成员的行为,以有效地实现组织及其成员个人目标的活动。激励就是刺激需要—引发行为满足需要—实现目标的动力过程。

目前,激励理论主要有:内容型激励理论;过程型激励理论;行为修正型(强化)激励理论。常用的激励方法有:金钱激励、目标激励、参与激励、关心激励、工作激励等。

沟通是指人们之间传达思想感情和交流情报信息的过程。沟通可以确保组织内各部门和个人获得工作所需的各种信息,并增进相互间的了解与合作。

沟通的方式很多,组织中最普遍使用的沟通方式有口头沟通、书面沟通、非语言沟通及电子媒介。

实践中,克服沟通障碍要针对不同的沟通需要采取不同的沟通方法。

【复习思考题】

1. 什么是激励?各种激励理论的主要观点是什么?
2. 领导在激励下属的过程中应如何运用激励理论才能发挥更大的激励作用?
3. 什么是沟通?常用的沟通方式有哪些?
4. 假如你是一个领导,你采用哪些沟通方式或方法与你的下属进行沟通?

【案例分析一】

李华的疑惑

李华已经在一家IT公司工作了5年。在这期间,他从普通编程员升到资深编程分析员。他对自己所服务的这家公司相当满意,不管是工作职位还是收入,都让李华感到有成就感,而且他还为工作中的创造性要求所激励。

一个周末的下午,李华和他的朋友及同事王林一起打高尔夫球。他了解到所在部门雇了一位刚从大学毕业的编程人员,尽管李华是个好脾气的人,但当他听说这位新来者的起薪仅比他现在的工资少30元时,不禁发火了。周一的早上,李华找到了人事部主任王江林,问他自己所说的事是不是真的,王江林带有歉意地说,确有这么回事,但他试图解释公司的处境:"李华,编程分析员的市场相当紧俏,为使公司能吸引合格的人员,我们不得不提供较高的起薪。我们非常需要增加一名编程分析员,因此我们只能这么做。"李华问能否相应调高他的工资。王江林回答:"你的工资需按照正常的绩效评估时间评定后再调。你干得不错!我相信老板到时会给你提薪的。"李华在向王江林道了声"打扰了"便离开了他的办公室,边走边不停地摇头,很对自己的公司前途感到疑惑。

资料来源:百度文库,wenku.baidu.com。

问题:
1. 本例描述的事件对李华的工作动力会产生什么样的影响?
2. 哪一种激励理论可以更好地解释李华的困惑?简述其理论内容。
3. 你觉得王江林的解释会让李华感到满意吗?请说明理由。
4. 你认为公司应当对李华采取什么措施?为什么?

【案例分析二】

张经理的沟通经验

某公司张经理在实践中深深体会到,只有运用各种现代科学的管理手段,充分与员工沟通,才能调动员工的积极性,使企业充满活力,在竞争中立于不败之地。

首先,张经理直接与员工沟通,避免中间环节。他告诉员工自己的电子信箱,要求员工尤其是外地员工大胆反映实际问题,积极参与企业管理,多提建议和意见。张经理本人则每天上班时先认真阅读来信,并进行处理。

其次,为了建立与员工的沟通体制,公司又建立了经理公开见面会制度并定期召开,也可因重大事情临时召开,参加会议的有员工代表、特邀代表和自愿参加的员工代表。每次会议前,员工代表都广泛征求群众意见,提交经理公开见面会上解答。1998年12月,调资晋级和分房两项工作刚开始时,员工议论较多。公司及时召开了会议,张经理就调资和分房的原则、方法和步骤等做了解答,使部分员工的疑虑得到澄清和消除,保证了这两项工作的顺利进行。

资料来源:百度文库,wenku.baidu.com。

问题:分析张经理与员工在沟通方式上所做的选择,这些方式有何特点?沟通的主要内容是什么?从这个案例分析管理者在沟通中所起的作用。

【实践训练】

训练项目一:个案研究

实训目标:

1. 培养学生分析问题的能力。

2. 提高对学生对马斯洛需要层次理论知识的掌握能力。

实训内容与形式:

小王是某家医院的管理人员,一次她向主管发牢骚。问题是持正式执照的护士们辞职的人较少而护士助理们频繁辞职。护士助理辞职的理由是:"我们干的活比别人脏、累,拿到的工资却比法定的最低工资高不了多少。"持正式执照的护士偶尔走掉,但她们的理由却不同,认为在这儿待太久了,虽然工资不算太低,仅仅是发现并没有真正对自己有难度的工作感到失望。可见,护士助理与正式护士有不同的需要。如果你们是小王,认为她们存在什么需要,为了改善这种状况,应该如何去做?

训练项目二:为所在班级制订一份激励计划

实训目标:

1. 培养对实际管理系统进行观察分析的能力。

2. 培养运用激励理论进行有效激励的能力。

实训内容与形式:

1. 调查与深入研究本班学生学习积极性以及包括奖学金在内的激励状况。

2. 以模拟公司为单位,就如何在本班进一步调动学习积极性、实现有效激励组织研讨。

3. 每人为班级起草一份激励计划。

4. 在班级组织研讨,深入分析目前的激励状况,研讨如何有效激励,完善同学们的激励计划。

训练项目三:实地交际与沟通

实训目标:

1. 培养与陌生人交际的能力。

2. 培养与别人沟通与交涉的能力。

实训内容与形式:

1. 主动同一位陌生人交往,交流某个问题,并动员其与你共同做一件有意义的事。

2. 应用交际与沟通理论,运用交际与沟通的艺术。

3. 事先要有精心的策划,事后要进行简要的小结。

4. 班级组织一次交流,每个小组推荐两人介绍交际与沟通过程。

第十章 控 制

【学习目标】
1. 了解控制的含义和基本类型;
2. 了解控制的基本过程;
3. 掌握几种常用的控制方法,并能进行简单的实践应用。

【案例导入】

麦当劳的分店控制

麦当劳公司通过详细的程序、规则和条例规定,使分布在世界各地的所有麦当劳分店的经营者和员工们都遵循一种标准化、规范化的作业模式。麦当劳公司在芝加哥开办了专门的培训中心——汉堡包大学,要求所有的特许经营者在开业之前都接受为期一个月的强化培训。回去之后,他们还被要求对所有的工作人员进行培训,确保公司的规章条例得到准确的理解和贯彻执行。

为了确保所有特许经营分店都能按统一的要求开展活动,麦当劳公司总部的管理人员还经常走访、巡视世界各地的经营店,进行直接的监督和控制。例如,有一次巡视中发现某家分店自作主张,在餐厅里摆放电视机和其他物品以吸引顾客,这种做法因与麦当劳的风格不一致,立即得到了纠正。除了直接控制外,麦当劳公司还定期对各分店的经营业绩进行考评。为此,各分店要及时提供有关营业额、经营成本、利润等方面的信息,这样总部管理人员就能把握各分店经营的动态和出现的问题,以便商讨和采取改进的对策。

资料来源:百度文库,wenku.baidu.com。

思考:麦当劳在对分店进行控制过程中,采用了哪些控制方法?

第一节 控制概述

一、控制的概念

在古典管理理论中,控制被列为管理过程的第三个职能。法约尔曾指出:"在一个企业中,控制就是衡量所发生的每一件事是否符合所规定的计划、所发布的指标以及所确定的原则,其目的就是要指出计划实施过程中的缺点和错误,以便加以纠正和防止重犯。控制对每件事、每个人、每个行动都起作用。"也就是说,控制职能包括管理人员为保证实际工作能与计划一致而采取的一切行动。而根据厄威克的观点,"管理控制所期望的是一支具有首创精神和整体观念的、一切行动听指挥(计划)的稳定的劳动大军"。为达到这一目的,"需要为公司配备得力的管理人员,挑选和安排合格的工人,伴之以使用奖励和制裁的方法"。

现代管理理论认为,"控制"一词具有多种含义,主要包括限制或抑制、指导或命令、核对或校正。这几层含义对一个组织或管理过程来说都是重要的,属于广义的控制。事实上,相对于一个组织的管理过程来说,控制更多是狭义的,即针对计划执行情况所做的核对和校正,同时也对计划的正确性和合理性进行反馈评估。因此,可以把控制概括为:控制是指对组织内部的管理活动及其效果进行衡量和校正,以确保组织目标以及为此拟订的计划得以顺利实现的管理活动。

二、控制与计划的关系

在现代管理活动中,控制既是一次管理循环的终点,是保证计划得以实现和组织按既定方针发展的管理职能,又是新一轮管理循环的起点。例如,在科研管理过程中,资助方对承担科研任务的组织或个人进行年度或中期检查,以根据科研进展确定资金划拨计划,对进展不利者采取相应的措施,这就是管理控制的体现。

控制作为一项管理职能,是和其他管理职能交织在一起的,它使管理过程形成了一个相对封闭的系统。在这个系统中,控制与计划的关系密不可分,计划是控制的前提,控制是计划实现的保证,控制与计划可以说是一个问题的两个方面。孔茨指出:"可以把计划工作与控制工作看成是一把剪刀的两刃,没有任何一刃,剪刀也就没有用了。"管理人员首先要制订计划,然后,计划又作为评定行动及其效果是否符合实际需要的标准。计划越明确、全面、完整,控制的效果越好。没有计划,就失去了评价成效的依据,也就无从谈起组织行动是否发生了偏差,更谈不上纠正偏差。另外,如果没有控制活动,就等于放弃收集计划实际执行情况的有关信息,因此也就不知道计划是否完成,更无从知道计划的正确性和合理性如何,计划也就变得毫无意义。

三、控制的类型

管理控制活动可以从不同的角度进行分类,下面介绍几种典型的管理控制的类型。

(一)根据控制活动切入位置的分类

按照控制活动切入位置,即侧重于组织活动过程的不同环节,可将控制划分为事后控制、现场(过程)控制和事前控制。

1. 事后控制。事后控制也叫成果控制或反馈控制,是指在计划执行后进行的控制,也就是从组织活动进行后的信息反馈中发现偏差,分析原因,采取措施,纠正偏差,从而起到控制的作用。其目的是防止已经发生或即将发生的偏差今后再度发生或扩大。另外,能够为未来计划的制订提供借鉴,实际上是一种"亡羊补牢"的管理思路。

事后控制位于活动的终点,其弱点在于滞后性,从衡量结果、比较分析到制定纠偏措施及实施,整个活动已经结束,活动中产生的偏差已经在组织系统内部造成了损失,只能内部消化并且无法补偿。

2. 现场控制。现场控制也叫过程控制或同期控制,是指计划执行过程中所实施的控制,是一种同步的、适时的控制,即管理者通过对计划执行过程中的人和事进行直接指导和监督,随时纠正偏差,这是一种为基层主管所普遍采用的控制方法。主管人员通过深入现场,亲自指导和监督员工的活动,通过现场指导,可以使员工以正确的方法工作,使员工的工作更有成效;通过监督,也可以使主管人员有机会在现场解释工作的概念和技巧,提高员工的工作能力,约束下属人员的活动,从而保证计划的执行和计划目标的实现。另外,有些技术设备也设计成具有同期控制的功能。比如,计算机系统在程序设计中就设置了同期控制系统,一旦操作失误,计算机的程序控制系统就会拒绝操作。

3. 事前控制。事前控制也叫预先控制或前馈控制,是指在组织活动开始之前的控制。事前控制旨在获取有关未来的信息,根据过去的经验或事物发展的规律进行预测分析,将可能出现的执行结果与计划标准之间的偏差预先确定出来,或事先察觉内外环境条件可能发生的变化,以便提前采取适当的处理措施,预防问题的发生。事前控制采取的是一种"未雨绸缪"的管理思路,由于采取了防患于未然的行动,因而可以克服事后控制系统的滞后性问题。

【阅读材料】

扁鹊的医术

魏文王问名医扁鹊:"你们家兄弟三人都精于医术,到底哪一位最好呢?"

扁鹊回答说:"长兄最好,中兄次之,我最差。"

魏文王又问:"那为什么你最出名呢?"

扁鹊回答说:"我长兄治病,是治病于病情发作之前。由于一般人不知道他事先能铲除病因,所以他的名气无法传出去,只有我们家人才知道。我中兄治病,是治病于病情初起之时。由于一般人以为他只能治轻微的小病,所以他的名气只及于本乡里。而我治病,是治病于病情严重之时。由于一般人都看到我在经脉上穿针管来放血、在皮肤上敷药等大手术,所以以为我的医术高明,名气因此响遍全国。"

魏文王说:"你说得好极了。"

管理启示:

事后控制不如事中控制,事中控制不如事前控制,可惜大多数的企业经营者均未能体会到这一点,等到错误的决策造成了重大的损失才寻求弥补,有时是亡羊补牢,为时已晚。

(二)根据控制力量来源的分类

按照控制力量的来源,可以分为外在控制与内在控制。

1. 外在控制。外在控制是指组织的工作目标和标准的制定是由上级主管部门或公共管理机构制定的,该组织必须严格按此标准开展工作;或者标准的执行情况由组织以外的其他部门负责检测,发现问题报告偏差,以确保目标和标准的执行。例如,药品或食品的质量标准是由食品卫生检测局制定的,相关产品的生产必须无条件执行;而重点监控行业的排污指标是由环保局负责监测的,发现问题后,相关企业必须整改,否则将被依法管治或限产、停产。

2. 内在控制。内在控制也称自我控制,是指工作目标或标准的执行甚至制定均由执行者自己监控。自我控制的单位或个人不仅能自己检测发现问题,还能自己制定标准,并且采取行动纠正偏差。例如,目标管理就是通过变"要我做"为"我要做",使员工更加热情,努力地去实现自己参与制定的工作目标。当然,内在控制只有在员工素质普遍较高时才容易生效,反之则外在控制更为重要。

第二节 控制的过程

不论控制的对象是新技术的研究与开发,还是产品的加工制造、市场营销宣传、企业的人力条件、物质要素、财务资源等方面,控制过程都包括三个基本的环节:确立标准、衡量工作成效、纠正偏差。

一、确立标准

标准是人们检查和衡量工作及其结果(包括阶段结果与最终结果)的规范。确立标准是进行控制的基础,如果没有一套完整的标准,衡量绩效或纠正偏差就失去了客观依据。

(一)控制标准的特点和要求

控制标准要体现以下几方面的特点或要求。

1. 源于目标,具有目标的许多特征并与目标保持一致。控制的标准是衡量实际业绩的尺度,目的是实现组织的目标,因此,控制标准不仅要带有目标的诸多特征,而且要也与组织目标保持一致。

2. 反映计划的要求。计划是目标的手段和步骤,是目标的分解和具体化,因此,控制标准要符合计划的特点和要求。

3. 要通俗易懂。一个不为主管人员和员工理解的控制标准是无价值的,并且会导致不必要的错误,挫伤员工的积极性。

4. 控制标准应当客观、明确,具有可操作性,也就是尽可能使量化的程度高一些。

5. 控制标准应当既有可行性,又有先进性,就是说,标准应该是富有挑战性,是人们经过努力才能实现的目标。

6. 控制标准要有一定的弹性,要能够适应组织环境条件的意外变化,使组织管理者在遭遇突发事变时不致束手无策。

7. 控制标准要多样化。在实际工作中,单一的控制标准难以对组织及其成员的工作绩效做出客观的评价,而多种控制标准才能够较为准确地衡量工作绩效。

8. 标准相互间应协调一致,不致因相互矛盾而使人无所适从。

9. 标准应当相对稳定,可以有一定的弹性,但不能无原则地朝令夕改。

(二)控制标准的形式

由于组织和部门的性质存在差异,许多组织和部门都有其特殊性,有待衡量的产品和服务的种类繁多,有待执行的计划方案也有很多,因此控制标准不可避免地呈现出多种不同的形式,但总体来说,基本上可以分为两大类标准,即定性标准和定量标准。

1. 定性标准。定性标准主要是指质量标准,可以分为工作质量标准和产品质量标准。定性标准一般用于某些不能用数量来衡量的方面,如政府的行政效率、某个领导者的工作能力等。

2. 定量标准。定量标准是较为明确的数量化标准,便于度量和把握。定量标准主要有以下几种:

(1)实物标准。实物标准有明确的数量,是计划工作的主要表现形式,如各级公安部门办案的数量、高等学校的招生人数、国家拟投资建设的高速公路里程数等。

(2)货币标准。货币标准反映了组织的经营和发展状况,包括成本标准、利润标准、资金标准等。货币标准适用范围广泛,例如:国家的货币发行量、财政收入、关税收入;企业的产品成本、销售收入、资金拥有量、利润等。

(3)时间标准。时间标准为工作提供了时间限定,表现为工时定额、工程周期等一系列时间指标。如我国全国人民代表大会每届任期五年、政府机关工作人员八小时工作制、三峡工程预计17年完工等都表现为时间标准。

(4)综合标准。综合标准主要表现为某一行业或工作的比率情况,如产品市场占有率、全国纪检机关立案率、城镇失业率、GDP增长率等。

(三)制定控制标准的关键环节

制定控制标准涉及几个关键环节。一般来说,对组织规模较小、活动较为简单的管理活动,主管人员可以通过亲自观察下属的工作来实行直接的控制。然而,在多数管理活动中,由于组织规模大、组织活动内容丰富导致管理的复杂性,管理者通过直接观察实现控制几乎是不可能做到的,这时要实现有效控制,主管人员应遵循下面的步骤。首先,选择控制对象;其次,找出一些需要特别注意的控制点,也就是关键点;最后,对其进行深入的观察,以确保整个控制活动按照计划进行。

1. 选择控制对象。由于控制标准的具体内容取决于控制对象,因此在制定标准时应当首先选择控制对象,即明确组织的哪些事物、哪些环节需要加以控制,这是在制定标准的具体内容时需要认真分析的。一般情况下,组织的活动都有最终的成果,组织活动的成果往往体现了组织计划的要求,所以,人们习惯于将组织活动的最终成果作为首选的重点控制对象。

为了保证对组织活动最终成果的有效控制,必须在最终成果形成前进行控制,以便纠正与预期结果的要求相背离的偏差。因此,需要分析影响组织活动过程的各种因素,将对组织最终成果有重要影响以及偏差发生率较大的因素列为控制对象。一般来说,影响组织在一定时期活动成果的主要因素有以下几种:

(1)组织的外部环境和条件的变化。企业在特定时期的经营活动是根据决策者对经营环境的认识和预测来计划和安排的。如果预期的市场环境没有出现,或者企业外部发生了某种无法预料和抗拒的变化,那么,原来计划的活动就可能无法继续进行,从而难以为组织带来预期的结果。因此,制订计划时所依据的对经营环境的认识应作为控制对象,列出"正常环境"的具体标志或标准。

(2)资源投入。企业经营成果是通过对一定资源的加工转换得到的,没有或缺乏这些资源,企业经营就会成为无源之水、无本之木。投入的资源不仅会在数量和质量上影响经营活动按期、按量、按要求进行,从而影响最终的物质产品,而且其取得费用会影响生产成本,从而影响经营的盈利程度。因此,必须对资源投入进行控制,使之在数量、质量以及价格等方面符合预期经营成果的要求。

(3)组织的活动。输入到生产经营中的各种资源不可能自然形成产品,企业经营成果是通过全体员工在不同时间和空间上利用一定技术和设备对不同资源进行不同内容的加工劳动才最终得到的。企业员工的工作质量和数量是决定经营成果的重要因素,因此,必须使企业员工的活动符合计划和预期结果的要求。为此,必须建立员工的工作规范、各部门和各员工在各个时期的阶段成果的标准,以便对他们的活动进行控制。

2. 选择控制重点。任何组织的管理者都不可能也没必要做到对组织所有活动、所有成员的控制,而必须在影响组织活动成果的若干因素或环节中选择几个关键因素或环节作为重点控制对象,即控制关键点。关键点一般是计划实施过程中起决定作用的因素,或者是容易产生偏差的因素,是对全局有根本影响作用、决定组织活动成败的因素。关键点往往不易把握,需要管理者细心捕捉。美国通用电器公司在分析影响和反映企业绩效的众多因素的基础上,选择了对企业经营成败起决定作用的八个方面作为控制关键点,并为它们建立了相应的控制标准。这八个方面如下:

(1)获利能力。通过提供某种商品或服务取得一定的利润,这是任何企业从事经营的直接动因之一,也是衡量企业经营成败的综合标志,通常可用与销售额或资金占用量相比较的利润率来表示,它们反映了企业对某段时期内投资应获利润的要求。

(2)市场地位。市场地位是反映企业及其他厂家的经营实力和竞争能力的一个重要标志。如果企业占领的市场份额下降,那么,意味着由于价格、质量或服务等某个方面的原因,企业产品相对于竞争产品来说其吸引力降低了,因此,应该采取相应的改善措施。

(3)生产率。生产率标准可用来衡量企业各种资源的利用效果,通常用单位资源所能生产或提供的产品数量来表示。其中,最重要的是劳动生产率标准。企业其他资源的充分利用在很大程度上取决于劳动生产率的提高。

(4)产品领导地位。产品领导地位通常是指产品的技术先进水平和功能完善程度。通用电器公司是这样定义产品领导地位的:它表明企业在工程、制造和市场方面领导一个行业的新产品和改良现有产品的能力。为了维持企业产品的领导地位,必须定期评估企业产品在质量、成本方面的状况及其在市场上受欢迎的程度。如果达不到标准,就要采取相应的改善措施。

(5)人员发展。企业的长期发展在很大程度上依赖于人员素质的提高。为此,需要测定企业目前的活动以及未来的发展对职工的技术、文化素质的要求,并与他们目前的实际能力相比较,以确定如何为提高人员素质采取必要的教育和培训措施,要通过人员发展规划的制定和实施,为企业及时供应足够的经过培训的人员,为员工提供成长和发展的机会。

(6)员工态度。员工的工作态度对企业目前和未来的经营成就有着非常重要的影响。测定员工态度的标准是多个方面的,比如,可以通过分析离职率、缺勤率来判断员工对企业的忠诚度,也可通过统计改进作业方法或管理方法的合理化建议的数量来了解员工对企业的关心程度,还可通过对定期调查的评价分析来测定员工态度的变化。如果发现员工态度不符合企业的预期,那么,任其恶化是非常危险的,企业应采取有效的措施来提高他们在工作或生活上的满足程度,以改变他们的态度。

(7) 公共责任。企业的存在和延续是以社会的承认为前提的,而要争取社会的承认,企业必须履行必要的社会责任,包括提供稳定的就业机会、参加公益事业等多个方面。公共责任能否很好地履行关系到企业的社会形象。企业应根据有关部门对公共态度的调查,了解企业的实际社会形象同预期的差异,改善对外政策,提高公众对企业的满意程度。

(8) 短期目标与长期目标的平衡。企业目前的生存和未来的发展是相互依存,不可分割的。因此,在制定标准时,要分析目前的高利润是否会影响未来的收益,以确保目前的利益不是以牺牲未来的收益和经营的稳定性为代价的。

(四) 制定标准的方法

控制的对象不同,为它们建立正常水平标准的方法也不一样。一般来说,企业可以使用的建立标准的方法有统计方法、经验评估法、工程标准法三种。

1. 统计方法。统计方法是指根据企业内外资料,进行统计分析处理,确定衡量预期成效的统计或常规数据的一种方法。由统计方法获得的标准称为统计标准,也叫历史性标准,是以分析反映企业经营在历史上各个时期状况的数据为基础来为未来活动建立的标准。最常用的有统计平均值、极大(或极小)值和指数等。

统计方法常用于制定与组织活动有关的标准。一般来说,利用组织自身的统计数据制定的统计性标准既有优点也有缺点。其优点是简单易行,符合组织实际情况。其缺点是视野狭窄,只局限于组织内部情况,不了解同类组织的发展状况,容易出现闭门造车的弊病,对组织的未来发展有不利的影响。适当的做法是在制定统计性标准时充分参照组织外部同类组织的数据资料,以便制定出兼顾组织当前与长远发展的统计标准。

2. 经验评估法。实际上,并不是所有工作的质量和成果都能用统计数据来表示,也不是所有的企业活动都保存着历史统计数据。对新从事的工作,或对统计资料缺乏的工作,可以根据管理人员的经验、判断和评估来为之建立标准。这种方法的优点是可以打破统计方法的局限性,在资料和数据缺乏的情况下仍然能够制定出控制标准,使控制有章可循。其缺点也很明显,它只能是粗略性的,而非精确性、科学性的。这种方法可以作为统计方法和工程方法的补充,尤其适合于组织从事的活动是新生事物时控制标准的制定。

3. 工程标准法。严格地说,工程标准也是一种用统计方法制定的控制标准,不过它不是对历史性统计资料的分析,而是通过对工作情况进行客观的定量分析来进行的。比如,机器的产出标准是其设计者计算的正常情况下被使用的最大产出量;工人操作标准是劳动研究人员在对构成作业的各项动作和要素的客观描述与分析的基础上,经过消除、改进和合并而确定的标准作业方法;劳动时间定额是利用秒表测定的受过训练的普通工人以正常速度按照标准操作方法对产品或零部件进行某个(些)工序的加工所需的平均必要时间等。工程标准法的优点是标准的制定具有客观的依据和合理性,准确性高,但也存在成本高、耗时长的缺点。

二、衡量工作成效

衡量工作成效是控制过程的第二个步骤,其主要内容是将组织人员实际工作情况和控制标准相比较,对工作做出客观的评价,从中发现二者的偏差,为进一步采取控制措施提供全面准确的信息。在衡量工作成效时,有三个问题要明确:一是衡量的要求;二是衡量的内容;三是衡量的方法。

（一）衡量的要求

在依据标准衡量工作成效之前,还需要明确衡量的一系列要求。

1. 要依据标准衡量工作成效,检验标准的客观性和有效性。衡量工作成效要依据控制标准来进行,以便发现偏差。在实际的衡量工作中,人们发现偏差的产生有标准执行不佳、外部环境发生重大变化和标准不合理三个原因。这里外部环境的剧烈变化是人所无法控制的,但另两个原因可以控制,如果是执行中的问题,需要管理者通过衡量及时纠正;如果是标准不合理,也可以通过衡量,及时发现问题,修改标准。所以,衡量工作成效必须依据标准来进行,以便依据标准及时纠正执行中的偏差。

依据标准来衡量工作成效,这个过程本身也是对标准的客观性和有效性的检验,即通过对标准执行情况的了解和分析来发现标准设计是否脱离实际情况,是否在设计标准时忽视了一些重要的因素,或者过多地考虑了一些次要因素、表面因素而导致标准的客观性与有效性存在问题,使控制达不到原来的目的。如果是这样,则应通过衡量加以识别和纠正,找出控制对象的本质特征,重新制定出科学的控制标准。

2. 管理者获取的组织活动信息必须准确、及时和适用。在依据标准衡量工作成效时,重要的是及时获取有关工作成果的信息。管理者获得信息的途径主要有两个:一是在组织内部,管理者通过各种财务报表和报告;通过召开会议或倾听下级的汇报;通过亲自观察、检查和询问,获得的信息。二是在组织外部,管理者通过与同行的接触,了解组织外部的人对组织内人与事的评价,或者通过社会关系或传播媒介获取组织活动的信息。管理者所获得的信息必须具有以下三个特性。

（1）准确性。管理者只有获取准确的信息,才有可能依据信息做出正确的决策,纠正组织活动的偏差,控制系统才能真正发挥作用。

（2）及时性。在衡量工作成效时,管理者必须及时获取有关的信息,特别是那些转瞬即逝的重要信息,如产品质量信息、生产调试信息、重要会议决策等信息。这就要求从事信息传递工作的人员有敏感性和责任感,及时对信息进行加工处理和检索,并迅速传递到管理层,以便管理者的衡量工作及时有效地进行。

（3）适用性。管理部门或管理者需要的是适用信息,即要求针对不同的管理部门或管理者提供不同的信息。事实上,在实际工作中不同的管理部门或管理者对信息的种类、范围、内容、详细程度等的需求各不相同。如果不加区别地向这些管理部门或者管理者提供同样的信息,不仅会造成信息的大量浪费,而且增加了信息处理工作的难度,影响管理的效率。此外,管理信息的适用性还要求信息必须经过有效的加工处理。

3. 衡量的对象要有代表性。通常情况下,不可能对所有的对象进行衡量,只能对其中的一部分进行衡量。目前人们已经创造了许多方法,通过检查样品而不是检查全部产品,即通过随机统计抽样来实现控制。比如,企业在购进原材料时,国家产品质量监督部门检查企业的产品质量时就是使用的统计抽样法。这些方法在检查中耗费的时间较少,但有一定的缺陷存在,即不一定非常准确,尤其是样品的代表性不足的时候。这就要求样品应该尽可能代表整体的状况特征,否则,衡量的可靠性将大打折扣。

4. 衡量的频度要适度。有效控制强调适应控制,作为控制的一个阶段或步骤,衡量的频度也要适度。适度衡量不仅体现在衡量对象的数量选择上,而且表现在对同一对象的衡量次数上。对影响某种结果的要素或活动进行衡量是必要的,但过于频繁的衡量则是不适宜的,因为衡量的次数过多不仅会增加控制的费用,而且可能引起组织有关成员的不满,影响他们工作的积极性。而衡量次数过少也是不可取的,因为衡量次数过少不利于问题的发现和及时纠正。一般来说,衡量的频度取决于被控制活动的性质,如中央银行对金融机构资产质量的控制需要经常考核,而对各商业银行开发金融新产品的活动,控制频度则相对较低。另外,被控制对象可能发生重大变化的时间间隔也是确定适宜衡量频度需要考虑的重要因素。

(二)衡量的内容

许多时候,不是组织所有的活动或工作都要衡量,往往衡量的是一个或几个关键的点,也就是说衡量的是关键点。确定衡量内容是比较关键的问题,在很大程度上它决定了组织成员的追求。比如,衡量一个中学,衡量的内容决定了该中学努力的方向,如果衡量的是素质教育,中学就会向此方向努力;如果衡量的是升学率,中学则可能只重视学生的学习成绩而忽视其他方面。所以,如果选错了的标准,衡量将不准确,可能还会导致严重的不良后果。

(三)衡量的方法

衡量的方法应该根据具体情况来选择。组织计划的执行情况和处理问题的有关信息一般都是通过听取口头汇报、书面汇报,或进行直接观察和借助信息技术方式取得,管理者通过这些渠道获得所需要的控制信息,并以此来衡量实际工作成效。这些方法各有优缺点,管理者应当根据各种方法的特点综合使用,以利于各种方法取长补短。当然,管理者的偏好和个人风格对衡量方法的选择也有重要影响。

1. 口头汇报。依据汇报场合的不同,口头汇报一般为正式汇报和非正式汇报两种。正式汇报往往在某些公众场合进行,如会议等;非正式汇报往往是一对一的,如电话交谈和个别交谈等。口头汇报的优点是快捷和反馈及时,语言信息的发出和反馈几乎同时进行,其缺点是容易出现过度现象,使控制信息失真,影响控制效果。

2. 书面汇报。书面汇报大多是在计划执行完毕或者阶段性工作完成之后形成的,如备忘录、电子邮件、传真、工作总结、会计报表、有关统计报表等。书面汇报能被长久保存,便于查询,缺点则是信息反馈较慢。

3. 亲自观察。亲自观察是指管理者亲临现场获得第一手未经过滤的信息,如管理者去基层调查访问、现场观察等。亲自观察要求管理人员深入实际,在现场发现问题、解决问题,这种方法获得的控制信息真实性大,但要求管理者能够有清晰的头脑,一方面,管理者要能对信息去伪存真,防止被虚假现象所蒙蔽;另一方面,要求管理者有丰富的管理经验和果断的决策能力,发现问题及时加以控制。

4. 借助信息技术获取信息。随着信息技术的发展和使用的普及,管理者可以通过建立和使用管理信息系统来从事信息的收集、处理和传送,这不仅有利于管理者迅速地获得相关数据和统计报表,还能够降低成本,提高效率。当然,这取决于信息系统的有效性和完备性。

三、纠正偏差

利用科学的方法,依据客观的标准,通过对工作绩效的衡量,可以发现实际工作成效与标准之间的偏差。纠正偏差就是在此基础上,分析偏差产生的原因,并制定相应的措施使控制与其他管理职能相互适应;通过纠正偏差,使组织计划得以执行,使组织机构和人事安排得到调整,使领导活动更加完善。

(一)分析偏差的性质和原因

并非所有的偏差都可能影响企业的最终成果,有些偏差可能反映了计划制订和执行工作中的严重问题,而另一些偏差则可能是一些偶然的、暂时的、局部性因素引起的,不一定会对组织活动的最终结果产生重要影响。一般来说,偏差的性质有两种,一种是有利偏差,一种是不利偏差。有利偏差是指那些符合组织发展趋势的偏差,如由于科学技术的进步,使劳动生产率高于预定标准。不利偏差是指那些本身或者进一步扩大后会导致组织活动偏离计划要求的偏差,如由于贷款利率上升,使企业投资成本上升,超出预算。因此,在采取纠正措施以前,必须首先对反映偏差的信息进行评估和分析。

偏差产生的原因一般有以下三个方面:

1. 外部环境发生重大变化。当组织的外部环境发生突变时,如战争的发生、国内政局的变化以及重大自然灾害等,组织原定目标和计划不能实现,对这类因素,管理者一般无法控制,只能在认真分析的基础上采取一些补救措施,调整组织的战略,应对挑战,以消除不利影响。

2. 计划执行不力。这是指由于计划执行者自身的原因而导致偏差的产生,如工作不认真,缺乏责任心,玩忽职守,能力不足,不能胜任工作等原因造成计划的执行产生偏差。

3. 计划不合理。有时在计划制订过程中,决策者的想法与实际不符,或者盲目乐观,制订出高指标的计划;或者是盲目悲观,制订出过于保守的计划。经过实践的检验,证明这两种情况都需要调整计划。如我国有些企业由于计划的不合理,盲目上大项目,使企业在短期内背上沉重的包袱,导致资金周转不灵而陷入被动或破产的境地。

(二)选择恰当的纠偏措施

针对产生偏差的主要原因,管理者在实际操作中可能会面临三种选择:一是按原计划执行;二是纠正偏差;三是修改标准。

如果偏差的性质是有利偏差或偏差的发生在可允许的范围内,管理者一般不必采取任何行动,可依照原计划继续后续的工作。如果偏差是不利偏差或偏差超过了可允许的范围,管理者就应该采取纠正行动。这种纠正行动可以从不同的角度实施,如调整组织的管理策略,调整组织结构,调整人事安排或重新分配员工的工作以及采取补救措施等。需要注意的是,管理者在采取纠正措施之前,首先要决定纠正措施的性质是应急还是一劳永逸,是治标还是治本。一般来说,如偏差十分严重,治本措施来不及,则应采用应急措施,待偏差引发的危机缓解后再治本;如偏差发生的原因清楚且有充足的时间标本兼治,则应当推行治本措施。当偏差表明其发生的原因是标准不合理,也就是标准过高或者过低时,管理者应该考虑修改标准。如节假日期间,我国铁路运力紧张,铁路部门认为原因在于客运价格过低,于是,铁路部门出台了节假日期间热点线路客运价格上浮的措施,修改了价格标准。在修改标准的问题上,管理者应把握这样的原则,当人们达不到标准时,人们总是迁怒于标准,认为标准不合理,这时管理者应做认真的分析,确认是否属实。如果标准是合理的,就应该坚持标准,并向下属做出解释,不迁就下属,否则应考虑变更标准。

任何纠偏措施都会在不同程度上引起组织结构、关系和活动的调整,从而会涉及某些组织成员的利益,不同的组织成员会因此而对纠偏措施持不同态度,特别是纠偏将对原先决策和活动进行重大调整时,会使某些人员失去某种工作机会,影响自己的既得利益,而极力抵制任何重要的纠偏措施的制定和执行。因此,管理者要充分考虑到组织成员对纠偏措施的不同态度,特别是要注意消除执行者的疑虑,争取更多人理解、赞同和支持纠偏措施,以避免在纠偏措施执行过程中可能出现的人为障碍。

【课堂讨论】
日本社会学家横山宁夫说:"最有效并持续不断的控制不是强制,而是触发个人内在的自发控制。"请问你是如何理解这句话的?

第三节 控制的方法

一、预算控制

(一)预算的概念

在管理控制中使用最广泛的一种控制方法就是预算控制。预算就是用数字编制未来某一个时期的计划,也就是用财务数字或非财务数字来预期的结果。我国与西方国家习惯所用的"预算"概念在含义上有所不同。在我国,"预算"一般是指经法定程序批准的政府部门、事业单位和企业在一定期间内的收支预计;而西方的"预算"概念则是指计划的数量说明,不仅仅是金额方面的反映。

(二)预算的种类

对一个组织来说,预算的种类和层次较多,既可以有整个组织的预算,也可以有部门、个人的预算;既可以有短期预算,也可以有长期预算。一般来说,预算可分为以下几类。

1. 经营预算。经营预算是指企业日常发生的各项基本活动的预算,它主要包括销售预算、生产预算、直接材料采购预算、直接人工预算、制造费用预算、单位生产成本预算、推销及管理费用预算等。其中,最基本和最关键的是销售预算,它是销售预测正式的、详细的说明。由于销售预测是计划的基础,加之企业主要是靠销售产品和劳务所提供的收入维持经营费用的支出和获利,因而销售预算也就成为预算控制的基础。生产预算是根据销售预算中的预计销售量,按产品品种、数量分别编制的。生产预算编好后,还应根据分季度的预计销售量,经过对生产能力的平衡排出分季度的生产进度日程表,或称为生产计划大纲,在生产预算和生产进度日程表的基础上可以编制直接材料采购预算、直接人工预算和制造费预算,这三项预算构成对企业生产成本的统计。而推销及管理费用预算包括制造业务范围以外预计发生的各种费用明细项目,如销售费用、广告费、运输费等。对实行标准成本控制的企业,还需要编制单位生产成本预算。

2. 投资预算。投资预算是对企业的固定资产的购置扩建、改造、更新等,是在可行性研究的基础上编制的预算。投资预算具体反映在何时进行投资、投资多少、资金从何处取得、何时可获得收益、每年的现金流量为多少、需要多少时间回收全部投资等。由于投资的资金来源往往是任何企业的限制因素之一,而对厂房和设备等固定资产的投资又往往需要很长时间才能回收,因此,投资预算应当力求和企业的战略以及长期计划紧密联系在一起。

3. 财务预算。财务预算是指企业在计划期内反映有关预计现金收支、经营成果和财务状况的预算,它主要包括"现金预算"、"预算收益表"和"预计资产负债表"。必须指出的是,前述的各种经营预算和投资预算中的资料,都可以折算成金额反映在财务预算内。这样,财务预算就成为各项经营业务和投资的整体计划,故亦称"总预算"。

综上所述,企业的预算实际上是包括经营预算、投资预算和财务预算三大类,是由各种不同的个别预算所组成的预算体系。

(三) 预算控制的缺陷

尽管预算是一种普遍使用的、行之有效的计划和控制方法,但它也存在一些不足之处。

第一,预算过于琐细会导致控制过严,从而束缚主管人员的手脚,使主管人员丧失管理的自主权和积极性。

第二,预算目标有时会取代组织目标。有些主管人员只把注意力集中在使自己部门的经营费用不超过预算,而忽视了自己的职责首先是要千方百计地去实现组织的目标,这是得不偿失的。

第三,预算的编制依据不足。预算的编制通常是在上一年费用的基础上按比例增减来编制预算,所以许多主管人员也常常以过去所花的费用作为今天预算的依据;同时他们知道在层层审批中,原来申请的金额多半是要被削减的,因而预算费用的申请数额总要大于它的实际需要数,这就造成了预算编制科学依据不足的问题,使预算成为掩盖懒惰、效率低下的保护伞。

第四,预算缺乏灵活性,这是预算的最大缺陷。组织面对的环境条件是不断变化的,而预算编制后则不再变更,这种差异将导致刚编制出来的预算很快就变得不适用和缺少灵活性。

为了克服预算的上述缺陷,管理人员在实际工作中有时会采取更可变的或更灵活的预算方式来进行控制,其中比较常用的是弹性预算和零基预算。

1. 弹性预算。为使预算适应将来可能出现变化的环境,在编制预算中必须注意预算的弹性问题。实行弹性预算的方法主要有两种:变动预算与滚动预算。

(1)变动预算是依成本、习性不同而将其分解的一种预算方法,即一部分费用与产量大小无关,是固定要发生的,称为固定成本;另一部分费用则随产量的变化而变化,即变动成本。由于预算期市场条件的变化,生产量可能要相应变动,这就需要相应调整变动成本(固定成本并不受影响)。根据不同的预期产量,编制变动成本不同的预算,这就是一种变动预算的方法。这种控制方法主要用于制造、销售等与产量直接有关的成本系统。

(2)滚动预算是先制定一定时期的预算,然后每隔一定时间就要定期修改以使其符合新的情况,从而形成时间向后推移一段的新预算。

2. 零基预算。在传统的预算方法中,人们确定某项职能的成本费用往往是以过去的实际支出为基础的,再根据新情况的变化,适当增加、减少或维持不动。但很可能是这笔费用支出的调整不适应实际情况的变化,甚至可能是原有的费用支出本来就是不合理的。零基预算就是在制定某个项目预算时从零起点开始其预算过程,即每次都是重新由零开始编制预算。这样可以打破原有的条条框框,避免不合理资源分配的延续,使预算更符合实际,更能适应情况的变化。零基预算的核心是预算工作不因循守旧,一切依据组织目标重新考虑。其优点是比较科学,有利于资金分配和控制支出。当然,零基预算也有缺点,即预算编制工作费时、费力、费用也高,而且在项目安排的次序上主观臆断。零基预算主要使用于营销、研究开发、人事、财务等部门,它的支出一般无硬性根据,主要是根据目标要求来灵活制定。

除了预算控制方法以外,管理控制工作中还采用了其他许多不同种类的控制手段和方法,我们统称为非预算控制。

二、非预算控制

(一)行政控制

行政控制是泛指借用行政手段监测、控制受控系统的方法,主要包括以下几种。

1. 亲自观察。亲自观察是一种最古老、最直接的控制方法,它的基本作用在于获得第一手的信息。作业层(基层)的主管人员通过视察,可以判断出数量、质量的完成情况以及设备运转情况和劳动纪律的执行情况等;职能部的主管人员通过视察,可以了解到文件是否得到了认真的贯彻,生产计划是否按预定进度执行,劳动保护等规章制度是否被严格遵守,以及生产程中存在哪些偏差和隐患等;而上层主管人员通过视察,可以了解到组织方针、目标和政策是否深入人心,发现职能部门的报告是否属实及员工的合理化建议是否得到认真对待,还可以从与员工的交谈中了解他的情绪和士气等。所有这些都是主管人员最需要了解的,却是正式报告中见不到的第一手信息。

2. 报告。报告是用来向负责实施计划的主管人员全面系统地阐述计划的进展情况、存在的问题及原因、已经采取的措施、收到的效果、预计能出现的问题等情况的一种重要方式。控制报告的主要目的是提供一种如必要即可用作纠正措施依据的信息。

对控制报告的基本要求是必须做到适时、突出重点、指出例外情况、尽量简明扼要。通常运用报告进行控制的效果取决于主管人员对报告的要求。管理实践表明,大多数主管人员对下属应当向他报告什么缺乏明确的要求。随着组织规模及其经营活动规模的日益扩大,管理也日益复杂,主管人员的精力和时间是有限的,因此,定期的情况报告也就越发显得重要。

3. 经营审计。审计是对反映企业资金运动过程及其结果的会计记录及财务报表进行审核、鉴定,以判断其真实性和可靠性,从而为控制和决策提供依据。

根据审查主体和内容的不同,可将审计划分为三种主要类型:

(1) 外部审计,即由外部审计机构选派的审计人员进行的对组织的财务报表及其反映的财务状况进行独立的评估。

(2) 内部审计,即由内部专职人员对本企业财务控制系统进行全面评估。内部审计工作为组织的上层主管人员提供了有效的控制信息,其任务在于保证组织所确定的方法和政策得到贯彻,保障其他控制形式的切实有效。

(3) 管理审计,即利用公开记录的信息,从反映组织管理绩效及其影响因素的若干方面将本组织与同行业其他组织或其他行业的著名组织进行比较,以判断组织经营与管理的健康程度。反映组织管理绩效及其影响因素的主要指标有:经济功能、组织结构、收入合理性、研究与开发、财务政策、生产效率、销售能力和对管理当局的评价等。

4. 企业诊断。企业诊断就是由有关专家对企业经营的诸方面或某一特定方面进行调查分析,找出存在的问题,提出解决问题的建议等一系列活动。企业诊断有利于深入分析研究一些问题,摸清产生问题的根源,从而为采取有力纠正措施提供可靠依据。

(二) 经济分析

利用管理经济学和管理会计所提供的一些专门方法对实际系统进行经济分析是管理控制的重要手段。比率分析和盈亏平衡点分析是经济分析常用的两类方法。

1. 比率分析。单个地去考虑反映经营成果的某个数据往往不能说明任何问题。比如,企业本年度赢利 100 万元,某部门本期生产了 5 000 个单位产品,或本期人工支出费用为 85 万元,这些数据本身没有任何意义。只有根据它们之间的内在关系,相互对照分析,才能说明某个问题。比率分析就是将企业资产负债表和收益表上的相关项目进行对比,形成一个比率,从中分析和评价企业的经营成果和财务状况。

对企业的经营活动状况进行分析,常用的比率有两大类,即财务比率和经营比率。前者主要用于说明企业的财务状况,后者主要用于说明企业的经营状况。

(1) 财务比率。财务比率及其分析可以帮助我们了解企业的偿债能力和赢利能力等财务状况。企业的财务状况反映了企业运行的整体状况,通过对财务状况的分析,可以了解企业资金利用效果,了解企业的赢利能力,了解企业的支付能力和清偿债务的能力。常用的财务比率有以下几种。

① 评价企业赢利状况和获利能力的比率:

第一,销售利润率。它是企业所实现的利润总额同销售(营业)收入总额的比率,主要反映企业生产经营活动的效益,是企业分析与衡量赢利水平的最基本的指标。其计算公式是:

$$销售利润率 = \frac{利润总额}{销售(营业)收入总额} \times 100\%$$

第二,成本费用利润率。它是利润总额与成本费用总额的比率,主要反映企业投入

或耗费所带来的效益。其计算公式是:

$$成本费用利润率 = \frac{利润总额}{成本费用总额} \times 100\%$$

第三,资本金利润率。它是企业利润总额与企业资本金总额的比率,主要反映企业自身投资所带来的效益水平。其计算公式是:

$$资本金利润率 = \frac{利润总额}{资本金总额} \times 100\%$$

②评价企业偿还债务能力的比率:

第一,流动比率。它是企业的流动资产与流动负债之比,主要反映企业偿还需要付现的流动债务的能力。一般来说,企业资产的流动性越大,偿债能力就越强;反之,偿债能力则弱,这样会影响企业的信誉和短期偿债能力。其计算公式是:

$$流动比率 = \frac{流动资产总额}{流动负债总额} \times 100\%$$

第二,速动比率。它是流动资产和存货之差与流动负债之比。该比率和流动比率一样是衡量企业资产流动性的一个指标。当企业有大量存货且这些存货周转率低时,速动比率比流动比率更能精确地反映客观情况。其计算公式是:

$$速动比率 = \frac{速动资产总额}{速动负债总额} \times 100\%$$

第三,资产负债率。它是企业总负债与总资产之比,主要反映企业所有者提供的资金与外部债权人提供的资金的比率关系,也是企业偿还债务能力的晴雨表。一般来说,资产负债率越小,企业的偿还能力越强,债权人的风险越小。其计算公式是:

$$资产负债率 = \frac{负债总额}{全部资产总额} \times 100\%$$

(2)经营比率。经营比率也称活力比率,是与资源利用有关的几种比例关系,它们反映了企业经营效率的高低和各种资源是否得到了充分利用。常用的经营比率有三种:

①库存周转率。库存周转率是销售总额与库存平均价值的比例关系,它反映了与销售收入相比库存数量是否合理,表明了投入库存的流动资金的使用情况。

②固定资产周转率。固定资产周转率是销售总额与固定资产之比,它反映了单位固定资产能够提供的销售收入,表明了企业资产的利用程度。

③销售收入与销售费用的比率。这个比率表明单位销售费用能够实现的销售收入,在一定程度上反映了企业营销活动的效率。

2. 盈亏分析。盈亏分析又称量本利分析。"量"是指产量(或销量)。"本"是指成本,包括固定成本和变动成本,固定成本是在一定范围内与产量的增减无直接关系的费用,如办公费用等;变动成本是随产量的变化而呈正比例变化的费用,如主要原材料费用等。"利"是指利润。盈亏分析就是根据产量(或销量)、成本和利润三者之间的相互依赖关系,对企业的盈亏情况进行分析的一种方法,是企业在进行经营决策时经常采用的一种控制方法。

在盈亏分析中,盈亏平衡点是一个最主要的分析指标和控制指标。企业的目标是追求利润最大化,而其基本是要保证企业不出现亏损状况,即要能保证盈亏平衡。假设企业投入的成本为 C,其中固定成本为 F,产品的单位变动成本为 v,产品销售的单价为 p,

则企业的保本点产量 Q^*,即盈亏平衡点,可用如下公式表示:

$$Q^* \frac{F}{P-v}$$

企业在做计划或进行控制时,要以盈亏平衡点为依据,尽量使企业的生产能力达到平衡点之上,这样才能保证获得预期的利润目标。

随着时代的发展,重视市场机制与文化机制的现代新型控制方法应运而生,主要包括市场控制与社群控制。

(三)市场控制

市场控制是指在企业内部管理的过程中,借用市场机制与市场价值体系进行评估与控制的方式。在企业内部的管理中,将市场机制引进来,直接使用市场竞争中的一些指标对企业内部部门或个人进行评价;模拟市场交易机制,使企业内各部门之间提供产品或服务的过程转换为以市场价格为媒介的市场交易行为。

具体说来,可以在企业内部建立从公司最高层到各部门层次再到管理者与员工个人层次的分组控制体系。公司高层通常采用盈利率、市场占有率等市场指标对部门进行控制与评价。为了有效控制各部门与其职能的高效运行,可以借鉴市场交易机制的运行,对内部各部门之间提供的产品或服务,参照市场价格制定内部转移价格或称内部结算价格,而对个人层次上的市场控制,则可通过人才市场的价格与同绩效挂钩的奖酬体系衡量员工价值来对员工加以控制。

(四)社群控制

社群控制是指以一定文化为基础,一定的社会群体依靠共同价值和群体规范引导与约束其成员的一种社会控制方式。

在进行社会控制时,一般要遵循几个基本要求:一是组织文化是社群控制的基础,社群控制要借助组织文化来实现对组织及其成员巨大的导向与规范作用;二是授权赋能是社群控制的必要条件,要激励员工运用判断能力,自主地、负责地、灵活地处理工作;三是建立自我指导型团队;四是实行实时控制,要使每个成员都能独立自主地、随时处理各类问题。

【本章小结】

控制是指对组织内部的管理活动及其效果进行校正,以确保组织目标以及为此拟订的计划得以顺利实现的管理活动。

管理控制活动可以从不同的角度进行分类:一是按照控制活动切入位置,分为事后控制、现场(过程)控制和事前控制。二是按照控制力量的来源,分为外在控制与内在控制。

控制的过程都包括三个基本的环节:确立标准、衡量工作成效、纠正偏差。控制标准可以分为定性标准和定量标准两大类,其确立要符合基本的要求。确立标准首先要选择控制对象,然后要选择控制重点。常用的建立标准的方法有统计方法、经验评估法、工程标准法三种。

衡量工作成效时有三个问题要明确:一是衡量的要求;二是衡量的内容;三是衡量的

方法。常用的衡量方法有口头汇报、书面汇报、亲自观察和借助信息技术获取信息。

常用的控制方法有预算控制和非预算控制。预算控制包括经营预算、投资预算、财务预算、弹性预算、零基预算等。非预算控制包括行政控制、经济分析、市场控制、社群控制等，其中常用的有亲自观察、报告、经营审计、企业诊断、比率分析、盈亏分析等方法。

【复习思考题】
1. 试述控制与计划的关系。
2. 控制的类型有哪些？
3. 控制标准的形式有哪些？
4. 衡量工作成效的方法有哪些？
5. 试分析控制过程的步骤。
6. 非预算控制的方法有哪些？

【案例分析】

海尔的用人机制

海尔的成功也是海尔用人理念和制度的成功，海尔成功地建立了公司的监控体制和激励体制。

海尔总裁张瑞敏指出，干部必须接受监督制约。所谓"用人不疑，疑人不用"在市场经济条件下是一种反动理论，是导致干部放纵自己的理论温床。封建社会靠道德力量约束人的行为，如"忠义""士为知己者死"，市场经济则依靠法制的力量，所谓的道德约束和自身修养往往屈服于利益。所以必须要有监督制约机制，必须引入控制机制。企业越爱惜人才、爱惜干部，就越要加强监督。张瑞敏认为，企业领导的主要任务不是去发现人才，而是建立一个可以出人才的机制，更重要的是控制这个机制健康持久的运行，这才是保证企业长久生命力的方法。

根据上述思路，海尔建立了一系列的规则，包括三工并存、动态转换制度，在位监控制度，届满轮流制度，海豚式升迁制度，竞争上岗制度和较完善的激励机制。所谓在位监控和自我约束有两方面内容，一是干部主观上要能够自我控制，自我约束，有自律意识；二是作为集团要建立控制体系，控制工作方向和工作目标，避免犯方向性错误，控制财务，避免违法乱纪。因此，海尔集团建立了较为严格的监督控制机制，任何在职人员都要接受三种监督，即自检、互检和专检。干部的考核指标分为五种：一是自清管理；二是创新意识及发现解决问题的能力；三是市场美誉度；四是个人的财务控制能力；五是所负责企业的经营状况。对这五项指标赋予不同的权重，最后得出评价分数，分为三个等级。每月考评，工作没有失误但也没有起色的干部也被列入批评之列。在这种严格的控制机制下，海尔的员工无时不感受到一种巨大的压力。届满轮流制度是指只要在一定的岗位上任期满后，由集团根据总体目标并结合个人发展需要调到其他岗位任职。其原因是海尔内部发展并不平衡，内部企业之间有差距，那些原地踏步的干部没有目标，看不到自己与竞争对手之间的差距。通过这种规则，海尔不仅可以培养一批眼光长远、能把握全局的"多面手",而且可以使企业的干部保持鲜活的竞争状态,最大限度地挖掘员工的潜力。所谓三工转换制度,是指海尔实行"三工并存"、动态转换的控制制度。"三工"是指在全员合同制基础上把员工分为优秀员工、合格员工和试用员工三种,根据工作态度和效果,三种身份可以动态转化,"今天工作不努力,明天努力找工作"。三工动态转换与物质待遇挂钩。在这种用工制度下,工作努力的员工可以及时转换为合格员工或优秀员工,同时也意味着如果员工一天不努力工作,就可能需要十天、百天甚至更长的时间来弥补过失,就会由优秀员工转换为合格员工或试用员工,甚至丢掉岗位。海尔的这种人才控制机制使海尔不断成长与壮大,伴随海尔取得了一个又一个奇迹。

资料来源:徐剑:"管理案例分析",新浪博客,blog.sina.com.cn,2009-04-07。

思考题:

1. 如何在放权与控制机制之间找到最佳结合点?
2. 张瑞敏是如何建立海尔的人才控制机制,从而使责、权、利有机结合起来的?

【实践训练】

实训目的:

使学生培养监督控制活动过程的能力。

实训内容与方式:

在调研的基础上,运用创造性思维策划一项活动,制订计划书并组织实施,最后对实施效果进行考核。

实训成果:

每个学生都要起草一份策划书,选出最优策划书或计划书;老师和学生共同评选出实施效果较好的活动。

第十一章 创 新

【学习目标】
1. 了解创新的内容;
2. 了解管理创新的基本内容和组织工作;
3. 掌握创新的过程。

【案例导入】

企业生命力源自自主创新——吉利控股集团

浙江吉利控股集团有限公司是中国汽车十强中唯一的民营轿车生产经营企业。1997年进入轿车领域以来,在党和国家领导的情切关怀下,在地方政府各部门的大力支持下,凭借灵活的经营机制和持续的自主创新,吉利控股集团取得了较快的发展,资产总值超过90亿元,连续三年进入中国企业500强,连续两年进入中国汽车行业十强。

一、多种渠道培育企业创新力

浙江吉利控股集团有限公司现有员工7 998人。其中工程技术人员1 088人,占总人数的12.6%;大专以上868人,占79.8%;工程师以上中高级技术人员495人,占49.1%。公司投资数亿元建立了吉利汽车研究院,总部设在临海,现拥有整车内外部造型、车身设计、底盘设计、有限元分析、快速成型加工、试制试装、整车和零部件试验、情报分析和标准化等研究开发能力;在杭州、上海建有分院,承担造型设计、整车匹配等研究开发工作;在宁波、上海建有发动机研究所和变速器研究所,承担吉利轿车动力总成的开发。在上海、临海、路桥、宁波四地建有与生产紧密联系的技术部门,负责将研究开发成果转化为批量生产的商品。2005年投入研发经费3.6亿元,占销售收入6.53%以上。2005年,吉利汽车研究院被评为省级高新技术研发中心和国家级技术中心。2006年,经国家人事部批准,吉利汽车研究院设立了博士后科研工作站。

浙江吉利控股集团有限公司十分重整合各种社会资源进行自主创新,先后与韩国大宇国际、意大利汽车项目集团、德国吕克公司、韩国底派克公司、中国台湾地区的福臻公司和元创公司等国际知名汽车设计公司进行交流和技术合作;与国内高水平院校和院所有着密切的合作和联系,获得了最新、最有力的技术和信息支持。例如,与上海同济大学联合开发混合动力和柴油动力技术以及可提升驾驶舒适度和整车电气系统水平的网格车身技术等。

二、创新取得丰硕成果

浙江吉利控股集团自进入汽车领域以来,面对跨国公司强大的技术封锁和市场垄断,针对国内轿车市场的实际特点,制定了自己的发展战略,即"从最简单的技术着手,从人才培养着手,从零部件体系建设着手,从标准、规范着手;先把低端市场做好,然后进入中级轿车市场;先把国内市场做好,逐步走向国际市场;逐步积累自己的研发能力,不断形成核心竞争力,最终实现三分之二产品出口的目标";制定了实施上述战略的技术路线,即"借鉴日本和韩国优秀企业的技术成果,结合中国汽车工业50年发展的经验教训,总结吉利十年来自主研发、大胆创新、艰苦创业、不断积累的实践,形成有吉利特色的汽车工业发展的技术路线"。

公司成立初期,为在激烈的市场竞争中生存和发展,必须走"自主创新、自主研发、自主知识产权"的道路。经过近十年的不懈努力和拼搏,吉利控股集团取得了一些成果。现拥有各类专利126项,其中发明专利13项,正在办理的专利有数百项。自主开发并产业化的MR479Q、MR479QA发动机、EPS电动助力转向、吉利自由舰车型、吉利金刚车型、FC-1车型、吉利Z系列自动变速器、4G18vvt-i发动机等项目已经通过了省部级以上科技成果鉴定。吉利拥有上述所有产品的完全知识产权。2001年批量上市以来,累计销售各类吉利轿车50多万辆,出口2万多辆,销售的所有产品均属于自主创新的产品。

三、自主创新历程

浙江吉利控股集团有限公司的发展到目前为止已经经历了三个阶段,实施了三个战略创新。

第一阶段,1998年到2003年,以价格取胜战略。当时国内轿车市场上经济型轿车的价格在10万元左右,吉利轿车以5万~7万元的价格进入市场,打破了轿车市场已有的格局,为轿车进入老百姓家庭做出了直接的贡献,也为吉利汽车跻身国内轿车市场前列奠定了基础。

第二阶段,2003年到2005年,以质量取胜战略。2003年下半年,国家开始宏观调控,汽车行业特别是轿车行业井喷之后的市场大幅度回落,一些企业处于产销低迷状态。吉利集团抓住这个时机,迅速做出进行战略调整的决策,取消了原有的建设项目,开始企业内部流程再造和信息化建设,对各基地布局进行重大整合;利用新产品自由舰的生产准备过程,投资数亿元对宁波基地实施了大规模的技术改造,使冲压、焊装、涂装、总装四大工艺水平和现场管理水平均达到国内一流企业水准;实施精致工程和用户满意工程,狠抓产品的内在质量和用户的感知质量改进,使现有产品的质量水平得到全面提升。

第三阶段从2004年开始,全面创新战略。在技术创新方面,以"以我为主、以创造新市场、创造新机会、创造新价值"为原则,整合国内外资源,在消化吸收国际汽车成熟技术和公开技术的基础上进行再创新,快速开发具有国际先进水平的、拥有完全知识产权的、填补国内空白的零部件、电子电器产品和整车产品,形成新的竞争优势。在管理创新方面,吸收优秀的管理思想,进行企业内部流程再造和内部市场化的尝试,创造出"3+3"滚动订单管理办法,降低了企业的资金占用,提高了对市场的快速反应能力;投资上亿元推进实施基于SAP软件的ERP系统、具有强大支持功能的售后服务信息系统、工作流和绩效考核为一体的CPC协同商务系统和PDM等信息系统,形成管理的标准化和规范化体系。其中,临海基地的ERP项目获得了"2006年浙江省企业管理现代化创新成果"一等奖,被推荐为全国企业管理现代化创新成果一等奖候选项目。在制度创新方面,建立了对人员资格、资历、资质实施动态管理的"三资"体系;创建了员工从技术、管理、技能和经营方向发展的四大通道;形成了物质激励为基础、精神激励为导向、晋升激励为支持的激励三角形;推进了"充分授权、有效监督、考核清晰、赏罚分明"的神经管理;形成了以共同的价值观为基础、尊重个人兴趣和特长、满足不同薪酬体现方式需要的以感情和事业留人、用人的机制。

此外,公司在营销创新方面创造了"用户至尊、网络至上"的营销理念;在采购创新方面实现整车零部件100%国产化,彻底摆脱受制于国外列强的被动局面;在人力资源开发创新方面,启动全员整体素质提升培训工程;在企业文化创新方面,2006年,吉利提出了"艰苦创业、快速创新、全面创优"的经营方针。

浙江吉利控股集团有限公司按照"总体跟随、局部超越、重点突破、招贤纳士、合纵连横、后来居上"战略思想制定出"十一五"发展规划。

到2010年,吉利汽车整车产能将达到100万辆;国内销售65万辆,海外销售25万辆。

到2010年,吉利汽车将拥有以左、右舵兼顾,满足各国法规和消费习惯的、以经济型轿车为主向两头延伸的两厢、三厢、SUV、SRV等15个系列整车车型;将拥有满足当时国内、国际排放等法规要求的汽、柴油兼顾的8个系列发动机;将拥有6款MT手动变速器,6款AT自动变速器,3款ECVT无级变速器;开展混合动力轿车研发和吉利方程式赛车项目,上述产品规划概括为158663ES。

到2010年,把吉利汽车建成为中国汽车自主品牌的主力品牌,经济型轿车的首选品牌;国内市场占有率达到8%,轿车销售排名进入前六名,在经济型轿车排名保二争一;国际市场开拓有重大突破;到2015年,把吉利汽车建成为国际知名品牌;国内市场占有率保持在10%,国际市场占有率达到2.5%,进入中国汽车行业前五名;产品2/3出口,实现让吉利汽车走遍全世界的目标。

中国的汽车工业要改变现在的局面,必须高举自主品牌的大旗,需要一批尊重知识、尊重技术、敢于创新、大胆实践、能与国际汽车大公司抗衡的自主品牌企业,需要一批有自强不息精神的、有中华民族基因的、有灵魂的自主品牌企业,浙江吉利控股集团希望能成为中国汽车自主品牌的主力军。

资料来源:中国网,www.china.com.cn,2007-02-05。

问题:
1. 吉利控股集团在哪些方面进行了创新?
2. 吉利控股集团的股创新分几个阶段?

第一节 创新概述

一、创新的含义

创新,顾名思义,是指创造新的事物。《广雅》:"创,始也";新,与旧相对。创新一词出现很早,如《魏书》中有"革弊创新",《周书》中有"创新改旧"。同创新含义相近的词汇有维新、鼎新等,如"咸与维新""革故鼎新""除旧布新""苟日新、日日新,又日新"。

创是始的意思,所以创造不是后造,而是始造。创造和仿造相对。通常说创造,含有造出了一个前所未有的事物的意味。说创新,大致有两种意味。一种意味是创造了新的东西,这和创造实际是同一个意思;另一种意味是本来存在一个事物,将它更新或者造出一个新事物来代替它,因此,创新中包含了创造。但创造不可能凭空而起,新的创造一般是建立在原有的事物或其转化的基础上,包含了对原有事物的创新,因而创造中又包含了创新。人类的创造创新可以分解为两个部分:一是思考,想出新主意;二是行动,根据新主意做出新事物,一般是先有创造创新的主意,然后有创造创新的行动。创造和创新还有一种特定的含义,即创造创新学术界主流的术语定义,创造是指想新的,创新是指做新的。英语中"Innovation"(创新)这个词起源于拉丁语。它原意有三层含义:一是更新,就是对原有的东西就行替换;二是创造新的东西,就是创造出原来没有的东西;三是改变,就是对原有的东西进行发展和改造。

经济学家约瑟夫·熊彼特于1912年首次提出了"创新"的概念。创新是指人类为了满足自身需要,不断拓展对客观世界及其自身的认知与行为的过程和结果的活动。具体来讲,创新是指人为了一定的目的,遵循事物发展的规律,对事物的整体或其中的某些部分进行变革,从而使其得以更新与发展的活动。

人类所做的一切事物都存在创新,创新遍布人类的方方面面,如观念、知识、技术的创新,政治、经济、商业、艺术的创新,工作、生活、学习、娱乐、衣、食、住、行、通信等领域的创新,而不仅是指技术领域,尽管技术创新对人类的生产生活有决定性意义。企业全方面创新分为作为构成企业有机体的软系统的创新,包括战略创新、模式创新、流程创新、标准创新、观念创新、风气创新、结构创新、制度创新;作为企业不可或缺的基本要素的硬系统的创新,即人、财、物、技术、信息及其相关体系和管理的创新,如职责体系、权力体系、绩效评估体系、利益报酬体系、沟通体系的创新;通用管理职能的创新,包括目标、计划、实行、检馈、控制、调整六个基本的过程管理职能的创新和人力、组织、领导三个基本的对人的管理职能的创新;企业业务职能的创新,如技术、设计、生产、采购、物流、营销、销售、人力、财务等专业业务职能的创新。由于科技的普遍适用性、连续进步的显著性和发展的长期累积性,科技创新是推动人类进步的根本驱动力,所以研发通常是指技术研发。研发是创新成模的过程,研发功能是专门从事创新的功能。企业创新不仅是产品技术的创新,而是各个方面的创新,那么,企业的研发也不仅是产品技术的研发,而是涵盖各个方面的研发。

二、创新的基本条件

为使管理创新能有效地进行,还必须创造以下基本条件:

第一,创新主体应具有良好的心智模式。创新主体(企业家、管理者和企业员工)具有良好的心智模式是实现管理创新的关键。心智模式是指由于过去的经历、习惯、知识素养、价值观等形成的基本固定的思维认识方式和行为习惯。创新主体具有的心智模式一是远见卓识,二是较好的文化素质和价值观。

第二,创新主体应具有较强的能力结构。管理创新的主体必须具备一定的能力才可能完成管理创新。具体而言创新主体应具有:核心能力、必要能力和增效能力。核心能力突出地表现为创新能力;必要能力包括将创新转化为实际操作方案的能力以及从事日常管理工作的各项能力;增效能力则是控制协调加快进展的各项能力。

第三,企业应具备较好的基础管理条件。现代企业中的基础管理主要是指最基本的管理工作,如基础数据、技术档案、统计记录、信息收集归档、工作规则、岗位职责标准等。管理创新往往是在基础管理较好的基础上才有可能产生,因为基础管理好可以提供许多必要的准确的信息、资料和规则,这本身有助于管理创新的顺利进行。

第四,企业应营造一个良好的管理创新氛围。创新主体能有创新意识,能有效发挥其创新能力,与拥有一个良好的创新氛围有关。在良好的工作氛围下,人们思想活跃,新点子产生得多而快,而不好的氛围则可能导致人们思想僵化,思路堵塞,头脑空白。

第五,管理创新应结合本企业的特点。现代企业之所以要进行管理上的创新,是为了更有效地整合本企业的资源,以完成本企业的目标和任务。因此,这样的创新不可能脱离本企业和本国的特点。在当前的国际市场中,短期内大部分中国企业的实力比西方企业弱,如果以刚对刚则会失败,以柔克刚则可能是中国企业走向世界的最佳方略。中国企业应充分发挥以"情、理、法"为一体的中国式管理制度的优势和特长。

第六,管理创新应有创新目标。管理创新目标比一般目标更难确定,因为创新活动及创新目标具有更大的不确定性。尽管确定创新目标是一件困难的事情,但是如果没有一个恰当的目标,则会浪费企业的资源,这本身又与管理的宗旨不符。

第二节 管理创新的内容和方法

一、管理创新的内容

过去管理制度和管理模式的设计常常以规范人的行为、使人不犯错误为出发点,从而产生过多的管制和约束。这种过细过严的规则可能会窒息那些最初很难识别的新生事物的嫩芽,导致企业僵化,抑制首创精神和冒险精神。

知识经济是不断创新的经济,是不断产生新思想、新理念、新产品、新技术、新知识的经济,因而知识经济时代的企业应是创新型企业,应是个性化、活力化的企业,应不断创造与众不同并具有自己特色的东西,同时还应为每一位员工的创造才能的发挥创造良好的机制,鼓励冒险和大胆探索,积极创新,使人们能够插上丰富想象力、创造力的翅膀自由飞翔,让那些墨守成规怕犯错误而不冒风险的人没有立足之地。

管理创新是指组织形成创造性思想并将其转换为有用的产品、服务或作业方法的过程。也即,富有创造力的组织能够不断地将创造性思想转变为某种有用的结果。当管理者说到要将组织变革成更富有创造性的时候,他们通常指的就是要激发创新。

管理创新的内涵是:以价值增加为目标,以培育和增强核心能力、提高核心竞争力为中心,以战略为导向,以各创新要素(如技术、组织、市场、战略、管理、文化、制度等)的协同创新为手段,通过有效的创新管理机制、方法和工具,力求做到人人创新,事事创新,时时创新,处处创新。具体包括技术创新、战略创新、市场创新、管理创新、组织创新、观念与文化创新、制度创新、协同创新。管理创新是指企业把新的管理要素(如新的管理方法、新的管理手段、新的管理模式等)或要素组合引入企业管理系统以更有效地实现组织目标的创新活动。将有利于组织的管理创新的因素有以下三种,它们是组织的结构、文化和人力资源实践。

第一,从组织结构因素来看,有机式结构对创新有正面影响;拥有富足的资源能为创新提供重要保证;单位间密切的沟通有利于克服创新的潜在障碍。

第二,从文化因素来看,充满创新精神的组织文化通常有如下特征:接受模棱两可,容忍不切实际,外部控制少;接受风险,容忍冲突,注重结果甚于手段,强调开放系统。

第三,在人力资源因素中,有创造力的组织积极地对其员工开展培训,以使其保持知识的更新;同时,它们还给员工提供高工作保障,以减少他们因犯错误而遭解雇的顾虑;组织也鼓励员工成为革新能手,一旦产生新思想,革新能手们会主动而热情地将思想予以深化,提供支持并克服阻力。

管理创新包括管理思想、管理理论、管理知识、管理方法、管理工具、管理艺术的创新等。按功能的不同,可以将管理创新分解为目标、计划、实行、检馈、控制、调整、领导、组织、人力九项管理职能的创新。按业务组织系统不同,可以将创新分为战略创新、模式创新、流程创新、标准创新、观念创新、风气创新、结构创新、制度创新。按企业职能部门的不同,企业管理创新包括研发管理创新、生产管理创新、市场营销和销售管理创新、采购和供应链管理创新、人力资源管理创新、财务管理创新、信息管理创新等。

二、管理创新的过程及方法

(一)管理创新的过程

1. 发现及确认不满。企业利益相关者的不满主要表现在以下六个方面:①消费者对企业产品及服务的不满;②企业普通员工对企业薪酬制度、绩效考评制度及用人制度的不满;③企业所在社区对企业行为的不满,如环境污染等;④企业内部各部门之间出现的不满;⑤投资者对企业业绩的不满;⑥企业面临危机、挑战及运行上的问题时,会有许多利益相关者对现状感到不满。以上六种不满中,前两种是最主要的。以上六种不满一般来说都是容易发现的。但企业高层管理者有可能漠视它们的存在,尤其是对消费者的不满以及企业普通员工的不满。当企业在市场上处于强势地位时,这种情况更容易发生,这在很大程度上限制了管理创新的开展。

2. 寻找技术对策。为消除上述不满,企业需要进行管理创新及技术创新。由于管理创新是技术创新的先导,因此也可以认为消除上述不满的根本措施是管理创新。管理创新在技术上一般有三种选择,一是改革企业管理制度,如改革薪酬制度、用人制度等;二是引入成熟的管理技术,如流程再造、平衡记分卡等;三是企业自行进行创新,提出新的管理模式及管理技术。在前两个方面有着大量的成功范例可以借鉴。一般来说,企业管理创新在技术上也是以前两种为主。后一种是少数领先企业的行为,它的成功或者是偶然的,或者要经过长期的实践探索,因而不是多数企业努力的方向。也就是说,企业管理创新一般无须另辟蹊径,主要是根据自身情况引入成熟的管理制度及技术。当然,这并不表示管理创新从技术上来看是容易的,它需要对企业的具体情况有深入的了解,需要对引进的管理制度及技术进行调整以适应企业的具体情况,并与之很好地结合起来。

3. 分析权益关系。先进的管理制度及技术之所以不能够在多数企业中得到很快应用,主要是受企业内部权益关系的限制。法约尔曾言,企业中总是有一部分人想把自身利益凌驾于他人之上,这是人类持久的斗争。这表明企业内权益管理关系的调整是困难的,甚至是痛苦的,管理创新因此也是艰难的,甚至是痛苦的。可以这样认为,企业管理创新难不在于技术,而在于权益关系的调整。管理创新者在选择先消除或减轻何种不满,以及相应地引入何种管理制度及技术时,应充分考虑企业内部的权益关系。

4. 管理创新的实施及评价。一般来说,管理创新方案在实施过程中会遇到阻碍,在创新的成效没有充分显现出来之前,各个利益相关者的得失都不是很清晰,那些有可能失去较多的人会以各种借口反对。此时,企业高层领导的支持是至关重要的。另外,外部力量的肯定及支持也是很重要的。为确保创新能够顺利地推行,可以先选择影响范围较小,而且容易取得成果的项目进行创新,以尽早取得成效,赢得企业内部的肯定与支持。对管理创新的评价应坚持利益相关者评价的原则,只有相关的不满得以消除或减轻,才能确认创新成功。评价应注意时滞问题,在创新的成效还没有充分显示出来之前就进行评价是不恰当的。比如,管理制度创新的效果一般要两至三年才能显示出来。在此之前,完整地评价它是困难的。

(二)管理创新的方法

创新方法是以创新思维为基础,通过对创新活动的实践经验进行概括总结、提炼而得到的创新的机理、技巧和方法。目前主要流行的管理创新方法有以下几种:

1. 头脑风暴法。头脑风暴法又称脑力激荡法,是1938年美国BBDO广告公司负责人奥斯本首创的。这种创新方法的运作方式是组织一批专家、学者、创意人员等,以会议的方式共同围绕一个明确的议题进行讨论,共同思考,互相启发激励,借助与会者的群体智慧,引发创造性设想的连锁反应,以产生和发展众多的创意构想。

头脑风暴法一般分四个步骤进行:第一,交待背景。介绍所讨论问题的有关资料,明确讨论目的。第二,说明规则。这些规则包括:不做任何有关优缺点的评价;允许异想天开,自由奔放;追求创新构想的数量;鼓励在已有想法上综合修正、锦上添花等。第三,营造氛围。组织者应是善于启发且自身思维敏捷的人,应能使会议始终保持热烈的气氛,鼓励与会者积极参与献计献策活动。第四,综合评价。将各种设想整理分类,编出一览表,并挑出最有希望的见解,审查其可行性。

在具体操作头脑风暴法时应注意以下问题:①会议的主题应事先通知与会者,并附送必要的说明,以便与会者做好讨论的准备工作,收集确切的资料,按照正确的设计方向去考虑问题。②与会者以5~10人为宜,尽量避免行家过多的情况,因行家过多难免各抒己见,做出过早的评价,这样很难形成自由奔放的讨论气氛。③会议记录员最好安排两名,以防遗漏讨论中的重要内容。记录下的原始设想往往是进行设计综合和改善方案的备用素材,所以可将与会者提出的设想抄写在大家都能看到的演示板上。必要时,还应将所有的设想进行编号备用。④对与会者提出的各种设想最好不要在同一天进行评价,因为在热烈的气氛下与会者往往难以冷静思考各种设想的可行性。可以反复进行,直至最后形成切实可行的设计方案。因此,这一方法也被称为"三明治技巧"。

2. 戈登分合法。戈登分合法是通过同质异化,使熟悉的事物变得新奇(由合而分),或通过异质同化,使新奇的事物变得熟悉(由分而合)的一种类比方法。该方法是由美国哈佛大学教授 W. J. 戈登于1944年提出的,又称提喻法、综摄法、分合法等。

戈登分合法的步骤如下:第一,模糊主题。同头脑激荡法相反,主持人在会议开始时并不把研究目标和具体要求全部展开,而是将与设计课题本质相似的问题提出来讨论。第二,类比设想。由于提出的问题十分抽象,与会者可以凭想象漫无边际地发言。当随意提出来的想法中有利于接近主题时,主持人及时加以归纳,并给予正确的引导。第三,论证可行。将类比所得到的启示进行技术、经济等方面的可行性研究,并编制具体的实施计划。在新产品的开发和对现有产品进行改良设计时,戈登分合法对设计思维的提喻效果较为明显。比如,要研究改进剪草机的方案,主持人可由远及近,先提出"用什么办法可以把一种东西断开"与会者或提出用剪刀、剃刀、砍刀、刨刀等切断;或用手锯、钢锯、电锯等锯断;或用手或器具拉、拔、扯断等。之后,主持人明确宣布主题。通过讨论,可以考虑用理发推子的形式,或用旋转刀片的形式产生方案。如果一开始不是用"断开"这一抽象词,而是用"剪开",那么,人们的思路也许只会局限在刀具上。除使用刀具等物理方法外,还可考虑药物除草剂等化学途径。通过这种抽象的类比的方法所获得的启示往往会使创意领域更为广阔,更有深度。

3.6"W"设问法。6"W"设问法是根据6个疑问词从不同的角度检讨创新思路的一种设计思维方法,因这些疑问词中均含有英文字母"W",故简称为6"W"设问法。

(1)为什么(WHY)——即产品设计的目的。用来检讨设计目的中究竟想解决原有产品的缺陷,还是开发全新产品;是想提高效率降低成本,还是想保护环境适应潮流。

(2)是什么(WHAT)——即产品的功能配置。用来分析产品基本功能和辅助功能的相互关系如何,消费者的实际需要是什么。

(3)什么人用(WHO)——即产品的购买者、使用者、决策者、影响者。用来了解消费对象的习惯、兴趣、爱好、年龄特征、生理特征、文化背景、经济收入状况究竟怎样。

(4)什么时间(WHEN)——产品推介的时机以及消费者的使用时间。企业根据产品消费的时间,合理安排生产,把握好产品的营销策略,等等。

(5)什么地方用(WHERE)——产品使用的条件和环境。即针对什么样的地点和场所开发产品,有哪些受限和有利的环境条件。

(6)如何用(HOW)——消费行为。即如何考虑消费者的使用方便,怎样通过设计语言提示操作使用,等等。

在美国佛罗里达金色的海滩上,每年盛夏都聚满了来这里消暑度假的各地游客。人们在这里游泳,晒日光浴,观赏着大海的壮丽景色。然而,在嘈杂喧闹的背后却隐藏着令人担忧的环境污染问题——如何处置饮料垃圾。按照6"W"设问法的提示可以找出"游客""饮料包装""高温""需要保护的沙滩"等关键词。于是,用冰杯取代现有纸制或塑料软管饮料包装的绝妙创意应运而生。即使游客随手扔弃,冰杯也会在高温下和沙滩融为一体不留痕迹。在当今社会,保护生态环境、消除污染的"绿色设计"已经成为新的时尚和设计师的社会责任。

与6"W"设问法相似的设计思维方法还有奥斯本检核法和价值分析法等。6"W"设问法试图运用增加、缩减、置换、颠倒、改变的设计概念,进行多角度、多层次、多途径的逻辑变换,形成丰富的创新思维。6"W"设问体系是提高思维的严谨性与灵活性、培养概念综合化能力的最为简单而直接的方法。

4. 仿生模拟法。仿生模拟法是模拟生物系统的某些原理来建造技术系统,使人造技术系统具有类似于生物系统某些特征的一种设计思维方法。其研究范围包括机械仿生、物理仿生、化学仿生、形体仿生、智能仿生、宇宙仿生等。无论从功能性还是装饰性看,仿生模拟型设计思想并不是自然主义的,它包含着设计思维"举一反三"的素质,是创造性的初级形式。且不说人类之初创造人造工具的伟大业绩,就是一系列以自然和现实为启示的设计,不可能是自然物的重复和仿造。在功能方面,从雷鸣闪电到发电机的发明;从镭的发现到原子裂变的利用,其创造性的意义是不言自明的。在形式方面,从纸草到埃及神殿的雄伟柱廊;从飞禽走兽到希腊神话仿生模拟型设计是从模仿自然开始的。从发生学看,它是原始社会依赖自然的经济形式的衍生物。人类曾有一段使用天然工具的时期,当直接依靠双手和天然工具已不符合需求时,不得不创造了"人造工具"。他们首先从自然获取灵感,使人造工具具有与自然物(尖锐的兽爪、牙,锋利的蚌壳等)相似,但具有更为有效、更为持久的功能。这与当时的思维水平是相一致的。人类在发现和利用自然并改造自然的过程中也创造了人自己,特别是高度发达的大脑和自由的手,从而进一步在更高层次上改造和利用自然,模仿的水平也逐节上升。手工业时代创造的许多手工工具和用具虽然采用了简单的机械原理,但功能与人手的功能十分相似,多数至今还在使用,这一例子生动地反映了仿生模拟型设计思想的顽强生命力。在高科技时代,模仿的水平又有了长足的进步,直至模仿人脑智能的计算机以及机器人的出现,我们还是没有完全摆脱模仿的设计思想。在工业产品的内在结构设计上,功能仿生多于外形模拟。皮革市场上,用蛇皮、鳄鱼皮、玳瑁壳制造的坤包、钱包、皮带等产品的价格十分昂贵。该技术是先用塑料覆于真皮印出天然纹理,再在塑料模具上喷银浆使其导电,然后用适当的电镀液电铸,再为其镀上一层薄金。这样,一副压铸人造花纹的模具就成型了。更多的功能仿生则是根据生物系统的特点来捕捉设计灵感的。蝙蝠在飞行中能发出超声波以便避开障碍物,英国人凯依从中受到启发,设计出了带音响雷达的盲人指路仪;超音速飞机在高速运行中产生振动容易折断机翼,设计人员绞尽脑汁才想出在机翼前缘的远端设一个加强装置来改进,而蜻蜓翅膀的构造早在3亿年前就已解决了这一难题。人与自然本来就密不可分,大自然将无穷信息传递给人类,不断启发着人的智慧与才能。总之,仿生模拟型设计思想是排斥栩栩如生、重复自然的创造性设计思想,它虽然不是人类创造性的全部,却是开端和基础。

5. 扩图转换法。扩图转换法是运用扩散性思维,将图形或实物重新界定或加以引申转换成不同设计对象的一种设计思维方法。用6根火柴摆出两个对应的正三角形,要求移动3根变成4个大小相等的正三角形,或许你用不着5分钟就能准确地把它们摆出来。然而,同样是6根火柴,要你摆出3个大小相等的正三角形时,你却犯难了。因为要完成这样的智力题,必须从二维平面向三维立体飞跃。在设计的过程中,往往会遇到更多看似不可能却又实实在在有待解决的难题。设计师是设计思维的直接实践者。每一件创新产品的开发构想,每一种别出心裁的广告或包装设计,每一项不落俗套的艺术设计,都倾注着设计师对社会强烈的责任感。现代社会的大漩流正在不断地注入着各种新的源泉:自然科学的伟大发现,人类对宇宙及自身认识的改变,高新科学技术在生产中的投入,人类生活方式的新改变,我们生活的这个地球已经发生并正在发生关系人类生存的重大变化等。所有这一切都给设计师带来了新的使命——使人与周边的环境和谐共存,延伸人类的各种能力,提升人的生活品位。正因为如此,设计思维在指导设计师实现其成功艺术设计的创造性活动中发挥着越来越重要的作用。

6. 继承改良法。继承也有模仿的意味,但原型是前辈的创造物,并蕴含着批判的成分,是模仿加改良的设计思想。设计史上,每当相对稳定发展的时期,这种设计思想就会成为主导。一种风格或样式持续百年以上的例子在20世纪以前为数并不少。继承改良法设计思想的普遍性和持久性可以说是必然的。在历史平稳发展时期,人们的生活方式、欣赏习惯有相当顽固的持久性,因此,照祖宗家法办事是极为正常的。在历史转折时期,激进派向左、保守派向右的引导常常使继承型设计以折中的形式在夹缝中长存。因为处于中间状态的多数人更乐于接受和缓的改良,接纳剧烈变化则需要时间。例如中国近代服装史上,改良旗袍曾盛行数十年。旗袍原为满族妇女的服装,系直身的宽袍。20世纪20年代以后,经简化和改进,成为靠腰贴身的轻便女装,从普通妇女到上流社会都广为流行,20世纪三四十年代曾与欧化时装同时受到欢迎。新中国成立后崇尚朴素,欧化时装几乎在一夜间遭到鄙视,只有旗袍仍占有一席之地,甚至成为出国女服中最富有魅力和民族性的款式。从20世纪20年代到80年代,中国历史几经大起大落,但改良旗袍在服装中集民族性、时代感和女性化为一身,能为各种思想所接受,实为不多见的特例。

继承改良法设计思想不同于"复古主义",后者明显是保守、复旧的同义词。继承型强调批判的成分,反对照搬陈旧的,主张推出时代的和民族的。因为历史框架的转移、民族文化的演进,使今昔之间早已不能同日而语。中国在20世纪80年代的改革开放热潮中确实出现过"彩陶热""敦煌热""汉唐热""民间热",这是在"横扫一切"之后的复苏,是在闭塞以后的喷发,一旦走上正常轨道,这些热流都会汇入时代的大潮,以传统形式与现代形式杂糅的折中方式出现。

7. 新旧更替法。新旧更替法设计思想是认识论上的突变和跳跃,它总是伴随社会背景的重大变革而发生。例如,"法国大革命的爆发,促使服装款式发生急剧的变化。讴歌贵族文化达三百年之久的华丽、夸张的服饰受引发革命的平民百姓所唾弃,代之而起的是与他们所理想的社会极为相配的简朴服装,与夸示贵族社会富裕、丰饶、典雅、优美的款式有极大的差异,进而促使注重自由与平等的平民社会,漠视权势,确认了自然之美的价值。"如果说,继承—改良是缓慢的进化,那么,新旧更替法则是爆发式的革命。新旧更替法设计思想有显著的反传统性,往往指向与传统截然相反的方向。传统的设计思想总是和原有的生产关系相适应。在新旧转换时期,因为巨大的惯性使它不可能一夜间改弦易辙,所以总是矛盾重重。而少数先锋人物尽管有远见卓识,但也会受到保守思想的阻挠,于是,种种口号、纲领总是以"反传统"为旗帜,力图唤起社会的注意。例如,20世纪初功能主义的口号是"形式服从功能",与古典主义的"形式至上"是针锋相对的。同时,新旧更替法设计思想又有独特的新颖性。在司空见惯的大量传统设计面前,与之截然不同的新设计一旦出现,无疑是鹤立鸡群,引人瞩目。在1923年包豪斯的作品展览会上,"最为人乐道的展览品之一,是一所完全以包豪斯的设计建成的示范住宅。室内厨房废除了在中间装设一张大工作台及另设操作室的传统形式,而代以沿墙装设更具效率的柜台式工作台,上下都有储藏柜。今天,所有现代厨房实际上都采用这种'革命性'的设计"。新旧更替法设计思想也有不稳定性。正与它的第一个特点相联系,这种不稳定性来自两个方面:一是外来的压力。保守思想的抑制,使新的设计思想饱受磨难,以至出现起伏不定的过程。包豪斯在不长的历史中就曾受到指责,先是被迫迁校,后是被迫关闭,它的历史功绩在第二次世界大战以后才逐步得到承认。二是自身的不成熟。在完全没有先例的情况下,新设计难免是"摸着石头过河",同时,部分激进派也有着不太现实的理想。第一个使用玻璃幕墙的建筑师曾惨遭失败,因为室内像暖房一样的高温使人无法居住。只有在使用内墙隔热以后,玻璃幕墙的建筑才时兴起来。

8. 属性列举法。属性列举法是根据设计对象的构造及性能,按名词、动词、形容词等特性提出各种改进属性的思路,从而萌发新设想的一种方法。该方法由 R. R. 克劳福德教授提出。

属性列举法的步骤如下:第一,确定设计对象,分别按名词、动词、形容词列出其属性。名词属性是指材料、部件名称、整体、局部等,动词属性是指技能、动作、方式等,形容词属性是指形状、颜色、款式等。第二,对众多的属性进行分类整理,通过提问或自问产生特性联想。第三,推敲各种设想,找出最佳方案。与属性列举法相类似的设计思维方法还有缺点列举法和希望列举法。缺点列举法是找出现有产品的不足,通过改良达到创新目的的一种方法。以传统雨伞的改良设计构思为例。根据雨天风大易"翻花"的不足,进行支撑方式的改良构思;根据伞面遮挡视线的不足,考虑更换透明尼龙布的更新方案;根据公共场合下收拢的湿伞容易渍衣的不足,考虑在雨伞顶尖部附上集水器的改良方案;根据两人共用伞面不够宽的不足,开发一种方形扇面、可舒张的"风琴伞";根据两人个头高矮不一易湿衣的不足,开发层高不同的"情侣伞";根据骑车使用不方便的不足,开发"帽型伞"等。希望列举法则是针对人们对未来产品的愿望,选择突破口,从而获得突破的一种创新性思维方法。仍以伞为例,能否利用伞面做"太阳灶",接收太阳能,以供旅游野炊用?能否在手柄中装上水银电池,供雨夜照明使用?能否在伞面上抹上一种发光材料,反射出红、黄、蓝光线,成为既有观赏价值又有警示功能的"彩虹伞",等等。

第三节 中国企业的管理创新

一、管理创新的必要性

企业内在的环境是指企业自身的各种内部因素。如果说外部环境对企业来说是一种影响作用,那么,内部环境对企业来说则是一种不可替代的决定作用。同时,内部环境也处于一种不断变化的状态,这种变化同样要求我国企业进行管理创新。例如,库存是企业生产运作一项必不可少的环节,如果库存管理制度不能视情况而定,则要么付出不必要的成本,要么影响生产,导致流水线的停工。所以,内部管理制度也是一定要软化的,根据内部环境、条件的不同而随时采取相应的措施。企业如同生物体的细胞,不是孤立存在的,并且它的生存和发展还必须紧密依赖外在环境的变化。近几十年来,企业所处的政治、经济、科学环境发生了巨大的变化,不能再用一成不变的制度管理企业,否则企业必将被错综多变的外部环境所淘汰。举一个很简单的例子,现在的超市都是用电脑结算,顾客不必等很长时间,收银员也比较轻松。但如果某个超市仍采用20年前商店的收款方式,要收银员用算盘一项一项地算,那这家超市恐怕是无人问津的。

20世纪末,企业面临的市场竞争更加激烈,并呈现以下新的特点:一是随着市场开放程度的加强,世界统一市场的逐步形成,任何行业均存在一两个具有顶级竞争优势的大企业,处在此行业的任何一个企业都必须紧跟领先企业的步伐,否则会被市场淘汰;二是具有超前的观念、新型产品、先进的管理方式的新企业层出不穷,这种颇具竞争力的企业使竞争形势变得更加严峻;三是彼此之间是竞争对手的企业,在某一方面又可能需要成为战略联盟;四是加入世界贸易组织后,国际市场上企业之间的竞争往往会涉及国家利益,因此企业之间的竞争可能转化为国家利益与实力的竞争,政府行为会介入企业竞争之中,使企业竞争环境变数增多。

现在的员工自我实现需求特别强烈。根据马斯洛的需要层次理论,人有五种需要,从低到高分别是生理需要、安全需要、社会需要、尊重需要、自我实现需要。"经济人"的假设仅仅为了满足人的生理需要,而"社会人"的假设最多也只满足到人的社会需要。如今,现代人追求的是一种自我实现的需要。人首肯的是自己的能力,认为自己在现代社会中有一席之地,这种"天生我材必有用"的想法促使现代人有一种自我表现的欲望,并希望通过自己的努力得到周围人的认可。在现代人这种自我实现需要的影响下,企业管理制度也必须有逐渐软化的趋势。如果还是以一种硬制度强制员工的行为,员工则要么消极怠工,要么抗议,甚至跳槽,对企业的发展是没有任何促进作用的。正是由于需要引发动机,动机又决定行为,如此看来,只有满足了员工的需要,才能促使员工真正地发挥才干,为企业服务。

随着社会主义市场经济体制改革的逐步深化,部分企业的市场意识有所增强,逐渐转变了市场营销观念,以产定销转为以销定产,能够根据市场需求为顾客提供标准化产品,其生产决定以满足顾客需求为目标。然而,随着市场细分的日益深入,主权消费意识的逐渐加强,企业与客户的关系也发生了变化,客户需要更加即时的、个性化的产品与服务。顾客在进行消费时,不会区分国企、私企抑或是外企。"快捷"与"顾客满意度"成为现代企业经营的重要评判标准。这必然要求企业在经营管理上进行创新。

在企业面临的众多变化中,科技进步的变化最有威力,因为它将导致企业产品的生命周期变短。一些企业若跟不上技术进步的步伐就会被淘汰。科技的进步对管理主体形成强有力的挑战:大部分产品的生命周期有明显缩短的趋势;技术与信息贸易的比重增大;劳动密集型产业所面临的日益加大的压力使我国劳动力费用低廉的优势逐步减弱;流通方式向更加现代化的方向演进;对社会组织的领导结构和人员素质提出了更高的要求。上述种种都要求进行管理创新,通过创新,适应变化,迎接挑战。

二、如何提高企业管理创新的能力

随着知识经济的不断发展和经济全球化进程的不断推进,广大企业已经越来越意识到自主创新与自身的可持续发展紧密相关。只有不断强化企业自身的创新意识,真正建立以企业为主体、以市场为导向、产学研相结合的技术创新体系,才能形成企业长期的竞争优势。一方面为股东、员工、客户、社会创造价值,实现相关者利益最大化目标,另一方面树立企业的核心价值观,以赢得国内乃至全球客户的尊重和信赖,尊重和发挥团队和个人的价值,尊重企业和个人的荣誉,不断追求更高的目标。

由于企业自主创新所需资金量大、投资时间长、收益不确定,所以企业要加大对自主创新的投入,提高自主创新能力,就应该建立良好规范的企业经营管理机制和组织形式,从组织结构、财务决策与监督、财务信息披露等方面下大功夫,完善企业财务决策与监督机制,奠定企业开展自主创新的良好治理基础。

企业的核心科技人才是实现自主创新的重要条件。近年来,我国企业平均研发投入虽然不断增加,但仍远低于发达国家的投入水平,这在一定程度上使科研基础条件薄弱,无法引进和留住顶尖的科技人才;科技人才收入差距不大且相对较低,激励形式单一,也造成科技人才缺乏创新动力。因此,建立科学合理的企业内部激励机制是激发科技人才创新热情的重要制度保障。其一,要从制度上保障研发投入,改善科研基础条件。其二,对核心科技人才实行科学合理的薪酬激励机制,增强科技人才的创新动力,促使核心科技人才的努力目标与企业的总目标一致。华为等高科技企业均采用薪酬激励机制来引进和激励核心科技人才,有力地促进了企业的发展,其做法和经验值得我们研究。其三,建立常态的培训机制,为企业培育高水平的科技人才。企业每年应根据培训经费预算,以讲座、学术会议、短期培训和学历教育等形式,有计划地安排科技人才学习,以形成企业持续的创新源泉。其四,建立合格的职位晋升机制,选拔管理型的科技人才。除了保障核心技术人才的薪酬待遇与学习机会外,企业还应给核心科技人才相应的职位晋升空间,激励他们在更高层面上引领研发团队的创新工作。

企业应积极开展有利于自主创新的对外合作方式,提高自主创新效率。其一,合作研发。合作研发的形式主要有校企合作研发与企业之间的合作研发、国内合作研发与国际合作研发等。合作研发有利于降低研发成本,分散研发风险;合作研发还有利于实现技术设备、科技人才等研发资源互补,缩短研发周期。针对我国不少企业资金不足和科技人才紧缺的情况,采取合作研发既能融资又能掌握核心技术,应是企业的重要研发组织形式。其二,技术收购。国际金融危机使一些掌握尖端技术的世界品牌企业面临破产,这为我国相关企业加快技术转型创造了机会。广大企业应根据企业发展实际,有针对性地展开对掌握核心技术的世界品牌企业的技术收购。应该看到,通过收购获得核心技术并加以消化吸收再创新,是提高自主创新能力的一条便捷途径。

【阅读材料】

青岛海信集团的技术创新

我国某些企业存在一种共同现象,在没有创新技术和创新产品时,千方百计去寻找、去挖掘、去引进,一旦有所收获,很快就会满足于现状,然后这个创新技术和产品就往往一成不变,不再有任何技术完善,也不再趁着好时机推出其他创新技术和产品,一直到这个创新技术和产品被别人的技术和产品超越,不再有竞争力了,企业才会如梦方醒,然后又开始新的一轮寻找创新技术和产品的过程,如此循环往复。回首改革之后那些曾经昙花一现的企业,其崛起与沉沦很多都是由于同样的原因。我们的企业由计划经济环境中的鲜有创新到今天的一次创新或单一产品创新,应该说毕竟向前迈进了一步。但是,今天我们面临的竞争是没有国界的竞争,我们的竞争对手是那些可以让创新产品像自来水一样供给市场的世界优秀企业,如果我们不能由产品的一次创新进步到不断创新、持续创新,不能由单一创新产品进步到系列创新产品,我们何以保证自身在竞争中立于不败和取得持续发展呢?

在这个方面,青岛海信集团创立的面向市场的研究开发战略给我们提供了经验。这个战略包括了三个方面的内容:

1. 应用一代,就是为了今天的市场——着眼于满足今天的市场需求,充分发挥技术成果应有的市场效果。这是海信人研究开发的着力点,因为他们深知,只有把握今天,才能拥有明天,拥有未来。在这个层次上,他们是通过集团技术中心同各个子公司之间根据当前市场的需要订立委托开发合同的形式,或者由公司开发机构同技术中心合作研制的方式进行的。其目的主要是为了今天的市场;其特点和基本要求是:市场分析判断准确,技术开发反应快捷。

2. 开发一代,就是为了明天的市场——着眼于预研性成果的开发、转化及市场新的走势与动向。海信人同样深知,明天就是今天的延续,如果不能预见明天消费者的需求,不断开发出能够满足广大消费者越来越高的消费需求的新一代的产品,今天的辉煌也只能是昙花一现。开发属于明天的产品,就是为企业寻找新的增长点。在这方面,海信是通过承担国家、地方技术创新计划项目和集团自主安排的研究开发项目进行的。

3. 研究一代,就是为了后天的市场——源于潜在的市场需求与技术发展趋势的判断。在这方面,海信是通过预研项目计划来实现的,其指导思想是:站在相关国际技术的前沿,瞄准后天(未来5~10年)的市场需求,投入研究开发,形成拥有自主知识产权的技术储备。海信集团总裁周厚健认为,现在彩电行业的竞争已不仅仅停留在规模上,也不是停留在大打"降价战"上,更大、更严酷的竞争是在技术开发水平上。

资料来源:百度文库,wenku.baidu.com。

【本章小结】

创新是指人类为了满足自身需要,不断拓展对客观世界及其自身的认知与行为的过程和结果的活动。具体来讲,创新是指人们为了一定的目的,遵循事物发展的规律,对事物的整体或其中的某些部分进行变革,从而使其得以更新与发展的活动。

管理创新是以价值增加为目标,以培育和增强核心能力、提高核心竞争力为中心,以战略为导向,以各创新要素(如技术、组织、市场、战略、管理、文化、制度等)的协同创新为手段,通过有效的创新管理机制、方法和工具,力求做到人人创新,事事创新,时时创新,处处创新。

【复习思考题】

1. 管理创新的内涵是什么?
2. 管理创新的过程及方法?
3. 如何提高公司的管理创新能力?

【案例分析】

在"第八届中国机械行业企业管理现代化创新成果奖"大会上,"春兰创新型矩阵管理"夺得新中国成立以来我国企业管理领域评选的唯一特等奖。

春兰的创新型矩阵管理有一个"16字方针",主要内容是"横向立法、纵向运行、资源共享、合成作战"。前8个字重点解决集团和产业公司集权与分权的矛盾,力求放而不乱,提高运行效率。所谓"纵向运行",是指保留"扁平化"按产业公司运行的特点,以产业为纵向;"横向立法"是指针对原来管理有所失控的问题,将集团的法律、人力、投资、财务、信息等部门划为横向部门,负责制定运行的规则,并依据规则对纵向运行部门实施监管。这样一来,横向部门"立法"并监管,纵向部门依然大权在握,能充分发挥主观能动性和积极性,不过是在"法"定的圈子里,要依"法"运行。"16字方针"中的后8个字,重点解决原来资源不能共享的问题。把横向职能部门划分为A系列和B系列,制定运行规则,"立法"的是横向中的A系列;B系列则负责实现对春兰内部资源的共享,为产业公司提供专家支持和优质服务。比如春兰的整个法律事务,在公司总部设一名法律副总裁,分管法律事务工作,对首席执行官负责;集团下设法务处,在法律副总裁的领导下具体实施对集团所属各子公司法务工作的指导和管理;集团所属子公司根据工作需要设立法务部门,在子公司负责人的领导下开展本单位的法务工作,业务上接受集团公司法务处的指导和管理。按照原先的运行制度,48个部门都需要律师。而根据矩阵管理模式,现在只设立一个法律顾问组,为集团所有部门使用,大大节约了管理成本,而且容易规范化。

启示:

1. 新的矩阵管理具有良好的前瞻性和可扩展性。春兰的不断发展,不断进入新的产品领域和竞争领域,同时也可能退出一些经营不好的领域。公司需要一种易于扩展的组织模式,以避免每次随经营范围调整而引致的结构调整使企业伤筋动骨。矩阵结构可以很容易、迅速地以产品事业部的形式扩充新的建制,也容易退出经营不好的领域,而不必对整体架构做出调整。

2. 创新型矩阵结构具有灵活性。例如,面向产品市场设计的组织架构有强烈的市场导向意识,不同的产品进入不同的市场,采用不同的销售方式,或直销,或分销,或实行代理制,或OEM,ODM。每个产品事业部都可以根据市场特点确定不同的产品策略、定价策略、市场推进策略,有效避免了产品策略的一般化、简单化,收到了更好的开拓市场的效果。

3. 春兰矩阵结构有利于步调一致,针对同样的情况采取统一的策略。创新型矩阵管理强调资源共享和合作,提高了资源利用效率,形成了整体合力。但是春兰的矩阵管理仅仅将重点放在了解剖组织上,而忽视了生理学和心理学。著名管理学家曾对类似于春兰的矩阵式管理提出了建议,首要的目标是从改变组织的心态入手,才能通过在传统机构中改变组织的构造,巩固和夯实企业管理。

资料来源:文元:《中外企业家》,2002年05期。

【实践训练】

走访周边企业,总结各个企业的创新点,对创新进行归类和整理。

参考文献

[1] 胡宇辰. 企业管理学[M]. 北京:经济管理出版社,2003.

[2] 娄成武. 管理学基础[M]. 沈阳:东北大学出版社,2002.

[3] 李军. 管理学基础[M]. 北京:清华大学出版社,2006.

[4] 胡建宏,刘雪梅. 管理学原理与实务[M]. 北京:清华大学出版社,2009.

[5] (美)约瑟夫·普蒂,海茵茨·韦里奇,哈罗德·孔茨. 管理学精要[M]. 北京:机械工业出版社,1999.

[6] (美)斯蒂芬. P. 罗宾斯. 管理学[M]. 4版. 北京:中国人民大学出版社,2004.

[7] 廖泉文. 人力资源管理[M]. 北京:高等教育出版社,2003.

[8] 谢平楼. 管理能力基础[M]. 北京:北京邮电大学出版社,2008.

[9] 梁清山. 管理学基础教程[M]. 北京:化学工业出版社,2008.

[10] 艾理生. 赢在激励[M]. 北京:地震出版社,2005.

[11] 张多中. 管理中的沟通技能[M]. 深圳:海天出版社,2000.